KB201336

무아의 빛

무아 방유룡
안드레아 신부의
해석적 생애사

참 고

* 복자수녀회, 복자수도회는 각각 한국순교복자수녀회, 한국순교복자성직 수도회를 줄인 말이다. 편의상 혼용해서 썼다.
* 천주교회는 가톨릭교회의 옛말이다. 시대에 따라 둘을 다 사용했다.
* 무아 방유룡 안드레아 신부의 호칭도 편의상 통일하지 않았음을 밝힌다.
* 각주는 책의 모양새 보다는 독자의 편의를 위해서 쪽 밑에 달았다.
* 방유룡 신부가 만들어 쓴 용어들에 대한 설명과 주는 생략했다. 제2권에서 상세히 다룰 것이기 때문이다.
* 각 장의 큰 제목은 방유룡 신부가 만든 노랫말에서 빌려왔다.
* 본문에 사용한 꽃잎은 방유룡 신부의 완덕 오계와 오층 안정계를 상징한다.
* 『영혼의 빛』은 1991년 9월 30일 발행 본으로 사용하였다.

무아의 빛

무아 방유룡 안드레아 신부의
해석적 생애사

초판 1쇄 인쇄일_2011년 5월 16일
초판 1쇄 발행일_2011년 5월 23일
지은이_김춘희(aclara5@hanmail.net)
펴낸이_최길주
펴낸곳_도서출판 BG북갤러리
등록일자_2003년 11월 5일(제318-2003-00130호)
주소_서울시 영등포구 여의도동 14-5 아크로폴리스 406호
전화_02)761-7005(代) | 팩스_02)761-7995
홈페이지_http://www.bookgallery.co.kr
E-mail_cgjpower@yahoo.co.kr

값 22,000원

ISBN 978-89-6495-019-7 03230

무아의빛

무아 방유룡 안드레아 신부의 해석적 생애사

김춘희 지음

책을 펴내며……

사랑하는 우리 사부, 무아 방유룡 안드레아 신부님에 대한 크나큰 애정으로 논문을 썼다. 쓰면서 새롭게 눈을 뜬 부분도 있었다. 무엇보다 그분의 영성의 높이와 깊이에 감탄과 놀라움을 금치 못했다. 들어난 그 광맥의 전모는 내가 상상했던 것을 훨씬 초월했기 때문이다. 논문을 마치며 사부님과 반갑게 포옹하는 꿈을 꾸었다. 모든 것이 참으로 감사한 경험들이었다.

추웠던 겨울이 어느새 눈 녹듯 사라지고 수녀원 뜰에 있는 산수화가 만개했다. 새로운 희망으로 용트림하는 나무들을 바라보니 시렸던 내 가슴에도 봄기운이 퍼지는 것만 같다. 논문을 마치고 바로 출간을 하려 했었으나 뜻을 이룰 수 없었다. 이제 2년이란 세월이 훌쩍 가버린 지금, 신부님의 사진을 바라보며 교정을 보고… 드디어 책을 출판하게 된 이 시간이 감사하다. 사부님 앞에 부끄럽지 않은 책을 만들고 싶었다. 그러나 나의 한계를 받아들이고 부족하나마 용기를 내는 것이 무엇보다 중요하다고 생각했다.

신부님의 이미지를 상징해주는 어떤 것을 계속 찾고 있었다. 나무, 불, 물, 성령… 등을 떠올렸지만 나무로 결정하고 며칠째 멋있는 나무 그림이나 사진을 인터넷으로 뒤지다 지쳐버렸다. 쉬운 길은 내게 어울리지 않는다고 생각하며 나무를 여러 개 그렸다. 처음에는 나무만 그리다가 어느 순간 '불나무'가 떠올랐다. 이거다! 불나무를 그리며 놀라웠던 것은 의도하지도 않았는데 비둘기 모양이

절로 그려졌다. 성서에서 불과 비둘기는 성령을 상징한다. 방 신부님은 늘 성령과 함께 끓고 타는 사랑 속에서 지복직관至福直觀을 사신 분이었다. 이 세상에서 가장 영적인 존재는 나무라는 생각이 든다. 방 신부님이 생전에 그렇게도 나무에 붙어 있고 싶어 하셨던 이유가 그래서 그랬던 것이 아닐까? 주관적인 생각이겠지만 신부님에게 딱 어울리는 이미지가 나와 주어서 매우 기뻤다. 그림 솜씨가 그 의미와 상징을 오마 다 살려주지는 못했지만 말이다.

사부님께서 원하셨던 것처럼 우리 복자회 대가족이 신부님의 면형무아麵形無我 빵으로 충만해지며 결코 영적 허기에 떨어지지 않았으면 좋겠다. 나아가 영성에 목말라 하는 많은 사람들이 시대의 어둠을 몰아내며 밝게 빛나고 있는 '무아의 빛'을 볼 수 있게 되기를 희망하며 촛불을 켠다.

청파 언덕에서

2011년 4월 21일(한국순교복자수녀회 창설 65주년)에.

무아 방유룡 안드레아 신부의 생애 연표

*1900. 3. 3. 서울 중구 정동에서 출생.
*1900. 3. 5. 명동 성당에서 레오라는 이름으로 세례를 받음.
*1913. 3. 정동 관립보통학교에 입학.
*1914. 3 미동 농업중학교에 입학.
*1917. 9. 15. 서울 용산 함벽정 예수성심신학교에 입학.
*1926. 5. 23. 삭발례; 성직 1. 2품 받음.
*1929. 5. 25. 차부제품 받음.
*1930 10. 26. 서울대교구 소속 사제로 서품.
*1930. 10. 강원도 춘천 성당 보좌로 발령.
*1931. 9. 황해도 장연 성당 보좌로 발령.
*1933. 2. 황해도 재령 성당 주임으로 발령.
*1936. 5. 황해도 해주 성당 주임으로 발령.
*1940. 사제 서품 10주년 기념행사; 해주 성당.
*1942. 2. 경기도 개성 동흥동 성당 주임으로 발령.
*1946. 4. 21. 한국순교복자수녀회 창설. 동흥동 성당에 입회자 거주.
*1949. 6. 26. 복자수녀회 지원자들을 개성 자남동으로 이사시킴.
*1950. 3. 9. 서울 청파동에 복자수녀원 가옥 구입.
*1950. 5. 1. 서울 가회동 본당 주임으로 발령.
*1950. 6. 25. 한국전쟁 발발. 청파동 복자수녀원 파괴됨.
*1950. 7. 10. 복자수녀회 회원들을 분산시킴.
*1950. 7. 23. 지원자 윤병현과 홍은순, 이 루시아가 인민군에게 잡힘.

*1950. 7. 27. 지원자 2명과 형수 이 루시아와 평택군 서탄면 회화리로 피난.

*1950. 9. 피난지 평택에서 혼자 서울로 올라옴.

*1950. 11. 4. 회원들이 평택에서 가회동 성당으로 귀환.

*1950. 12. 9. 제기동 성당 주임으로 발령. 전 회원 제기동으로 이사시킴.

*1950. 12. 17. 방순경 여사의 안내로 회원 6명을 대구로 피난시킴.

*1950. 12. 25. 대구 서병조 씨 댁으로 피난; 회원 6명과 합류.

*1951. 1. 11. 부산 서진호 씨 둘째 아들 집으로 피난; 윤형중 신부, 방순경 여사 그리고 회원 6명과 함께 생활함.

*1951. 8. 서울 제기동 성당으로 귀환.

*1951. 8. 6. 복자수녀회 첫 분원 설립과 파견; 통영 충무 성당.

*1951. 11. 22. 회원들을 제기동 본당 사택으로 이사시킴.

*1951. 12. 12. 로마 교황청으로부터 한국순교복자수녀회 창설 인가받음.

*1952. 12. 3. 복자수녀회 제1회 대착복식 실시; 수련자 7명.

*1953. 3. 25. 복자고등양재학원 제1회 졸업식.

*1953. 9. 8. 청파동 수녀원 수리 완결; 수련자들을 다시 입주시킴.

*1953. 10. 30. 한국순교복자성직수도회 창설.

*1954. 1. 24. 서울 후암동 성당 주임으로 발령. 이곳에 수녀원 분원 신설.

*1954. 7. 5. 복자수도회 지원자들을 명동 성당으로 이사시킴. 여기서 알루미늄 트렁크 공장 시작.

*1954. 10. 8. 제1회 가톨릭 사료 전시회 개최.

*1954. 12. 6. 복자수녀회 제1회 첫 서원식 실시; 5명의 수녀.

*1955. 6. 6. 복자의원 개원.

*1955. 10. 7. 한국순교복자성직수도회에 입회; 교구 사제에서 수도 사제로 전환.

*1955. 10. 30. 서품 25주년 은경축 행사.

*1956. 4. 21. 한국순교복자수녀회 창설 10주년 감사미사.

*1956. 12. 6. 한국순교복자성직수도회 창설 교황청 인가받음.

*1957. 3. 6. 한국순교복자수녀회 외부회 창설.

*1957. 4. 복자수도원 본원 건물 완공. 수사들 입주.

*1957. 5. 6. 종신 서원 함.

*1957. 6. 복자수도회 첫 분원 설립과 파견; 새남터 순교 성지 관리.

*1958. 복자공민학교 설립; 복자수도원.

*1958. 9. 8. 복자수녀회 제1회 종신 서원식 실시; 5명의 수녀.

*1958. 천안 대건남자중학교 인수; 복자수도회 수사 4명 파견.

*1958. 11. 12. 복자수녀원 성당 낙성식.

*1959. 8. 17. 제주 서귀포 분원 설립; 복자수도원.

*1959. 8. 15. 복자수도회 제1회 대착복식 실시.

*1960. 3. 15. 대건남자중학교를 복자여중고등학교로 변경 후 복자수녀회에서 인수토록 함.

*1960. 7. 18. 로마. 유럽 여행 떠남; 그해 9월에 돌아 옴.

*1960. 10. 26. 서품 30주년과 회갑 축하연.

*1960. 12. 9. 복자수도회 제1회 첫 서원식 실시.

*1961. 10. 1. 새남터 성지에서 사료전시회 실시.

*1961. 8. 29. 복자수녀원 수련소 낙성식.

*1961. 4. 21. 복자수녀회 창설 15주년 기념행사.

*1961. 5. 25.	인천 만수동에 분원 설립; 농장 운영.
*1961. 8. 29.	제2회 수녀원 종신 서원식.
*1962. 10.	빨마회 창설.
*1963. 4. 3.	성모자애병원과 연백 보육원 인수; 복자수녀회에서 운영케 함
*1964. 11. 7.	복자수도회 첫 종신 서원식 실시(제2회); 5명의 수사.
*1966. 7. 21.	복자수도원 수련소 개원식.
*1968. 3. 20.	복자수도회 유지 재단 설립.
*1971. 3. 11.	복자수도회 새남터 유치원 설립.
*1971. 4. 21.	복자수녀회 창립 25주년 기념 미사.
*1975.	복자수도회 총장직 은퇴.
*1979.	부평성모자애병원(현 인천성모병원) 수녀원으로 거처 옮김.
*1980. 10. 26.	서품 50주년 금경축 행사
*1982. 10. 16.	한국순교복자수녀회 관상부 창립.
*1985. 4.	서울 성북동 복자수도회 본원으로 거처 옮김.
*1986. 1. 24.	선종.

차 례

머리말

가톨릭교회의 2000여 년의 역사를 들여다보면 교회가 내적으로 쇠약해지거나 위기에 처해 있을 때마다 성인들이 출현하였고, 이들의 영성과 이들이 일군 수도 공동체가 교회 내에 쇄신의 바람을 일으켜 왔다. 이들이 교회에 새로운 혼을 불어넣어 줌으로써 장구한 역사의 맥을 지금까지 이어 오고 있는 것이다. 그래서 가톨릭교회는 수도자들을 '교회의 꽃' 이라는 표현을 쓴다. 외향적으로 세상 사람들과는 단절하고 단순 소박하게 숨은 듯 살았던 수도 성인들이 누구보다 더 깊이 세상의 어려움과 아픔 속으로 다가오고, 세상을 향해 더 큰 울림을 준다는 것은 깊은 역설이 아닐 수 없다.

오늘을 사는 세상 사람들은 – 종교를 갖고 있는 사람들과 자신들을 무신앙인 혹은 무종교인이라고 말하는 사람들조차도 – 물질과 과학이라는 두 신을 함께 섬기고 있는 듯하다. 상대적으로 인간의 드높은 정신과 영성은 억압되고 무시되고 고갈되어 가고 있으며, 기존의 종교들은 인류의 성장과 진화라는 우주적 목표에 힘찬 비전을 제시하지 못하고 있는 것 같다.

한국 가톨릭교회만 보더라도 초기 신앙인들과 순교자들 시대의 높은 비전과 영성은 점점 퇴색되어 오고 있다. 미래의 교회 모습을

분석하는 이들은 유럽의 교회와 마찬가지로 이 흐름은 앞으로도 계속 하향선을 그을 것이라고 전망하고 있다. 이러한 현상에 대한 원인은 여러 가지가 있다고 볼 수 있으나, 보통의 신자들이 신앙적 의식의 성장이나 영적 성장을 도모하는 의미에서의 신앙생활을 하기보다는 신앙적 가르침의 핵심에 도달하지 못하고 아직도 기복적 의식수준에 머물러 있기 때문이다. 이것은 가톨릭교회가 훌륭한 영적 보화를 보유하고 있으면서도 이 시대의 신자들의 내적, 영적 갈증을 충족시켜 주지 못하고 있다는 것을 말해 주고 있다.

천주교 미래사목연구소(2005)는 '21세기 종교 환경에 대한 연구'를 발표하였는데, 그 내용에 따르면, 그동안 인류는 물질주의와 인본주의에 뿌리를 두었던 제2의 물결을 헤치고, 제3의 물결을 맞이하며 균형의 중요성을 강조하고, 제4의 물결은 통합을 강조하게 되면서 이제 정보 공학, 생명 공학, 나노 기술 등이 주도하는, 즉 제3, 제4, 제5의 물결이 통합적으로 가속화되어 인간이 그동안 잃어버렸던 '정신'에 대한 연구로 이어질 것이라고 보고 있다. 정신에 대한 관심과 연구는 또한 '영'의 세계를 추구하는 방향으로 갈 것이라고 전망한다.

그래서 인류에게 도래할 새로운 인간상은 영적 능력을 가진 '수퍼super 인간', '초인超人'이며, 이러한 거시 동향은 엄청난 소용돌이를 몰고 종교계를 강타할 것이라고 예견했다. 그러므로 그 잠재적 충격량을 미리 볼 수 있어야 한다고 강조한다.

영성의 부재인 이 시대를 극복하고 다가올 미래 '영성의 시대'를 준비해야 하는 21세기를 위해, 시대의 어둠을 밝히며 고요한 여명의 빛으로 다가오는 성자가 있으니 그가 바로 수도자이며 사제인 '무아 방유룡 안드레아 신부'이다. 그는 현대의 성자란 어떤 삶을 사는가를 자신의 전 존재로서 보여 주며 산 모델로서 이 시대에 우뚝 다가온다.

무아 방유룡 안드레아 신부는 20세기가 막 문을 연 1900년에 탄생하여 1986년에 선종했다. 그가 내외적으로 많은 영향을 받은 19세기와 20세기는 격변과 격동의 시대라고 할 수 있다. 이 시기에 우리 한국도 세계사와의 관계를 주고받으며 개혁과 변화를 위한 몸부림과 엄청난 피 흘림을 경험하는 수난의 역사를 겪어 왔다. 방 신부는 온 생애로 한국 가톨릭교회의 박해와 순교의 역사, 개방을 요구하는 외세의 거센 물결과 한일합방(1910), 나라를 빼앗긴 암울함과 일제의 혹독한 탄압 정책, 해방(1945)의 기쁨도 잠시 한국전쟁의 참혹한 피난의 행렬(1952), 공산주의의 교회 박해와 민족 상쟁 그리고 남북 분단에 연이어 독재에 저항하며 민주화를 위해 극심하게 몸부림쳤던 수난의 근현대 한국사를 뚫고 지나 왔다.

무아 방유룡 신부는 서울 중구 정동 서소문 안 대한문 옆에서 당시 궁내부 주사主事로서 영국 공사관의 통역관으로 지내던 아버지 방경희 베드로와 어머니 손유희 아녜스 사이에서 육남매 중 네 번째 자녀로 탄생했다. 당시 한학자였던 할아버지 방제원 프란치스코는 제8대 조선대목구장이었던 프랑스인 뮈텔Mutel 주교와 만주 연길 교구장이었던 브로이어Breher주교에게 한문을 가르쳤다.

방유룡 신부는 30세에 사제로 서품되면서 강원도 춘천 성당에서 사제직을 수행하기 시작하였다. 방 신부는 한국 그리스도 교회에 반석을 놓은 선각자들인 순교자들의 삶과 신앙에 깊이 매료되어 있었다. 그는 신학생 때부터 교구의 사제이기보다는 수도사제 생활을 열망하면서 외국에서 들어 온 몇몇 수도회를 방문하였으나 마음에 들어 하지 않았다. 그리하여 그는 오랫동안 자신이 직접 한국적 수도회를 창설하려는 꿈을 키워 왔다. 1945년 해방이 되어 일제의 압박에서 벗어나자마자, 최초의 한국 가톨릭 사제인 성 김대건 안드레아 신부의 순교 100주년이 되는 해이기도 한 1946년 부활 대축일에 드디어 한국인 최초로, 순수 방인 수도회인 한국순교복자수녀회를 창설하였다.

한국 가톨릭교회는 선교사에 의해서 이 땅에 전래된 것이 아니라, 학문적 성찰을 통해 스스로 신앙적 진리에 도달한 유학자들이 직접 천주교회를 세웠는데, 이는 세계 그리스도교 선교 역사에서 그 유례를 찾아볼 수 없는 자랑스러운 역사이며, 이들의 진리를 찾고자 하는 숭고한 정신과 자아 초탈의 드높은 순교정신은 한국 민족의 정신적 우수성을 세계사에 드러낸 것이다. 이토록 초창기 교회는 드높은 영적 힘을 가졌던 교회였으나, 차츰 프랑스 파리외방전교수도회의 선교사들의 영향권으로 들어가면서 초기 신앙인들이 지녔던 정신문화는 퇴색되고 서구적인 빛깔이 칠해졌다. 일제 식민 시대를 겪으면서 민족의 얼은 한없이 위축되어 있었던 때에, 한국 순교자들의 얼을 기리며 동양적 영성과 가톨릭 영성을 통합한 영성을 바탕으로 한국 사람으로서 한국에 최초의 방인 수도회를 창설한 것은 한국 영성사와 가톨릭교회사에 큰 의미를 던져준 것이다.

방유룡 신부는 하느님을 위해 목숨을 바친 순교자들의 정신을 이어받는 수도회를 창설하여 수도회 이름에도 한국 순교자라는 용어를 넣었다. 방 신부는 일찍부터 한국의 가톨릭교회가 이러한 훌륭한 신앙 선조들의 선구적이며 선각자적인 정신, 개척정신, 진리에 대한 투신과 헌신의 정신을 이어받아야만 한다는 깊은 통찰을 하였던 것이다.

방 신부는 직접 체험하고 탐구하고 오랫동안 숙고해 온 것을 바탕으로 하여 유・불・선儒佛仙 문화가 녹아든 한국적 정신 토양에 맞는 영성과 수덕 체계를 세워 한국 최초로 방인 남녀 수도회를 창설함으로써 초기 신앙 선조들의 창조성과 그 영성의 맥을 이었다. 그는 하느님과의 신비적 합일을 통하여 순교자들의 영성을 더욱 풍부하게 발전시켰으며 고양시켰다. 이는 가톨릭교회의 영성의 전통적 흐름을 수용하여 보편성을 지니면서 동시에 동양적이면서도 독특한 빛깔의 영성으로서 세계 영성사에 새로운 물길을 낸 것이다.

무아 방유룡 안드레아 신부는 서양 그리스도교의 영성과 동양의 유불선儒佛仙 정신문화를 접목하였으며, 동양 영성의 부족한 면과 서양 영성의 부족한 면을 보완했다. 그의 영성은 지난 세기 그리스도교 영성가들의 한계였던, 심리학적 인성적 문제의 해결뿐만 아니라 인성의 증진과 통합을 철저하게 다루었으며, 그 도구로서의 수행적 차원과 심리학적 차원 그리고 영적신비 차원을 하나로 묶었다. 그는 통합 신비 영성모형을 제시하여 인성의 발달적 측면뿐만 아니라 신비적 차원에서도 정교한 발달 모형을 제시하였다.

방 신부는 삶으로 표현하는 실천적 영성가요 신비가이며, 영가를 쓰고 노래를 만드는 예술가였다. 그는 많은 영가靈歌와 찬미가 그리고 노랫말을 썼고, 전례 예식 때 쓰는 노래들을 많이 작곡하였다. 이 곡들은 고유한 그의 한국적 정서와 영성을 담아낸 것과 그레고리안 성가와 한국인의 얼을 담은, 멜로디를 쉽고도 절묘하게 통합하는 식의 음악이다. 이 노래들은 현재 남녀 수도자들이 아침 저녁으로 매일 그리고 특별한 전례 예식 때에 사용하고 있다. 이처럼 그는 그의 영성 안에 예술을 통합하여 아름답고도 고유성을 지닌 '통합 신비' 영성을 창안하였다. 그는 신비가로, 대 통합적 영성가로서 한국 민족에게 뿐만 아니라 동방의 빛으로서 전 세계를 향하여 영적 샘물을 제공할 사람이다. 그는 한국 천주교회가 이 땅에 뿌리내리기 위해 아낌없이 흘렸던 눈물과 땀 그리고 무수한 피를 흘렸던 순교자들의 숭고한 신앙의 영적 결실로서 한국 가톨릭교회에 탄생한 인물인 것이다.

무아 방유룡 신부가 창설한 한국순교복자수녀회는 한국과 전 세계 곳곳에서 사부師父의 영성을 따르고 있으며, 한국에 2개의 관구와 미주지역에 1개의 지부 그리고 관상부인 대월수도원으로 구성된 큰 수녀회로 발전하였다. 방 신부는 다시 1953년 한국 최초의 방인 남자 수도회인 한국순교복자성직수도회를 창설했다. 그리고 직접 수도 생활을 하기 위해 자신이 창설한 수도회에 입회하여 1957년 종신 서원을 하였고, 수도원 초대 총장 신부로 평생 남녀 수도자들을 위해 헌신하였다.

현재 공동체 생활을 하고 있는 남녀 수도자는 800여 명에 이른다. 1957년에는 제삼회인 외부회를 설립하였는데, 현재 미국에 있는 회원을 포함하여 각각 남녀 수도회의 소속 외부회원은 약 2,000여 명에 이른다. 1962년에는 결혼은 했으나 가족 부양의 의무가 끝난 미망인들을 위한 수도 공동체인 빨마회를 창설하였는데, 이 공동체는 현재 기혼 여성과 미혼 여성들이 함께 입회할 수 있는 한국순교복자빨마수녀회로 발전하여 방유룡 신부의 영성을 이어받고 있다. 또한 근래에 멕시코에서도 무아 방유룡 안드레아 신부의 영성을 따르는 수녀회가 탄생하여 세계적으로 형성된 대가족으로 성장을 거듭하고 있다.

그는 진리를 위해 목숨을 바쳤던 선각자들, 한국 순교자들의 숭고한 얼을 계승하여 그들의 영성을 더욱 풍부하게 발전시킨 영성가로서 뿐만 아니라 신적 합일로 면형무아麵形無我의 정점에 도달한, 한국 그리스도 교회의 최초의 신비가로서, 토착화의 선구자로서, 전례 개혁자로서, 다양한 수도 공동체의 창설자로서, 세계 영성사 안에 우뚝 선 존재다. 무아 방유룡 신부의 통합 신비 영성은 앞으로 한국뿐만 아니라 세계인에게도 영적 생명을 풍부하게 나누어 줄 수 있는 영성이라고 당당하게 말할 수 있다.

이 책은 제1권으로 방유룡 신부의 생애사만 담았다. 방 신부의 가족사를 시작으로 하여 방 신부가 실제로 어떤 삶을 살았는가를 담아내는 것이 우선적 목표이다. 그의 삶을 잘 알게 되고 이해하게 되면 그의 영성을 이해하는데 훨씬 도움이 될 것이기 때문이다. 그래서 그의 잔잔한 삶의 이야기들을 찾아내어 그의 인물 됨됨이와 그의 영적 삶이 자연스럽게 드러나도록 할 것이다. 제2권은 그의 탁월한 영성을 소개하고 그의 영성의 심리학적 함의를 담을 것이다.

이 책은 필자의 박사학위 논문 "동방의 빛; 무아 방유룡 안드레아 신부의 해석적 전기와 통합신비 영성의 심리학적 함의"(2009)를 단행본으로 새롭게 펴낸 것으로 논문 내용 중에서 지나치게 학술적인 부분을 빼고 다듬은 것이다. 이 연구의 목적은 방유룡 안드레아 신부의 실제 인물됨과 생애사적 삶 그리고 그의 영성을 이해하고 발견하는 데 있었다. 또한 새로운 해석적 시각을 제시하고, 무아 방유룡 신부의 실제적인 삶의 자취들을 발굴하여 일상들 안에서 풍기는 그의 인간적 면모와 성품과 정신세계와 영성세계를 심층 탐구하였다.

이 연구는 질적 연구의 틀 안에서 덴진Denzin의 해석적 전기 연구 방법론을 따랐으며, 현상학적 해석학적 관점으로 심층 탐구하는 방법을 적용하였다. 이 방법은 연구자의 해석적 시각과 직관을 중요하게 다루며 동시에 끊임없는 성찰을 통하여 편향에서 벗어나려는 연구자의 성실성과 진실성을 요구한다. 이 연구의 타당성을 확보하기 위하여 연구자는 몇 가지 장치를 하였고 이를 준수하였다.

연구를 위한 1차 자료는 인터뷰와 문헌 자료 그리고 사진 등을 이용하였다. 물론 원래 논문이 해석적 전기 연구였기 때문에 연구자의 독창적 시각이 중요하고, 그 시각을 존중받는 연구이지만 진정성과 신뢰도를 확보하기 위해서 방 신부를 체험했던 여러 사람들의 이야기와 시詩들을 포함시켰다. 특히 방유룡 신부를 실제로 가까이에서 체험한 이들의 인터뷰에서 인용한 것들은 저자가 다듬지 않고 그들의 말 그대로를 발췌하였고 이를 증명하는 일련의 과정을 거쳤다. 또한 방 신부의 글을 해석이나 설명을 붙이지 않고 인용한 것들이 있는데, 이는 필자의 해석을 간접적으로 평가받기 위한 의도로 택한 것이다. 방 신부에 대한 증언이나 글을 쓴 사람들은 거의가 다 현재 활동하고 생존해 있는 사람들이기 때문에 필자는 더욱 진실하고 신중하게 다루었다.

제1장

하늘빛이 비쳤네, 몽유 세야 깨어라

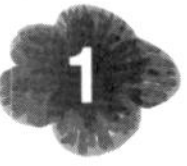

시대의 어두움을 헤치고

시대가 성인을 만든다는 말이 있다. 무아 방유룡 안드레아 신부의 생애를 보면 시대의 영향 하에서 그 거센 파도에 함몰되지 않고 시대적 상황에서 오는 고통과 어려움이 오히려 그의 삶을 승화시킨 전화위복轉禍爲福의 삶이었음을 볼 수 있다. 무아 방유룡 신부의 생애를 다루기 위해서는 그가 처했던 역사적 배경과 조선 말기 시대 상황을 알아야 할 것이다. 그리고 방 신부의 영성의 바탕이 된 순교 정신의 뿌리를 이해하는데 도움이 되고자 한국가톨릭교회가 설립된 전후 시기의 상황을 간략하게나마 소개하고자 한다.

무아 방유룡 안드레아 신부는 1900년에 탄생했다. 그가 살았던 시대 전후의 세계사 배경을 살펴 볼 필요가 있다. 세계사의 물결은 직간접으로 방 신부의 생애에 많은 영향을 미쳤기 때문이다.

3차례에 걸쳤던 프랑스 혁명(1789, 1830, 1848)은 전 유럽을 봉건적 구시대에서 탈피시키고 자유주의와 국가주의 정신을 확산시켰으며 근대적 정치체제를 이룩하였다. 이와 더불어 19세기로 진입한 서방 국가들은 급속히 발전하는 산업 기술에 힘입어 침략과 영토 확장과 식민 정책의 경쟁이 불붙기 시작했다. 이에 종교를 포함한 각국의 세계 문화는 먼 거리에까지 활발한 접촉이 이루어지며 서로 수용 혼합되기도 하고 충돌을 빚기도 하였다. 미국은 남북전쟁이 일어나 북군의 승리로 산업 자본의 지배가 확립됨으로써 본격적인 산업 혁명의 시대를 맞이하였다. 서양 여러 세력의 침략을 받은 청나라는 종이호랑이처럼 무너지며 중국은 열강들에 의해 분할된 채로 겨우 명맥을 유지하고 있었다.

이러한 침략 경쟁에 의해 열강들은 상호 적대와 모순을 낳으며 1914년 제1차 세계대전의 발발을 가져왔다. 러시아는 혁명에 의한 소비에트 사회주의 공화국이 시작되었고, 이탈리아는 파시즘, 독일에서는 나치즘, 일본에서는 군부에 의한 군국주의의 이른바 독재자들에 의한 전체주의의 세력은 또다시 1939년 제2차 세계대전을 일으켰다. 전쟁은 1945년 일본의 항복으로 끝났으나, 다시 중국이 공산화되고 러시아를 중심으로 한 공산주의와 미국을 중심으로 하는 자본주의와의 대립으로 세계는 또다시 양분되어 냉전 대립의 구도로 들어갔다.

세계가 이런 와중에 있을 때 한국도 고스란히 이런 세계사의 물결에 휩쓸리게 된다. 선교사들을 통해 중국에 들어오는 서양 문물이 서적을 통해 조선 땅에도 들어오게 되었다. 소수의 선각자들이 서학과 동시에 천주학을 연구하며 새로움을 추구했던 일부 유학자들이 가톨릭을 받아들였으며, 이들은 한국의 봉건적 폐쇄 사회에 새로운 의식의 바람을 일으키기 시작했다. 일본이나 중국과의 관계만을 주로 경험하던 조선 땅도 이제 넓은 서방 세계와의 접촉과 충돌이 일어나기 시작한 것이다.

천주교인들은 조선 사람들 중에서 가장 먼저 서양의 새로운 문화를 받아들였다. 초기 천주교회는 성직자가 없는 상태에서 순교자들을 배출하면서 자생적으로 확대되어 가다가 여러 차례 서신으로 성직자를 보내 줄 것을 요청한다. 마침내 로마 교황청은 파리외방전교회[1)]가 한국교회를 맡아 줄 것을 제안한 관계로 1836년에는 처음으로 프랑스 선교사 모방 신부와 샤스탱 신부가 조선 땅을 밟았고, 제1대 조선 교구장[2)] 브르귀에르 소 주교는 한국 입국을 위한 길고 험난한 여행 중 조선 땅을 코앞에 두고 병사하였다. 주교로서는 처음으로 1837년 앵베르 범 주교(2대)가 드디어 입국하였다.

조선은 천주교인들을 혹독하게 박해하고 있었지만 프랑스의 신부들은 목숨의 위험을 무릅쓰고 숨어 들어왔다. 그들은 순교하면 다시 들어오고 또 죽임당하는 것을 반복하면서 계속적으로 들어와

---

1) 교황청 포교성성이 1658년 포르투갈과 스페인의 포교상의 보호권을 분쇄하기 위해 프랑스 선교사들의 포교열을 이용하여 선교 단체를 창설하고, 주로 아시아 지역에 종신 선교사를 파견한 선교 단체. 이 선교 단체의 특징은 선교사들이 일정 지역에 종신토록 머물면서 그 지역 회장을 임명하여 포교에 활용하고, 그들 중 성직자가 될 수 있는 사람을 선발하여 방인(邦人) 성직자를 양성함으로써 그들에 의해 교회가 운영될 수 있도록 한다는 데 있다. 파리외방전교회가 한국에 처음 진출한 것은 1827년 9월 1일 사제를 요청하는 한국 교우들의 편지를 접한 교황이 파리외방전교회에 선교사의 파견을 요청함으로써 비롯되었다. 그러나 당시에 한국에서는 외국인 입국을 금하고 있었기 때문에 한국 선교는 곧 고난과 순교를 의미했다. 그러나 당시 타이에서 보좌 주교로 있던 브뤼기에르 주교가 한국 선교사를 자원했고, 1831년 9월 교황 그레고리오 16세에 의해 초대 조선대목(朝鮮代牧)으로 임명되자 즉시 입국을 서둘러 만주에 도착했으나 입국하지 못하고 사망했다. 그러나 1836년 모방 신부, 1837년에 제2대 조선대목인 앵베르 주교와 샤스탱 신부가 입국하여 파리외방전교회의 본래 목적에 따라 3명의 소년을 마카오에 보내어 교육을 받게 함으로써 1845년 최초의 한국인 사제인 김대건 신부를 배출했다.

2) 가톨릭교회의 행정 단위. 예를 들어 서울대교구, 부산교구. 대전교구 등. 교구 사제들을 총괄하는 최고 성직자. 보통은 주교가 교구장직을 하나 주교 품을 받지 않고도 교구장이 될 수 있다.

한국 근대 사회의 변화에 큰 역할을 한다. 1886년 한불 조약으로 종교의 자유를 얻기까지 한국에 들어온 프랑스 신부는 모두 24명이었고, 그중에 12명이 순교하였다. 선교사는 선교지에서 죽는 것을 영예로 생각했기에 돌아갔던 소수의 신부들도 다시 한국에 들어와서 한국 땅에 묻혔다.

1816년 순조 16년에 영국 군함 두 척이 처음으로 충청도에 나타나 관헌들과 조정을 놀라게 한 후 이어 프랑스와 영국, 미국 군함과 상선들이 서해안 일대에 자주 출현하였다(유홍렬, 1984). 나중에는 러시아 함대까지 나타나 조선과의 통상을 원했고 서구 열강들의 침략 정책은 한반도에도 거세게 불기 시작하였다. 조선인들은 안간힘을 쓰면서 이들과 대항하며 위험에 대처하는 가운데 천주교인들은 암암리에 서양 세력에 속한다는 미묘한 오해를 받지 않을 수 없었다. 천주교인들은 직접적으로 정치 세력을 향한 역적모의를 하거나 집단 운동을 하는 일은 없었으나 피할 수 없는 마찰을 빚게 되었다. 초기 천주교인들은 순수 신앙적인 문제로 인한 것보다는 조선 사회의 정치적 권력 투쟁, 봉건과 개화의 갈등, 내세와 외세와의 마찰 등과 맞물려 큰 박해와 수난을 당했던 것이다(문규현, 1994). 무아 방유룡 신부의 부친과 조부는 이 초기 교회가 심한 박해를 당하고 있을 때 가톨릭 신앙을 받아들여 그 고통을 고스란히 겪은 사람들이었다.

한국 천주교회의 설립

무아 방유룡의 안드레아 신부의 영성은 순교 정신에 바탕을 두고 있으며, 방 신부의 내적 토양이 된 조부와 부친의 삶이 천주교회의 전파와 박해가 극심했던 1800년대 시대에 이루어졌기 때문에, 이 시대의 조선 땅의 상황과 천주교의 설립에 대해 간략하게나마 소개하고자 한다.

우리나라의 종교적 역사를 살펴보면, 신라와 고려 시대에 걸쳐서 1천여 년 동안 찬란하고도 독자적인 문화를 건설했던 불교적 사상이 산속으로 밀려나면서 조선 500년 동안에 이를 대신하여 유교적 사상이 주류를 이루게 된다. 그러나 조선 유교 사회는 차츰 병색을 띠게 되어 연산군 이후 약 50년 동안 무오사화(1498), 갑자사화(1504), 기묘사화(1519), 을사사화(1545)라는 네 번에 걸친 학자 대살해의 참상을 겪게 되고, 피비린내 나는 사색당파 싸움이 온 나라를 뒤흔들며 유학 숭상주의는 자체의 사상적 결함을 드러냈다. 결국 유교는 피폐한 나라와 백성들의 고통을 해결해 주지 못한 채, 조선은 임진왜란과 병자호란이라는 두 번의 민족적인 수치를 당했던 것이다. 이러한 와중에 정계와 시류에 영합하기를 꺼려하며 초야에 물러나 앉은 유학자들, 주로 남인 학파의 진보적 사상가들이 중국으로부터 들여온 신학문인 서학西學과 천주학天主學들을 연구하는 유례없는 일들이 생겨나기 시작했다.

이수광(호는 지봉, 1563~1628)이 서양의 새로운 지식과 천주교를 소개한 『지봉유설』(1614)이 널리 읽혀지게 되었다. 이어 유몽인(호는 어우당, 1563~1628)은 이조판서를 지낸 사람으로 『어우야담』이라는 책에 천주교를 소개하고 남인 학파인 허균이 천주교를 신봉하였다고 기록했다. 이어 안정복과 연암 박지원도 허균이 천주天主를 섬겼다고 증언하고 있다. 허균은 『홍길동전』을 썼고, 만주족을 경계해야 한다고 설파했는데, 온당치 못한 사상

이라 배척당하고 억울한 죽임을 당했다. 이수광과 허균에 뒤이어 계몽운동을 펼쳤던 남인학파 이익(호는 성호, 1681~1763)과 그의 제자 안정복은 서학 연구에 그치지 않고 천주학天主學을 연구하기 시작했다. 이리하여 홍유한, 이가환, 정약전, 정약종, 정약용 형제들과 이승훈, 이벽, 안정복의 사위 권일신, 권철신, 이기양, 이윤하, 황사영, 김범우 등과 같은 열렬한 천주교 신자들이 나타나게 되었다.

이들은 깊은 산중의 절에 모여서 '강학회'라는 천주교 교리 연구 모임을 가졌는데, 다산 정약용의 『다산 전서』에 그 절이 광주군과 여주군의 경계를 이루고 있는 앵자 산의 중턱에 있는 '천진암 주어사'라고 밝히고 있다. 이들은 이곳에서 『천주실의天主實義』[3] 등의 천주교 서적들을 연구하고 토론하며 마침내 천주교를 참 진리로 받아들였다. 이벽의 주도하에 이 신앙 공동체는 이승훈을 북경으로 보내어 세례를 받아 오도록 파견하였다. 이 시기에 중국은 천주교가 황제의 보호를 받으며 활발하게 서양 문물, 특히 과학 분야와 함께 전파되고 있었던 때이다.

이승훈은 북경에서 1784년에 예수회의 드 그라몽 신부에게 베드로라는 이름으로 세례를 받은 후에 성서와 많은 교리 서적, 성물들을 갖고 돌아왔다. 한국천주교회는 1784년을 교회가 시작한 해로 정했는데, 이승훈이 세례를 받은 해이기 때문이라기보다는 하느님

---

3) 1595년(선조 28) 마테오 리치(중국식 이름은 利瑪竇)가 중국 구이저우[貴州]에서 한역서학서(漢譯西學書) 2권을 썼다. 가톨릭 교리서로서 중세 동북아시아 사회에 가톨릭 신앙과 서구 윤리 사상을 유포하는 데 기여했으며, 서구인이 한자로 저술한 책 중 가장 큰 영향을 끼쳤다. '천주실의'는 '천주에 대한 참된 토론'이라는 뜻이다.

을 받아들인 사람들의 공동체, 즉 교회가 형성되었다는 데 큰 의미를 두기 때문이다. 이승훈은 돌아와 이벽, 권일신에게 세례를 주고 이어 정약전, 정약용, 정약종 3형제가 세례를 받아 입교하게 되었다. 이들은 모두 실학파들인 남인학파였고 서로 혼인 관계로 일가 친척들이었다.

천주교 설립자들인 이벽, 이승훈, 권일신, 권철신, 정약용 형제들은 뛰어난 학식과 덕성을 겸비한 양반가의 선비들로서 새로운 진리에 헌신하고 불타는 신앙으로 많은 이들을 입교시켰으며, 1784년 겨울에 서울 명례동, 지금의 명동에 있던 중인 김범우의 집을 교회로 삼아서 주일 첨례(미사)를 지내기 시작하였다. 이 신앙 집회에는 이미 수십 명의 신자들이 모였으나 몇 달 후 발각되어 모두가 체포되었고, 중인인 김범우만 옥에 갇히고 나머지 양반들은 훈시 조치로 석방되었다. 김범우는 신앙을 포기할 것을 강요당하나, 끝까지 신앙을 주장하고 마침내 고문을 받고 죽음에 이르게 되어 한국 천주교회의 첫 순교자가 되었다(1785). 이 사건 이후 초기 교회 신자들에게는 이미 예수 그리스도처럼 죽음으로써 진리를 증거하려는 순교정신이 조용히 불타오르게 되었다.

1786년 이승훈과 교우들은 다시 신앙의 도리를 더욱 굳게 다지기 시작하여 교회를 재건했으며, 교회 공동체를 활성화하기 위한 대책안을 마련하였다. 이들은 북경에는 주교, 신부 등의 성직자가 있고, 미사 전례와 여러 가지 성무 활동이 있음을 고려하여 이들은 이승훈을 주교로 뽑았다. 다음에 권일신, 이단원, 유항검, 정약전 등 10명을 신부로 선택하여 각각 그 성무를 맡았으며, 제의도 갖추어 입고, 중국에서 가지고 온 금빛 성작[1)]을 사용하여 미사와 강론과 일곱 가지 주요 성사聖事를 집행하였다. 이것이 이른바 '가성직

제도假聖職制度'라는 것이었다. 이것은 2년 동안 계속되었으나, 더 깊은 교리 연구를 통해서 자신들의 이러한 자생적 성직 제도에 의문을 갖게 된 이들은 북경 구베아 주교에게 편지로 이러한 것들을 보고하고 질문을 하였다. 구베아 주교는 조그만 왕국에 자생적인 천주교회가 설립되어 있다는 소식에 큰 놀라움과 기쁨을 금치 못하고 즉시 답장을 보내어 성직자는 스스로 정하는 것이 아니라 성직 서품을 받은 자만이 할 수 있고 세례를 주는 것만 할 수 있음을 알렸다. 주교는 이들의 신앙과 전교 활동에 격찬과 성원을 보내는 동시에 가성직 제도가 불법이었음을 꾸짖자, 이들은 가성직 제도에 의한 성무를 중단했다.

열렬한 진리 추구와 신앙에 불탔던 이들, 신선한 초기 교회 공동체는 새로운 문제에 봉착했다. 좀 더 본래적이며 제대로 된 신앙생활에의 욕구가 커졌기 때문이다. 이들이 성장하기 위해서 상급 교회로부터 서품된 정식 성직자의 필요성을 긴박하게 느꼈고, 성직자 영입 운동을 펼치기로 결의한다. 그리하여 성직자를 파견해 줄 것을 북경 교구에 요청하기 시작했다. 여러 차례 서신이 오가며 마침내 1795년 정월에 첫 선교사로서 중국인 주문모 신부가 서울에 도착했다. 이때 조선 땅에는 이미 4,000명의 신자가 있었으며, 그 동안 한국 천주교회는 성직자가 도착하기 전에 많은 박해를 피해서 깊은 산속으로 들어가거나, 그 속에서 무리를 이루어 공동생활을 하기도 했다. 와중에 신앙을 포기하는 자들도 생겼지만 순교자들이 나오기 시작했다. 성직자 영입 운동은 계속되어 왔고 북경에 자주 밀사를 보내어 성직자 보충을 요청했다. 직접 교황청에도 1811

---

4) 미사 전례 때에 쓰는 제구로서 큰 잔 모양의 포도주를 담는 그릇.

년과 1825년 두 차례에 걸쳐 성직자를 보내 달라고 호소하는 탄원을 보냈다.

이상에서 간략하게 본 바와 같이 한국 천주교회는 서양 성직자나 선교사에 의해 이 땅에 전파된 것이 아니라, 유학자들에 의해 자생적으로 연구하고 성찰하여 설립된 교회로서 한국 정신사와 종교사에 큰 의미와 특징을 갖는다. 당시 피폐한 조선 사회에서 유학에 한계를 깊이 느끼며 괴로워했던 선각자들이 진리를 추구하며 새로운 것에 마음을 열었다. 이들은 실학운동으로서 서학에 관심을 갖기 시작하였고, 자연스럽게 천주교 책들을 연구하였던 것이다.

이들은 학문적 고뇌와 성찰을 거치면서 신앙의 진리로 하느님에 대한 신앙을 받아들였다. 이른바 유학에서의 상재上宰 개념으로 천주에게 다가갈 수 있었던 것이다. 이들은 성직자들도 없는 상태에서 스스로 공동체를 형성하며 신앙의 도리를 삶과 일치시키고 자신들의 삶에 대 변혁을 일구어 내었다. 시대의 물결과 타협하거나 그것에 매몰되지 않고 힘차게 거슬러 올랐던 인물들이었다. 극심한 박해 속에서 용맹하게 자신의 목숨까지도 거침없이 내어 놓았고 조용히 신앙의 도리를 깊이 있게 살아내고 열렬히 복음을 전파했던, 드높은 의식의 영적 수준을 가진 위대한 조상들이었다.

천주교회가 설립된 이래로 날로 신자가 불어나고 있을 즈음, 천주교인들의 조상 제사 거부 문제를 발단으로 하여 조정에서는 천주학天主學을 사학邪學으로 단죄하였다. 천주교인들은 부모와 임금보다는 천주를 최우선으로 공경하고, 양반과 중인 양인 계급들이 서로 존중하고 친밀하게 한데 어울려 지내고 남녀가 함께 집회를 하였다. 이러한 계급 타파와 평등사상은 유교 봉건 사회 체제에 커다란 도전으로 다가왔다. 또한 지배 체제의 정치적 기득권적 세력

유지의 문제와 맞물려 위협을 느낀 유생들은 부패하고 무력한 봉건 사회의 악폐에 반발하고 이를 해결하고자 고민하는 천주교인들을 사악邪惡 죄인으로 몰아붙이며 극심한 탄압과 박해를 가하기 시작했다. 이 교를 믿는 자들은 인륜을 저버리는 집단, 전통 문화 질서를 파괴하는 자들이라 하여 무조건 잡아 감옥에 가두고 형벌을 가했으며, 이 교를 버리겠다고 말하지 않는 자들은 극악한 고문을 가한 후 사형에 처했다. [5)]

---

5) 유홍렬(1987), 문규현(1994), 유스토 L. 곤잘레스(1988)

어린 시절과 가족들 (1900~1916)

조부 방제원 프란치스코와 조모

무아 방유룡 안드레아 신부는 1900년 3월 3일 서울 중구 정동의 덕수궁 대한문 옆에서 부친 방경희와 모친 손유희 사이에 6남매 중 4남으로 탄생하였으며, 바로 위 누이 방순경과 형 방유린과 방유봉 그리고 아래로는 누이동생 두 명이 있었으나 막내 동생은 유아 때, 다른 여동생도 젊어서 세상을 떠났다. 방 신부가 태어날 당시 가족은 3대가 함께 사는 한국의 전통적 가족 구조 그대로였다.

나는 방 신부님이 구한말 귀족 집안의 아들로 당시 상류 사회의 분위기 속에서 어떻게 성장하셨는지도 그때 들었다.

송광섭 신부(1986). 순교의 맥, 제178호, p. 29.

신부님이 귀족 집안이고 할아버진지, 음 머야 그 세 번째 가는 거야 나라에서 셋째 가는 벼슬을 가졌어. 인터뷰 자료; 김복남 수녀 1008.1.17.

한학자로서 고명하셨던 나의 조부는 우리나라 초대 대주교이신 민 주교(불란서)의 한문 선생이었다. 사례금이었던 월 열닷 냥씩을 집에는 가져오지 않고 오직 성당 사랑 내에서 불쌍한 사람들에게 소비했을 뿐이라 산 성인이라는 별명까지 들었다. 방순경(1975) 경향잡지, 8월호 p. 72.

조부 방제원은 손자가 태어나자 '용龍이 출현하다' 또는 '용의 특성을 지녔다'란 뜻을 지닌 유룡有龍이란 이름을 지어 주었다.[6] 그는 조선 말기 명망 높은 한학자였으며 블랑 백 주교[7]와 뮈텔 주교[8]에게 한문을 가르쳤다. 족보 박물관을 통하여 알아본 온양 방씨 종친회의 족보에는 방 신부, 조부, 부친 형제들 이름이 그대로 실려 있다. 그러나 족보에는 방유룡이 예조 판서를 지낸 것으로 기록되어 있고, 형 방유린이 사촌으로 되어 있다. 처음에 필자는 그 족보가 다른 사람의 집 족보일 것이라고 부인하였는데, 족보 관계자는 분명 그 집 족보이나 고친 것 같다고 말한다. 그 말이 타당하다고 느껴졌다. 왜냐하면 천주교인들은 심한 박해 상황에서 목숨을 부지하기 위해 족보를 삭제하거나 족보에 올리지 않거나 일부 중요한 정보만 남기고 적당히 고치는 예가 실제로 있었다는 말을 들었기 때문이다.

온양 방씨 족보는 1700년도부터 기록을 하였다고 말한다. 여기에 방유룡이 예조판서라고 기록되어 있고 1834년생이라고 나와 있는데, 할아버지의 나이와 비슷하여 조부의 벼슬이라는 것을 직감적으로 느끼게 되었다. 또한 노인 수녀들의 증언과도 일치되고 있다. 즉, '나라에서 셋째 가는 벼슬'이라는 증언이 서로 일치한다. 조선시대 예조판서는 정2품이며 나라에서 셋째 가는 벼슬인 것이다.

---

6) 한국순교복자성직수도회 50년사(2003). p. 55

7) 조선 교구 제7대 주교. 제7대 조선대목구장.

8) 조선 교구 제8대 주교. 제8대 조선대목구장.

방 신부의 조카인 방 아녜스수녀는 증조부의 정확한 관직을 기억하지는 못하지만 아주 높은 벼슬로 임금님 바로 옆에 있는 관직이었으며 증조부의 집이 늘 임금님이 거니는 것을 볼 수 있는 데서 살았었다는 말을 했다. 조부 방제원은 나중에 지방 군수로 재직할 무렵 지방 관리로서 향교에서 제사 지내는 일을 두고 고심하다가 천주교 신앙을 고수하기 위하여 관직에서 스스로 물러났다.[9)]

현재 천주교회에서는 조상을 기리는 한국 고유의 풍습을 존중하여 조상 제사를 지낼 수 있도록 허락하고 있지만, 조선 땅의 초기 파리외방전교회의 프랑스 선교사들은 중국이나 일본에서 선교를 하였던 예수회의 신부들과는 달리 선교지의 문화에 대한 이해가 부족했기에 신자들의 조상 제사를 허락하지 않았다. 그때 천주교인이 된 사람들은 조상 제사 문제로 큰 갈등과 수난을 겪을 수밖에 없었다. 신앙 깊은 이들은 교회의 권유대로 조상 제사를 포기했으며 관직까지도 포기하며 신앙을 택했다. 조부 방제원이 관직을 포기한 것은 커다란 희생이며 자아 포기의 한 측면으로, 그가 얼마나 깊은 신앙을 가지고 삶을 신앙과 일치시켰는지 알 수 있다. 이러한 숭고한 자아 포기의 정신은 방 신부의 부친에게 그리고 무아 방유룡 신부에게 그대로 전수되어 열매를 맺게 되는 것이다. 또한 방 신부가 동양 고전을 많이 접했던 것으로 보이는데, 이런 도서는 조부가 고명한 한학자의 한 사람으로 당연히 고전들을 소장하고 있었기 때문이라고 본다. 신학교의 긴 방학 동안 자연스럽게 집에서 이런 고전들을 접했을 것이다. 방 신부의 글에는 유・불・선 정신문화가 깊이 배어 있으며 가끔 주역에 관한 이야기도 나오고 있는 것

9) 면형무아(2001). 무아 방유룡 신부 탄생 100주년 기념 화보집. p. 18.
10) 방 신부의 조카 방아녜스 수녀의 증언.

으로 보아 이러한 추정이 가능하다.

조부 방제원 프란치스코는 열렬한 천주교 신자이다. 조선 시대에 천주교 신자가 된다는 것은 목숨을 내어 놓는다는 의미인데, 그는 1800년대의 천주교 박해 시대를 온전히 산 사람으로서 평생을 목숨의 위협 속에서 살았다.

방 신부의 천주교 신앙이 최초로 조선 땅에 천주교를 건립한 첫 세대, 즉 증조부 때부터 천주교를 받아들였는지 아니면 조부 때에 처음으로 천주교를 믿기 시작했는지 현재로서는 알 길이 없다. 그러나 그는 조선 땅의 천주교 2세대로서 이미 신앙심이 매우 돈독한 사람이며 일찍 개방되어 서양 문물을 받아들인 선각자임에 틀림없다.

조부는 높은 벼슬에 있을 때 부富를 축적하는 것을 싫어하여 땅을 사는 것을 금했다. 이는 언제라도 박해와 위험이 들이닥치면 곧바로 떠날 수 있기 위해서였다.[10]

살트르 성바오로 수녀회의 원로 수녀님들에 의하면 1866년 대원군의 대 박해가 시작되자 조부 방제원은 어떤 아기를 품에 안고 걸인 행색으로 이집 저집 구걸하여 목숨을 연명하며 숨어 다녔다고 한다.

박해가 끝났을 때는 방 신부의 부친 방경희가 부친에게 알려 비로소 가족의 품으로 무사히 돌아왔다고 한다.

민비가 살해되고 대원군이 집정하던 때였다. 그들은 조모를 끌어다 문초를 했다. "장부는 천주교 서양인 주교의 한문 선생인데 어디 있느냐?" 하니 "어느 부녀자가 장부 잡아다 죽이라고 대답할 수 있느냐?" 하였다. 그러자 "허어! 여장부요, 열녀로다. 곧 풀어 돌려보내라." 했다. 이러한 사실담은 어려서

나 늙은 지금이나 어느 누구들보다 또 어떤 귀한 보물보다 더 좋은 재산으로 생각하고 있다. ……중략…… 조모는 늦게 입교하여 귀한 외아들 때문에도 더 신앙을 굳히게 되었다. ……중략…… 또 조모가 병고 중에 약 30분간 임종하시는 듯이 하더니, 깨어나서는 "내가 죽은 줄 알았지?" 하며 놀라운 꿈 이야기를 했다. 어딘지 가려하니 발이 닿는 곳마다 불이 확확 나고 벽을 짚으면 벽에서도 불이 확확 나고 해서 무서워서 깼다는 것이다. 그 불이 바로 연옥불이 아닌가 하며 그 후부터 열렬한 기도와 신앙생활을 하셨다. 82세 때 별 병환 없이 바르고 착한 외아들과 손자들 육남매 앞에서 떠나신 지도 벌써 오래 전이다.

방순경(1975).

방순경 여사가 직접 쓴 글을 보면 대원군 시대에 조부 방제원이 천주교인은 마구 체포하는 대박해를 피해 어린아이를 안고 구걸하는 거지 행색을 하며 숨어 지낼 때, 조모는 관가에 잡혀 가 문초를 당했다. 그녀는 자신과 온 가족의 목숨의 위험 앞에서 용기와 지혜를 발휘하여 장부와 가족을 살려 내었으며 어려운 시기를 지혜로써 잘 넘긴 것이다.

또한 외아들, 방 신부의 부친이 물불을 가리지 않고 전염병 환자나 열병 환자를 막론하고 문병을 다녀서 늘 노심초사하였다고 한다. 환자를 방문하는 일은 천주교 신자로서의 실천적 덕목 행위 중의 하나였던 것이다. 그러나 조모는 82세까지 장수하며 열렬한 신앙인으로 선종했다.

이러한 박해 시대의 수난과 박해를 직접 체험하고 순교자들을 직접 지켜 본 조부와 조모 그리고 부모의 열렬하고도 깊은 신앙 정신은 방 신부에게 많은 영향을 미치지 않을 수 없었다고 본다. 방 신부의 누이 방순경은 집안에 내려오는 이런 박해 시대의 온갖 고초를 겪으며 훌륭하고 지혜롭게 이겨 낸 이야기와 신앙의 모범은 자

신에게 어떤 보물보다도 귀하다고 고백하고 있다. 이는 자손들에게 큰 정신적 유산이었으며 방 신부에게도 지대한 영향을 미쳤다고 여겨진다.

방 신부가 어릴 때 조선 시대의 가정에서는 조부의 영향력이 컸었고 부친은 궁궐로 출근을 하였으니 집에서 방유룡을 교육한 사람은 조부 방제원이었다. 더구나 이 시대의 천주교 집안은 지금과는 달리 철저하게 자손들에게 신앙심을 심어 주었다. 박해 시대에 신앙이 꺼지지 않고 오히려 불똥이 퍼지듯 더 전파되었던 원동력은 철저하게 자녀들에게 신앙 교육을 하였기 때문이다. 조부 방제원은 어린 방유룡의 미래를 내다보며 누구보다도 신앙 교육을 열심히 하였을 것이며, 박해 시대를 살아온 자신의 고난의 삶 속에서 피어난 신앙 정신과, 증거자로서의 독특한 삶 그리고 순교자들에 대한 이야기들을 거듭거듭 들려주었을 것이다.

무아 방유룡 신부의 영성의 두 맥은 순교 정신과 무아 영성인데 이 두 정신은 방 신부의 영성 체계 안에서 서로 깊은 연관을 맺고 있으며, 순교 정신이야말로 무아 방유룡 신부의 영성의 기반이 되고 있는 것이다.

이러한 영성은 한 인간 안에서 몇 번의 신비체험이나 절정 체험만으로 형성되는 것이 아니다. 시대와 문화와 특히 가족의 정신문화가 복합적으로 방 신부에게 깊은 영향을 준 것이다. 프로이드 Freud를 선두로 현대의 심층 심리학자들은 인성 형성에 있어서 특히 유아기와 학령기 이전의 시기가 자아 형성에 미치는 중대성에 대해 일치된 주장을 하고 있다.

부친 방경희 베드로와 모친 손유희 아녜스

방유룡 신부의 부친 방경희 베드로는 1862년 1월 5일 생으로, 1886년 영어 학교에 입학을 하였다고 족보 기록에 나온다. 그는 궁내부宮內府 주사主事였다.[11] 궁내부 주사는 정1품에 해당된다. 그는 영국 공사관의 통역관[12]으로 일했다.[13] 부친 방경희 주사관은 당시 영문학자로서 영어는 물론 중국어에도 능통하였다. 부친은 고매한 인품과 굳은 신앙을 지녔으며 용감하게 신앙 내용을 실천하는 착한 사람이었다.

그런데 사람들이 수시로 찾아와서 "당신이 싸인 하나만 해 주면 피차에 유리한 일이니…"하고 청탁하는 일이 잦아 곤혹스러워 했다. 직무상 힘든 것보다는 이런 정당하지 않은 청탁과 은근한 압력의 상황이 신앙인으로서 견디기 어려워서 결국 관직에 사표를 내고 말았다. 이 소식이 고종 황제에게 알려지자 "그런 좋은 인재는 소홀히 대우할 수 없다." 하며 관직으로 다시 불러들였고, 고종의 특별한 배려로 인해 제사를 받들지 않아도 되는 부서 영선사營繕司에 취임시켰다고 한다. 그래서 부친은 그 당시 중국에 자주 왕래하여 이따금씩 나중에 방 신부의 첫째 형의 딸인 방 아녜스 수녀가 소

---

11) 궁내부는 조선 후기 왕실 부속 기관을 통괄하던 관청을 말한다. 1894년(고종 31) 7월 갑오개혁을 할 때 서정(庶政)을 총괄하는 의정부와 왕실 시무를 총괄하는 궁내부로 2원화하여 궁내부 대신을 의정부 총리대신 다음의 서열로 정하였고 궁내부는 대신, 협판 각 1명, 참의, 주사 각 3명 위원 5명을 두고 승선원을 비롯한 원(院)·각(閣)·사(司) 등 부속 기관을 관장하였다. 주사는 정6품에 해당하는 벼슬이라고 한다.

12) 1. 통역하는 일을 맡은 관리. 2. 조선 고종 32년(1895)에 둔, 대한 의원(大韓醫院)과 궁내부의 주임(奏任) 벼슬.

13) 순교의 맥(2000), 제196호, 표지 2.

속된 살트르 성 바오로수녀원에 찾아와 중국 수녀원으로 전달할 것이 있는지 물으러 오곤 했다. 이때의 가정 경제는 부유했었고, 부친 방경희는 당시 사람으로서는 드물게 침대 생활을 하였으며 영국식 스타일의 삶을 즐겼다고 아녜스 수녀는 말한다.

그 아들은(방 신부의 부친 방경희) 친절하고 신앙이 굳었고 착해서, 전염병 환자나 열병 환자를 막론하고 문병을 다니곤 했다. 그러니 어머니로서는 걱정이 아닐 수 없었다. 어느 날 그 아들이 고열로 앓게 됐다. 밤새도록 지켜 앉았던 모친에게 이렇게 큰 걱정이 또 없었다. 야심경이 되자 열이 싸늘하게 내려 눈을 뜨며 "어머니! 이젠 괜찮아요." "글쎄, 열도 없구나." "그럼 꿈이 맞았나 봐요. 어머니." 하면서 아버지는 꿈 이야기를 하셨다. 흰 옷 입은 한 노인이 "베드로! 많이 괴로웠지?" 하며 손에 붉은 대추 두 개를 쥐어 주며 먹으라고 하며, 한 마디 더 하시는 말이 "너의 모친이 너무도 심려하므로 시험을 했다." 하더라는 것이었다. 이렇게 모자가 즐겁게 하던 꿈 이야기가 우리 집의 일화의 하나이다.

방순경(1975)

어머니 손유희 아녜스는 키가 큰 편이었고 상당히 고상하고 멋스러웠으며, 다소 화려하였고 자식들의 옷을 유독 멋있게 잘 차려 입히기를 좋아했다고 한다. 어머니의 성격은 밝은 편이고 특히 말을 잘 했는데, 방 신부는 생김도 성격도 어머니 쪽을 많이 닮았다고 방 신부의 조카며느리 김정애는 묘사한다. 어린 딸 방순경에게 커서 꼭 훌륭한 수녀가 되라고 하였던 것으로 보면, 이미 위로 형 두 명이 있기도 하거니와 어린 방유룡에게도 커서 신부가 되라는 말을 했을 가능성이 크다. 왜냐하면 신앙 깊은 가톨릭 집안에서는 신부나 수녀가 나오는 것을 대단한 영예로 생각하기 때문이다.

두 형, 방유린과 방유봉

첫째 형 방유린은 여동생 방순경이 말하고 있는 것처럼, 장래가 촉망되는 매우 우수한 두뇌의 소유자로서 본인의 포부도 꽤나 컸었다. 방씨 집안은 장면 박사의 집안과 매우 절친했는데, 장면 박사의 집안도 신앙 깊은 가톨릭 교우이며 이분의 아들이 전前 춘천 교구의 교구장인 장익 주교다. 유린은 장면 박사의 부친과 고등학교를 함께 졸업하고 우수한 대학에 시험을 보았다. 둘 다 나란히 합격을 했으나 면접 때 본인도 모른 채 그의 몸에 결핵성 연주창(임파선결핵)이 진행되고 있어 목 부위가 부어 있는 것이 발견되어 입학이 허락되지 않았다. 동시에 자신의 포부도 접어야 했으므로 그는 상당한 정신적 충격을 받았다. 그 당시 결핵은 중한 병으로 취급되었기 때문이다.

조부와 부친이 동시에 결핵으로 일찍 선종하는 바람에 경제적인 어려움이 있었으나 형 방유린은 가장의 역할을 충실히 하였고, 특히 동생 방순경과 방유룡의 학업을 위해 많은 노력을 기울여 주었다. 방 아녜스 수녀는 '아버지는 생각에 있어서 상당히 세상을 앞서 갔다.' 고 말한다. 그러기에 여자는 공부를 안 시키던 시절 어려운 가운데 여동생을 일본 동경으로 유학을 보냈던 것이다.

부친의 대리자로 머리 좋은 오빠의 직책을 잘해 주셨음을 항상 감사하고 있다.

방순경(1975).

둘째 형 방유봉은 대단히 방랑벽이 심하여서 만주 등지를 여기저기 돌아다니기를 좋아하였으며, 학문적인 가정의 분위기나 신앙

적 분위기에도 적응하지 않았다. 그는 일제 강점기에 순경으로 재직하다 결혼 후 결핵으로 일찍 세상을 떠났다. 그의 아내 루시아는 그 후 재혼을 하지 않고 전교 회장직을 하며 방 신부의 사목 활동을 도왔다. 그녀는 열심히 신앙생활을 하며 여기저기 전교 사업에 일생을 바쳤다. 방 신부가 황해도 해주에 있을 당시 첫 수녀 지원자 윤병현에게 세례를 줄 때, 방 신부는 형수 루시아가 윤병현의 대모가 되도록 배려하였다. 그녀가 노쇠한 후에는 잠시 수녀원 마당 채에서 기거를 하여 수녀들의 돌봄을 받다가 선종하였다.

방순경方順京 루시아 여사 :

한국순교복자수녀회 창설 협조자

나중에 신부님이 옛날을 회상하시며 그러셨어. "만약에 누이가 없었다면 어려웠을 거야……모든 게 어려웠을 거야……. 누님이 많이 도와주었지!"라고 말씀하셨어. 병원에 계실 때. 인터뷰 자료; 윤덕현 수녀. 2008. 4. 8.

◀방순경 루시아

최후 6년 동안 방 신부를 모신 수녀 윤덕현은 방 신부가 자신의 일생을 회고하면서 만약 누님이 없었다면 그 모든 것이 어려웠을 것이라고 말했다고 한다. 방순경 여사는 방 신부를 일생 동반하며, 누이로서 끊임없이 애틋한 정을 부어 준 사람이다. 물질적인 면에서

나 사회적인 면에서 어두울 수밖에 없는 방 신부에게 물질적 도움은 물론 수녀원을 창립하는 데 있어서 당시의 모든 문제와 어려움과 함께하면서 수녀원을 일으켜 세웠던 것이다. 특히 사회와의 연결점에 있어서 동반자이자 조언자이며 때로는 해결사이고 적극적인 후원자요 지지자였다. 그녀는 한국순교복자수녀회 창립을 동반한 창립 협조자이다. 방 신부는 수녀원 창립 인가를 받기 위한 서류에 자신의 이름과 방순경, 윤병현을 공동 창립자로 나란히 기입하여 교황청에 올렸다.[14] 방순경 여사에 관한 국가지식포털, 한국역대인물 종합정보시스템의 인물 검색의 내용은 다음과 같다.

방순경方順京 (1898~1978)

여성교육자. 서울 출생. 가톨릭을 신봉하는 가정에서 자라 한성여자고등학교(경기여고)를 거쳐 일본 동경여자고등사범학교를 졸업하였다. 그 뒤 교육계에 재직하다가 우리나라의 여성 교육, 특히 여성 체육에 깊은 관심을 가져 일본 여자체육전문학교에 유학하였다. 광복 후 경성여자사범대학 교수를 거쳐, 수도여자중 · 고등학교 교장으로 14년간 재직하면서 우리나라 최초로 여자 기계 체조부를 창립, 국제적인 선수를 배출함으로써 여성 체육에 일대 혁명을 일으켰다.

1959년 단장으로 체조부를 인솔하여 월남 친선 경기에 참가하였으며, 1960년 국제체조연맹 총회에 한국 대표로 참가하고, 같은 해 로마 올림픽대회에 참가함으로써 여성체육 지도자로서의 경험과 지식을 높였다. 이외에 1946년 문교부 실과교수요목위원, 1956년 과학기술용어 제정위원과 1961년 1월 무학여자중 · 고등학교 교장 등을 역임하였다. 1956년 서울특별시로부터 교육공로표창장, 1958년 문교부로부터 고전무용보급공로상, 1960년 대통령으로부터 홍조근조훈장 등을 수상하였다.

방순경 여사는 일제 강점기에 일찍이 일본으로 유학을 떠나 영예롭게도 당시 일본 최고의 학교인 동경사범대를 졸업한 후, 경남여자고등학교에서 한국인으로는 처음으로 그리고 유일한 교사가 되었다. 홍일점 한국인으로서 많은 속앓이를 하면서 17년을 근무하다, 해방이 되자 서울로 올라와 지금 서울대학교 사범대학의 전신인 경성여자사범대학에서 가정과 주임교수로 재직했다. 방 순경 여사는 수녀원 첫 입회자이며 창립 협조자인 윤병현 수녀와는 스승과 제자 사이이기도 하다. 1946년 윤병현이 입회하여 개성 동흥동 성당에서 방 신부의 지도하에 머무르고 있을 때, 방 신부는 윤병현을 서울로 보내어 누이 방 교장이 주관하는 경성사범대학 가정과 교사 1년 수련 과정을 이수하도록 하였다.

가톨릭 색깔을 내고 종교적 분위기를 가진 학교를 만들어 그리스도의 복음 전파를 하고자 늘 꿈꾸고 있었던 그녀는 수도여중고 교장직으로 부름을 받게 되자, 자신의 종교적 이상을 펼치기 위한 좋은 기회로 여겨 교수직을 사임했다. 그녀는 수도여자중고등학교 초대 교장으로 부임하여 14년 동안 자신의 가톨릭적 이상을 펼치면서 전교적 측면에서 성과도 많이 얻었고, 일본인들만 다니던 이 학교를 한국인들의 학교로 전환하면서 우수한 인재들을 길러내며 학교를 크게 발전시켰기에 교육계의 큰 주목을 받았다.

한국의 정세가 무척 어지러웠던 때였다. 4.19혁명이 일어나고 5.16 군사 쿠데타가 일어나기 전에는 여기저기서 시위가 끊이지 않던 때였는데, 장면 박사를 반대하는 세력의 모의에 의해 학교에서 물러나는 아픔을 겪기도 했다.

---

14) 순교의 맥(2007), 제205호, p. 21, 31.

장면 박사 집안과는 조부 때부터 집안끼리 친밀한 관계였고, 방 교장과 방 신부는 역시 장면 박사와 아주 가까운 사이였기 때문에 그 파장에 의한 수난을 당한 것이다.

그녀는 일생 독신으로 살았다. 어렸을 때부터 수녀가 되기를 갈망하여 샬트르 성 바오로수녀원에서 경영하는 기숙사에 들어가 수녀원에 지원하려는 모임까지 했었으나 나중에 스스로 그것을 포기했다. 왜냐하면 심하지는 않았지만 입가에 언청이 자국이 있어서 자신이 수녀원에 가면 다른 수녀들의 이름에 누가 될까 봐 스스로 포기하고, 대신 동정녀의 삶으로 봉헌생활을 하기로 결심했던 것이다. 방순경 여사는 나중에 미국에 가서 언청이 수술을 받았다고 한다.

그 뒤 그녀는 음악을 무척 좋아하고 노래 솜씨가 뛰어났기에 성악가가 되려고 마음먹게 되었는데, 큰오빠가 성악가는 무대에 서야 되므로 얼굴 문제로 적극 말리며 교육계가 가장 낫다고 충고하여 결국 사범대학을 가게 되었다. 큰오빠의 적극적인 후원과 '학문의 미녀'가 되라는 부친의 말을 마음에 새기며 이제 교육가가 되려는 향학열에 불탔다. 후에 집안에서의 결혼 권유를 수차 물리치고 어머니의 소망이기도 한, 어렸을 때 결심한 수도생활에 대한 열망을 살려 일생 동정을 지키는 동정녀로서 열렬한 신앙인으로 살았다. 방순경 여사의 독신생활은 재력이나 사회적 측면에서, 아무것도 없는 백지 상태에서 수녀회를 창설한 동생 방 신부에게는 여러모로 대단히 긍정적인 작용을 한 것으로 생각된다. (방순경, 1975)

그때 우리 집은 가난했었지요. 나는 어릴 때 고모(방순경)를 너무나 좋아했기 때문에 명문인 경기여고도 버리고 고모가 적극적으로 말렸음에도 불구하

고 고모가 계신 경남여고로 전학을 갔어요. 고모는 나의 인생의 모델이었어요. 고모처럼 되는 것이 소원이었지요. 고모는 너무나 멋있었어요. 성격이 밝고 재미도 많고 유머도 뛰어나고 아주 멋쟁이셨어요. 늘 옷을 멋있게 입었고 나에게도 멋쟁이 옷을 일본에서 갖다가 입혀 주었지요. 음악을 참 좋아하셔서 바이올린을 취미로 배웠고…… 센스가 대단히 빨랐고 문화에도 밝았어요……. 그때 부산진 본당에 있을 때는 본당에 수녀가 없었어요. 그래서 고모가 제의방도 하고, 모든 일을 도맡아 하면서 신부님을 보좌해 드렸어요. 그때가 불란서인 오필도 신부님이셨지요……. 고모는 저를 몹시 아꼈고…… 일본 말을 너무나 유창하게 잘 했었지요……. 매일 미사는 물론 성체 조배도 매일 하고 묵주는 손에 달고 계셨어요. 그런 고모를 보고 나는 하하, 성모송을 앞부분만 하고 줄여서 묵주 알을 빨리 빨리 돌렸어요. 지루해서요. 그때 오 신부님이 고모에게 무척 고마워했어요. 그래서 그 신부님이 불란서로 가실 때, 나를 데리고 가서 유학을 시킨 것이었어요. 고모의 덕택이었지요……. 나중에는 우리 집이 부산으로 이사를 왔고 우리 어머니는(조성경 루시아) 본당의 전교회장으로 있게 되었어요. 할머니(방 신부 어머님)도 함께 있었어요. 이때 본당에서 근사한 사택을 전교회장 집으로 내어 주었기 때문이에요. 신부님(방 신부님)과 둘이는 무척 서로 존경하고 사랑하고, 고모는 신부님을 자랑스럽고 기쁘게 여겼어요. 고모가 경제적으로 신부님을 많이 도와주었어요.

인터뷰 자료; 방 아녜스 수녀. 2008. 4. 4.

인터넷 검색을 통해 '위대한 한국 여성 20인' 안에 그녀의 이름이 들어가 있는 것을 발견하고 놀라움을 금치 못했다. 과연 가문의 뿌리 깊은 신앙과 선구적이고 개척자적인 그리고 개방적인 의식을 그대로 물려받아 꽃을 피운 여성이라는 것을 알게 되었다.

부산에서 가족과 함께 살고 있던 방 신부의 증조카인 방미령은 어린아이 때부터 유난히 멋을 내는 것을 좋아했다고 한다. 집안에서는 이러한 아이에게 타박을 하였다. 이를 본 방순경 여사는 이것

이 아이에게 교육적으로 좋지 않음을 느끼고는 자신이 기르겠다고 하여 어린 증손녀를 데려와 함께 살기 시작했다. 이때가 방미령이 4살 때라고 한다. 서울에 데리고 와서 방순경 여사는 방미령을 어린아이임에도 불구하고 공주처럼 늘 최고의 수준으로 예쁘게 꾸며서 데리고 다녔다고 한다. 방미령은 방순경 여사로부터 받은 지극한 사랑으로 인하여 하느님의 사랑을 깨달았다고 고백하며, 자신의 삶 속에서 보여준 그녀의 사랑이 얼마나 뜨겁고 깊었던가를 말하고 있다.

방순경 여사는 경기여고 1회 졸업생으로 우리나라 개화기의 신여성으로서의 '조선 백성들의 개화'라는 사명의식에 불탔다. 그러기에 여성 교육자로서 남긴 업적을 한국 교육계에서는 크게 인정하고 있었던 것이다. 그는 한국 역사에 최초의 여성 교장이 되었다. 동시대에 이름을 날렸던 김활란 여사와는 아주 절친한 친구였다고 그녀의 조카며느리 김정애는 전한다. 그녀가 자신의 생애를 짤막하게 고백한 글을 여기 소개한다.

일본 유학 시절 역사적인 관동 대지진을 당했다. 그때 마침 무슨 강연을 듣고 있다가 벌떡 일어나 강연장 중앙에 꿇어 합장했다. 성호[15]를 긋고는 급히 영광경[16]만을 부르짖었다. 잠깐 진정된 후 자리에 돌아와 임종 준비를 했다. 나를 살려 주시면 훌륭한 사람이 되어 오직 주님만을 섬기고 사랑함으로써 주님의 영광을 위한 일생을 마치리라고 기도했다. ……중략…… 오직 70평생 긴 세월을 살아오는 동안 교육자란 사명에 40년을 바치고 하느님이 베풀어 주신 자신의 영생을 위해 신앙생활 무대에서 보낸 젊음이 그리워진다. 교생, 교사 시절에는 젊고 어린 교사로서 노련가도 못 당할 정도의 재질을 가졌다 하여 천재라는 소리와 조선 반도에서 처음 보는 교사라는 칭송도 수 삼차 받았다. 그러나 일제하, 시대가 하도 험하고 야비하여 그네들의 사상과는 다른

'민족사상 고취자다, 반일이다.' 해서 부산 같은 일인 세력 지대에서는 최고 학부 출신 한국인 여선생을 좋아하지 않았다. 나는 경남여고에서 사수를 결심, 후배를 위한 희생을 각오하고 귀먹고 눈먼 양 지내기로 결심하여 17년을 지낸 후, 서울 진명여고로 취임하게 되었다. 해방을 맞이하고 10월에 경성사범대학 가정과 주임으로 갔다. …… 부친의 "학문의 미인이 되라."시던 말씀을 명심하고 항상 우수한 우리 민족의 두뇌를 교육시키기에 여념이 없었다. 나의 열성의 불길은 아직도 사라지질 않은 채 늙고 병들었다. …… 영웅과 장사는 바람 같고 부귀와 영화는 구름이라. 그런즉 무엇을 구하리오, 영생을 바라고 예비하자.

방순경(1975).

그녀의 크나큰 업적 중에 하나는 우리나라에서 최초의 여자 기계체조 부를 창설하여 국제적인 선수를 배출하고 올림픽에 참가할 수 있는 선수를 길러 낸 것이었다. 그녀는 기계 체조 도입을 위하여 다시 일본으로 유학을 떠나 수학한 후에 수도여고에 기계체조 부를 설립하였다. 이는 집안에 갇혀 있던 여성들을 한국 사회로 그리고 세계무대에로 이끌어 냈던 사건이었다. 이는 세계 여성사에서 보더라도 상당히 빠른 진보적 진출이다.

무엇이든지 처음 시작이 중요하고 그 시작은 아무나 하는 것은 아니다. 조선 시대의 유교적 유산인 남존여비 사상과 일제 강점기를 거치며 사대주의의 늪에 빠져있던 시대에, 더구나 여성들은 극소수만이 교육을 받고 대다수의 여성들이 집에서만 있던 때, 여성들에게 체육활동을 할 수 있도록 한다는 것은 여성 교육의 측면에서나 여성의 정체성을 들어 올렸다는 측면에서 일대 혁명을 일으킨

15) 손으로 이마와 가슴 양 팔에 십자표를 하는 것.

16) "영광이 성부와 성자와 성령께 처음과 같이 이제와 항상 영원히 아멘." 하는 짧은 기도문.

것으로 높은 평가를 받은 것이다.

그러나 이보다 더한 문화적 사건은 다른 데 있다. 올림픽에 참가했던 기계체조부들이 돌아 왔을 때, 대대적인 서울 시민들의 환영을 받았다. 이들은 김포공항에 도착한 후에 행진을 하면서 서울 시내로 진입하는 퍼레이드를 벌였는데, 이때 방 교장은 이들에게 아주 짧은 핫팬츠를 입혀서 행진을 하도록 했다고 한다. 환영 나온 서울 시민들은 그런 핫팬츠를 입고 속살을 드러내며 활기차게 행진하는 젊은 여학생들을 보고 충격을 받을 수밖에 없었을 것이다.

방미령은 이 사건으로 인하여 온 서울 시내가 발칵 뒤집혔었다고 말한다. 그 시대 여자들은 긴 치마나 한복만을 입었는데 여자들이 핫팬츠를 입고 거리를 활보한다는 것은 어느 누구도 상상할 수 없는 도발적이면서도 기상천외한 사건이었던 것이다. 여성에 대한 기존의 낡은 사고방식들을 깨트리고 사람들의 의식에 불을 질렀던 것이다. 이러한 묵은 인습과 의식을 과감하게 깨는 것은 방 신부의 가문의 유산인 것 같다.

그녀는 일제의 억압을 뼈아프게 경험한 사람으로서, 이제 그 고삐에서 풀려난 젊은 여성들에게 민족의식을 고취시키며 남다른 비전과 의식을 가지고 여성 교육자로서의 사명감을 불태운 것이다. 그녀는 민족의 얼을 고양시키는 일환으로 특히 한국 전통 고전무용의 보급에 노력한 공헌으로 상을 받았다. 방순경 여사가 한국여성을 위한 교육과 한국 민족 문화에 대한 남다른 열정을 가진 모습은 방 신부가 자필로 작성한 '복자수녀회 창설 이념'에서 강조한 내용과 똑 같다. 방유룡 신부가 명시한 것은 수도자들이 한국 민족문화 발전에 공헌하고 동양적(토착화) 수도정신을 함양하고 토착화된 한국 기독교 정신을 우리 민족에게 전할 것과 한국 고유문화를

보존 연구하는 데 공헌할 것 그리고 여성교육을 창설 이념에서 강조하고 있는 것이다.(복자회 창설 이념. 3번과 4번)

고모할머니는 당대 여걸이라고 소문이 자자했어요. 성격은 직선적이고 화통하시고 솔직하시고 자애로우셨어요. 또 자유로웠고 틀에 박혀 있는 것을 싫어하셨어요. 항상 새로운 것을 추구했지요. 엄청 예쁘게 하고 다니셨어요... 그 시대에 드물게도 아주 어린 저에게 목걸이 귀걸이를 하게 해서 늘 공주처럼 꾸미고 데리고 다녔어요. 목소리가 좋았고요. 고모할머니가 저에게 주신 사랑은 너무나 커요. 생명이고 하늘같다고 할까! 말로 표현할 수 없어요. 제가 원하는 것은 하늘의 달과 별 외에는 다 해주셨어요. 한국여성을 위한 교육을 아주 중요하게 생각했어요. 후암동 고모 집에는 방이 14개나 있었고 항상 학생들이 많이 살았어요. 기숙사 같았어요. 늘 돈 없는 학생들을 데리고 살았지요. 제가 수도여고를 다녔는데 수도여고의 오랜 전통은 체벌이 없는 학교였습니다. 고모가 그런 전통을 세우셨고 늘 학생들은 최고라고 칭찬을 잘 해 주셨어요.

인터뷰 자료; 방 신부의 조카 손녀 방미령. 2010. 11.

방순경 여사는 한마디로 당대 '여걸'이라는 소리를 들은 사람이었다고 방미령은 말한다. 늘 큰일을 꿈꾸고 시대를 앞서갔으며, 항상 새로운 것을 찾아냈다. 뛰어난 안목으로 남들이 생각하지 못한 것을 생각해 내고 대담한 열정으로 이를 추진해 냈기 때문이다. 특히 한국 사회에서 여성의 정체성을 확고히 하는 것 그리고 여성의 역할과 위상을 높이려는 데 교육적 열정을 쏟았다.

방순경은 교장으로서 상당히 넓은 정원과 방이 많은 집을 소유하고 있었는데 항상 많은 학생들이 북적거리며 함께 살았다. 이는 늘 가난한 학생들을 데려다가 투숙시키고 공부를 시킨 것이었다. 나중에라도 누가 이에 대한 사례를 하려고 찾아오면 늘 거절하면서

"하느님에게 드리세요."라고 했다.

이렇게 방순경 여사는 모든 면에서 앞서갔다. 학교에서는 항상 새로운 것을 추구했고, 남들이 하지 않는 것을 먼저 시작했다. 예를 들면 학교에 예체능 활성을 위한 여러 동아리들과 미술부를 두었지만 따로 고전무용과 조각부를 설립한다든가 코러스를 설립하여 학생들에게 문화의식을 고취시키고 일인일기의 교육을 활발하게 실현한 것이다.

해방 후 한때 친일이라는 누명을 쓰고 신변이 위험에 처하는 고통을 겪은 적이 있었다. 그 후 서울로 올라와 수도여고 교장으로 복귀하게 된다. 친일이라는 누명은 이러하다. 경남여고에 있을 때 한국 교사는 오직 한 명밖에 없었다. 본인의 고백처럼 일본 교사들은 우수한 한국 여교사를 좋은 시선으로 보지 않았으나 교장만은 신임을 하였다고 한다. 이런 상황에서 한국인들에게 오해를 받을 만한 소지가 있을 수 있겠으나 본인의 회고적 증언은 물론이고 국학 자료원에서 발간하고 김인덕(1996)이 쓴 『식민 시대 재일 조선 인민 운동 연구』에 보면 '1925. 12~1926 ; 재무부; 방순경' 이라는 기록물이 보존되어 있음을 발견할 수 있다. 이 기록을 보더라도 그녀가 일본 유학 시절 '재일 조선 인민 운동' 에 간부로 참여하고 있었다. 그녀는 이 비밀 조직에 가담하여 항일 운동을 하였던 것이다. 한국 역사에서 유관순 여사와 같이 직접적인 항일 운동을 한 사람도 필요하였지만, 또한 방순경 여사와 같이 일본 유학 생활에서 돌아와서는 죽은 듯 살아남아서 백성들을 교육했던 사람도 필요했던 것이다.

그녀는 방 신부와 마찬가지로 평생 험난한 역경과 고통을 마주하며 그에 굴하지 않고 극복해내는, 방 신부의 가르침인 '전화위복'의

삶을 살았다. 일제 강점기의 어려움은 둘째치고라도 얼굴 때문에 자신의 두 가지 소망이 꺾였는데도 굴하지 않고, 자신이 할 수 있는 것을 찾아 열정을 불살랐다. 친일이라는 오해에 의해 목숨의 위협까지 당했을 때에는 숨어 다니며 은신한 적도 있었으나 좌절하지 않고 이후 더 큰 업적을 남겼던 것이다.

맨 처음에는 춘천 보좌 신부로 갔는데 돈이라고는 모르는 그(방 신부)였습니다. 한 번은 춘천서 갑자기 서울로 올라오려는데 주머니에 차비가 없었습니다. 그래서 부산서 교편을 잡고 있는 누이에게 전보를 쳐서 돈 10환을 보내 달라고 해서 올라올 정도였습니다. 동창 임충신 신부(1986). 순교의 맥 제178, p14.

그녀의 또 하나의 큰 업적은 한국순교복자수녀원 창설의 동반자 역할을 한 것이다. 방 신부는 누구에게 물질적 도움을 받은 일도 없고 구하지도 않았던 사람이다. 그러므로 임 신부가 들려주는 예화에서 단적으로 보여 주는 것처럼 물질적인 어려움을 옆에서 해결해 주려고 노력한 사람은 누이 방순경 여사였다.

방유룡 신부가 개성에서 1946년에 창설한 수녀회가 인민군의 폭격을 피해 서울 청파동에 수녀원을 마련하여 자리 잡은 지 한 달 만에 1950년 6월 25일 한국전쟁이 터졌다. 수녀원이 폭격을 맞았을 때 초기 회원들은 방순경 교장 집으로 제일 먼저 피신했으며, 나중에 방 신부와 그의 절친한 친구 윤형중 신부 그리고 수녀들 6명을 안전하게 피난시켜 도움을 준 사람이 바로 방순경 여사였다. 그녀는 자신의 제자였던 부산의 서정호 회장 집을 알선하여 이들을 피신시켰다. 방 교장이 경남여고 교사로 재직하고 있을 때, 이 집에 하숙을 한 경험이 있었고 서정호의 딸이 그녀의 제자였기에 맺은 인연이었다. 윤형중 신부는 피난살이를 받아 주었던 서씨 집안의 환대에 고마워 그 후로 내내 미사 때 기도하고 있으며 앞으로도 죽을 때까지 기도하겠다고 자신의 책에 기록하고 있다(윤형중, 1972).

방 신부에게 세례를 받고 수녀회 초창기 회원이 된 김순옥 수녀는 1952년 12월 3일 최초의 지원자 윤병현과 홍은순 그리고 자신을 포함한 지원자 7명의 제1회 대착복식[17]을 기억했다. 그녀는 이날 방 신부와 방 여사의 눈에 눈물이 가득하였던 모습을 잊을 수 없다고 했다.

이 착복식은 전쟁 때문에 온갖 우여곡절을 겪으며 지연된 착복식이었다. 1946년에 수녀회가 창립된 이래 6년 만에 최초의 수련자들을 받아들이는 예식인 이날, 방 신부와 누이 방순경 여사는 둘이 함께 나눈 고통과 희망만큼 감격의 눈물을 흘렸던 것이다.

이들에게 해방 이후 어려움 속에서 갓 탄생한 수녀회가 한국전쟁 속에서 살아남을 수 있는가의 문제는 심각했었다. 공산주의의 유물론 사상으로 인해 인민군의 유난한 잔인성의 표적이 됐던 사람들이 그리스도교인, 특히 신부, 수사, 수녀들이었기 때문이다. 한번은 최초의 수녀 지원자 2명과 방 신부의 형수가 함께 인민군에게 체포되어 끌려가 조병도 박사 집에 감금당하고 있었으나 극적인 탈출을 감행했던 위기의 시간도 있었다.[18] 이 시기에 실제로 북쪽에 거주했던 많은 신부 수사 수녀가 체포되어 옥사를 하였던 것이다. 이 전란 시기에 한국 가톨릭교회는 사제들만도 근 80여 명을 상실했다고 노기남 주교는 그의 자서전에서 말하고 있다.

---

17) 순교의 맥(1986). 제178호, p. 39.

18) 면형무아(2001): 무아 방유룡 신부 탄생 100주년 기념 화보집, p. 79.

두 사람의 그 눈물은 사람의 목숨조차도 부지하기 힘든 갖가지 위험 속에서 함께 어려움을 겪으며 수도원 창립이라는 일관되고도 일치된 소망을 줄기차게 함께 키워 온 사람만이 흘릴 수 있는 감격의 눈물이었다. 착복식을 치르는 당사자들의 감격도 컸겠지만 전쟁 중에 어려움을 겪는 아이들보다 자식들의 목숨과 안전을 염려하는 부모들의 마음이 더 아린 것과도 같은 것임을 떠올리게 하는 장면이다. 방 신부와 방 순경 여사가 약속이나 한 것처럼 한 맘으로 흘리는 눈물이기에 더욱 아름답다. 복자수녀원은 이렇게 두 사람의 눈물로 세워진 공동체임을 후손들은 잊지 말아야 할 것이다.

전쟁 나서 살기가 어려우니까, 그걸 또 방 교장 선생님이 우리한테 일감을 주는 거야. 그래서 교복을 만들고, 꽃을 만들고, 수예품, 이런 것을 해서 신세계 미도파 이런 데 냈거든. 평이 좋았어요. 기계를 일본에서 들여왔거든…….

인터뷰 자료; 윤태순, 2008. 1. 11.

한국전쟁의 소용돌이와 1.4 후퇴 이후 먹을 것이 귀할 때도 방 교장은 방 신부와 수녀들에게 먹을거리를 자주 싸들고 찾아오곤 했다. 초창기 수녀원이 경제적인 자립을 해 나가는 데에는 전적으로 방순경 여사의 몫이었다.

또 하나 큰 공로 중 하나는 공부를 못한 수녀들 여러 명을 수도여고에서 공부를 시켜 양성했을 뿐만 아니라, 그 어려운 시절에 수녀 2명을 미국으로 유학을 보내어 의학 공부를 시키는 일을 추진하였고 공부를 계속하도록 물적 지원을 하였다. 수녀원을 창설하는 일부터 시작하여 경제적으로 자립해야 하는 문제, 회원을 교육하고 양성하는 데까지 헌신적으로 도왔다. 방 신부의 조카며느리는 방 교장이 평생 번 돈이 다 수녀원으로 들어갔을 거라고 말할 정도다. 그녀는 방 신부 못지않게 수녀들에 대한 애정을 가지고 수녀원의 기초를 세우는 데 전폭적으로 투신한 것이다.

다음의 글은 방순경 여사가 얼마나 수녀들을 도우려고 애썼는지를 보여 준다. 한 예이다. 이 글을 보면 자신의 집까지도 수녀들을 위해 병원으로 내어 놓았던 것이었고, 수녀원의 경제를 해결하기 위해 일감을 만들어 주는 것은 그녀의 몫일 수밖에 없었다. 이때 윤병현을 포함하여 초기 회원들은 전부 구교우가 아닌 신문교우들이라 아직 천주교 신앙에 대해 깊이 있게 모르고 있는 상태였으며, 더구나 그들은 모두 근거지가 북쪽인 사람들이었기에 서울로 이사 와서 사회와의 연결이 전혀 없을 수밖에 없는 상황이고, 수녀지원자들은 수녀원이라는 울타리 안에서만 생활해야 하는, 서원[19]을 하기 전 초기 양성기를 지내던 시절이었기 때문이다. 방 신부는 큰일을 시작했으나 그에 따른 모든 뒷일은 방순경 여사의 몫이었던 것이다.

후암동은 부촌이기 때문에 작은 복자의원에는 환자가 오지 않아 운영이 안 되었다. 병원이 지대가 높아 물이 밤에만 약간 나와 수녀들이 다라이와 동이를 이고 공동 우물에서 물을 길어다 썼다. 병원 건물은 수도여고 방순경 교장의 집이었다. 방 교장은 당시 전후가 되어 수녀원 경제가 어려운 것을 알고 수도여고 응접실 커버와 커튼을 병원 수녀들에게 주어 수녀들이 교장 사택에 가서 세탁하여 손질을 하여 수도여고에 갖다 주게 하였다.

심흥보(2001). 한국 천주교사회복지사에서 발췌.

---

19) 3~4년의 양성기를 거친 후 수도자들이 청빈, 정결, 순명의 3대 서약을 하는 것.
20) 경향잡지(1959. 3.) 제1092호, 순교자 기념관 건설 운동에 협조함.

누군가 훌륭한 일을 한 사람 뒤에는 이름 없이 소리 없이 희생한 사람이 있는 예가 많다.

창설자 방유룡 신부 옆에도 평생을 동반해 준 신앙 깊고 지혜롭고 창조적이며 넓은 의식의 소유자로서, 또한 순교자 현양[20]에도 앞장섰던, 말하자면 신앙적인 면에서나 지적인 면에서나, 한국 민족의 혼을 살리고자 하는 위대한 비전을 갖은 이상적인 면에서나, 교육적인 면에서 의기투합할 수 있는 동지가 되었던 것이다. 이 역할은 친누나이기 때문에 가능한 것이기도 하다.

만약 누나가 아니고 뭇 여인이 방 신부를 옆에서 계속 동반했다면 그것이야 말로 문제의 소지가 많은 오히려 수녀회 창설을 망치는 결과를 낳을 수도 있었을 것이며 방 신부가 그런 관계는 용납하지 않았을 것이다.

한국순교복자수녀회 창설 동반자로서 당대 한국 사회에서 유명한 여걸 방순경 여사가 있었다는 것은 이 연구를 통해 새롭게 발견하고 알게 된 것이다.

지금까지는 그저 누이 한 분이 있었나 할 정도였다. 그녀가 한국 여성사에서 그리고 교육계에서 우뚝 선 위대한 존재로서의 삶을 살았다는 사실도 이제야 알게 되었다.

인터넷 블로그를 통해 알게 된 사실인데, 수도여자고등학교 동창회의 졸업생들이 방 교장선생의 은공을 기리며 선종했을 때에 묘비를 세웠으며, 학교에 그녀의 동상을 건립하고, 그녀를 추모하며 '방순경 교장 선생님을 사랑하는 마음이 산 같음'이라는 글들을 실었다.

자신들의 가슴에 살아 있는 스승에 대한 애정과 그리움을 서로 확인하고 있음을 볼 수 있다.

그분은 미국으로 일본으로 머…… 다 하고픈 건 다 하신 거 같아. 우리가 그 덕에 살았잖아. 그 누님 덕택에! 우리 못 먹는다고 토요일이면 그냥 고기에 머 앙꼬 무친 떡, 이런 걸 다 사다주셔. 그때는 식구 열 식구밖에 안 됐는데 사 갖고 오셔서 실컷 먹이는 게 좋은 거야. 딱 앉혀 놓고 먹이는 게. 그래가지고서는 계속 했지 머. 우리 여기 와서도 부활 때 성탄 때 그때 갈비 한 짝씩 들여왔었지. 날 보고 떼어 놓으면 죄 된다고, 신부님 드릴라고 떼어 놓지 말고, 마뗄 드릴라고 떼 놓지 말고, 수녀들 똑같이 노나 먹이라고 그러면서 하시던 분이야. 그래가지고 그분이 고기 먹여 줬지. 우리는 고기 못 먹지 고기를 어떻게 사다 먹어 그때 콩가루 밀가루 먹을 땐데……

인터뷰 자료; 김복남 수녀. 2008. 1. 17.

신부님은 돈하고 사회적인 그런 것은 아주 깜깜했어. 그런데 누이 교장 선생님은 머리도 뛰어나고 모든 게 우수했기 때문에 신부님을 전적으로 다 도왔어. 큰 공로자야! 수녀들이 왜 그것을 모르는 체하는지 모르겠어.

인터뷰 자료; 김순옥 수녀. 2008. 4. 28.

하느님에 대한 큰 신뢰만으로 빈털터리 손으로 시작된 수녀회가 걸음마를 배워야 하는 시기는 온통 전쟁의 포화 속에서 숨어 지내며 여기저기 옮겨 다니며 흩어지곤 하였다. 이런 때에 방순경 여사는 동생 방 신부 옆에 있으면서 전폭적이고도 실질적인 도움과 지지 그리고 의논 상대가 되어 주었고 애정과 기도와 희생으로 동반해 주었다. 방순경 여사는 수녀회가 어느 정도 뿌리를 내리고 자립을 해 나간 이후에는 점점 발걸음을 줄이며 자신의 수고와 공을 생색내는 일도 없이, 방 신부처럼 점이 되어, 수녀들의 기억 속에서 차츰 사라져 이제는 보이지 않는 점이 되었다. 이러한 모습은 진정 두 사람이 영적 여정에도 함께 한마음으로 무無의 여정을 삶으로 보여 준 것이다.

방 신부는 노쇠하여 병든 말년의 누이가 가슴속에 애틋함으로 자리하고 있었을 것이나, 그런 표현을 누구에게 할 사람은 아니다. 그녀는 늙어 가며 병들어서는 차츰 누가 될까 봐 수녀회 발걸음도 줄였다. 잊혀 가는 섭섭함을 표현함도 없이, 다만 조카며느리에게 돌봄을 받고 있음에 미안해 하였고, 부담을 주지 않기 위해, 임종을 준비할 때는 늘 "걱정하지 마! 죽으면 복자수녀원 묘지에 묻힐 것이니 걱정하지 마."라고 누누이 말했었다고 김정애는 말한다. 수녀들 곁에 묻히고 싶은 바람도 표현하지 못하고 유언처럼 간직한 채, 그녀는 1978년 10월 9일 선종하였다.

그녀의 이 바람은 마침 수녀원이 묘지 이장 문제를 앞두고 있어서 나중에 안정되면 이장하기로 연기되었다가 차츰 수녀들의 기억에서 사라져 버린 채 오늘에 이르렀다. 조카며느리와의 대화에서 그녀가 얼마나 수녀들에 대한 애정과 애착을 가졌고 창립 동반자로서의 정체성을 가지고 있었는지, 또한 말로 표현되지 않는 것들을 느낄 수 있었다. 이제라도 이 소원은 존중되어야 한다고 생각한다. 수녀들은 많은 은인들의 힘으로 살아간다. 우리는 당연히 그들을 위해 기도하고 그들을 헤아려 주는 것이 당연하지 않은가! 눈에 안 보인다고 하여 그것이 현실이 아닌 것은 아니다. 공동 창립자로 누이 방순경 여사를 추대한 창설자 방 신부의 뜻을 다른 누구보다도 우선적으로 존중해야 한다고 생각한다. 방 신부는 지금 하늘에서도 그것을 원하고 있을 것이다.

방순경 여사의 생애를 주목하는 이유는 무아 방유룡 신부의 주업적인 수도회 창설은 남매간의 '우애의 결실'이기도 하며 또한 무아 방유룡 신부의 중요한 가르침 중의 하나인 '형제애兄弟愛'의 원

천이 되는 샘물이 두 사람의 평생의 사랑의 경험에서 흘러나왔다는 것을 알 수 있기 때문이다. 방 신부의 모든 가르침은 자신이 직접 체험한 것에서 뽑아낸 것이다. 김순옥 수녀의 말에 의하면 방 교장은 일 년에 한 번씩은 꼭 지극 정성으로 용茸을 달여다 방 신부에게 갖고 왔다고 한다. 남매간에 그런 깊은 우애와 사랑의 경험이 없으면 예수님의 사랑의 가르침을 '형제애'라는 단어로 표현하기는 어려운 것이다. 친형제들이 그저 불편한 경험 속에서 살았다면 형제애를 가르치고 강조할 수는 없는 것이다.

'경향잡지'에 발표한 '신앙생활의 진가'라는 증언에서 방순경 여사는 교육자로서의 시각으로 자신의 삶을 돌아보며 "부모와 조상들의 바르고 철저한 깊은 신앙생활이 자손들에게 미치는 영향은 참으로 크다."고 말한다. 자신이 받은 조부모의 영향을 "어려서나 늙은 지금이나 어느 누구들보다 또 어떤 귀한 보물보다 더 좋은 재산으로 생각하고 있다."고 고백하고 있는 것으로 보아, 방 신부나 방순경 여사에게 집안의 정신문화가 얼마나 큰 영향을 주었는지를 충분히 알 수 있다. 현대 우리 시대는 자녀를 하나만 낳는다거나, 아예 자녀 기피 현상까지도 보인다. 형제자매가 있는 집들은 평화롭게 형제적 사랑을 나누기보다는 질투와 경쟁과 재산을 가지고 다투는 일이 허다하다. 방순경 여사와 방유룡 신부의 남매간의 사랑은 고귀하고 아름다울 뿐만 아니라 이 시대에 의미를 던져 주는 영롱한 빛이다.

수녀회가 창설되어서 자리를 잡기까지 아낌없는 열정과 희생을 바쳤던 방순경 여사의 그 사랑과 노고가 새삼 마음깊이 느껴진다. 그녀가 일본의 대지진 때 하느님께 약속했던 것처럼 진정 평생 하느님의 영광을 위해 한 삶을 오롯하게 불태워 드렸던 것이다. 비록

수녀원 안에서 수도복을 입고 살지는 않았지만 복자수녀원 창설 동반자로서의 업적을 남기고, 일생 동정녀로서 열정을 다하여 헌신적으로 '봉헌의 삶'을 살았던 것이다. 이러한 보물과도 같은 우리의 아름다운 정신적 유산은 길이길이 만인에게 전해져야 할 것이다.

조카 방마리아 아녜스 수녀 (1920~2009)

신부아버지(방 신부)의 편지를 전해 주시기에 읽어보니 잘 있느냐, 공부 잘 하느냐, 등 그리고 산수문제 4개, 국어문제 4개를 만들어 보내시면서 답안을 써서 보내라고 하셨어요. 답안이 어떤 것은 어려워서 틀린 것도 있고 해서 점수까지 매겨 보내시면서 또 다른 문제를 좀 쉽게 만들어 보내셨더군요. 아주 저에게는 자상하신 신부아버지셨어요. 그러면서 차차로 문답 교리 숙제로 들어가셨어요.

방 아녜스 수녀. 순교의 맥 1986년 제178호 p. 44.

조카 수녀와 함께.

방 신부는 평소 영민하고 재주가 많았던 큰 형의 딸인 조카 방아녜스(세례명)를 많이 사랑해 주었다. 그녀의 한국 호적 이름은 마리아다. 1920년도에 벌써 통상 쓰는 한국 이름을 쓰지 않고 마리아라 이름으로 지었다는 것이 깊은 신앙 정신과 진취적인 집안의 자유정신이 느껴진다.

위의 글에서 본 바와 같이 방 신부는 섬세하고 자상하게 어린 아녜스를 체계적으로 신앙교육을 하려고 했다는 것을 알 수 있다. 방 마리아가 보통학교 3~4학년 시절이라고 기억하는데, 이때 방 신부의 가족은 중림동 죽첨정 삼정목 244번지에서 살았다. 마리아는 교회에서 운영하는 학교가 아닌 관립학교에 갔으므로, 방 신부는 신앙교육이 문제가 됨을 염려하였다. 마침 절친한 윤형중 신부의 첫 소임이 중림동성당의 보좌였다. 방 신부는 마리아가 특별히 토요일마다 윤 신부에게 가서 기도문 외우는 검사를 받도록 하였다. 방 신부는 이때 춘천 본당 보좌로 있을 때인데, 매번 윤형중 신부로 하여금 편지를 전달하도록 하여 그녀의 신앙 교육을 담당했다. 방 신부가 조카에 대한 애정과 자상함이 대단히 컸었다는 것을 알 수 있으며 방 신부의 섬세한 면모를 엿볼 수 있는 이야기다.

아녜스는 큰 희망을 품고 경기여중에 들어갔다. 그날 자랑스러운 합격 통지서를 명동성당 마당에서 방 신부에게 보여 주었는데, 의외로 방 신부는 별 반응이 없었다. 그러나 마침 옆에 있던 여자 애들이 진명여중에 입학을 했다는 말에는 반색을 하고 기쁨을 표시하면서 "경기여중은 무어 다른 것이 있나!" 하였다. 방 아녜스는 얼굴이 붉어져 다른 아이들 뒤로 숨어버렸다고 한다. 방 신부는 그러면서 "이 아이들처럼 너도 수녀가 안 될래?" 하였다. 그 아이들은 수녀원 기숙사에 사는 수녀원 지원자들이었다. 어린 아녜스는 방 신부의 그런 태도 속에서 수녀가 무엇인지도 잘 모르면서 그 아이들이 훌륭한 언니들이라고 느꼈다. 나중에야 방 신부의 그런 태도가 세상의 명예를 추구하는 것보다는 영적 세계를 추구하는 것이 우수한 사람이라는 것을 말하려고 했다는 것을 알았다고 한다. 그때 방 아녜스는 자신이 최고의 학교에 들어가서 칭찬을 기대했는데

방 신부의 그런 태도와 말에 야릇한 마음을 느꼈던 것이다.[21)]

아녜스는 고모 방순경 여사를 무척 좋아하였다. 고모가 적극 말렸음에도 불구하고 방순경 여사를 따라 경남여고로 전학을 가서 학업을 마쳤다. 대학은 다시 올라와서 서울대 사범대학에 들어갔다. 그리고 명동 살뜨르 성바오로수녀회가 운영하는 기숙사에서 지내게 되었다.

방 아녜스가 고모를 얼마나 좋아했는지 고모처럼 수녀가 아닌 개인적으로 하느님께 서원을 하는 동정녀로 살 것을 결심하고, 고모처럼 사범대학에 간 것을 보면 알 수 있다. 방 신부는 사감 수녀에게 자주 조카가 수녀가 될 것 같으냐고 수차 관심 있게 물었으나 사감 수녀는 그 아이는 수녀가 될 아이는 아니라고 했다. 아녜스는 이미 대학생으로 사감 수녀에게 잘 복종을 하지 않았고 어른으로 대우 받기를 원했다고 말한다. 수녀가 되는 것은 포기하고 고모처럼 동정녀로 살아야겠다고 결심하고 있을 때, 고모의 주선으로 16살 때 프랑스로 유학의 길이 열렸다. 그러나 방 신부는 수녀가 될 거라면 공부를 시켜도 되는데 되지도 않을 아이를 무엇 때문에 유학을 보내느냐고 반대를 했다. 방 신부는 내심 그녀를 수녀로 만들 기회를 놓치게 되지나 않을까 염려하였을 것이다. 결국 방 신부와 고모 방순경은 의논 끝에 아녜스의 유학을 허락하게 된다.

방 아녜스는 프랑스에서 공부를 하다가 깊은 영적 체험을 경험한 후, 놀랍게도 거기에 있는 샬트르 성 바오로수녀회에 입회를 하였다. 이 소식은 세계가 2차 대전 중에 휘말려 있었기에 한국에 알릴 수가 없었다.

---

21) 방 아녜스 수녀 . 순교의 맥 1986년 제178호 p. 44

전쟁이 끝나자 편지를 보냈는데 그것도 2년 후에 한국에 도착했다. 방아녜스가 수녀가 되었다는 소식을 뒤늦게 들은 방 신부와 방순경 여사가 얼마나 기뻐하였는지는 충분히 짐작할 수 있다.

그러나 방 수녀는 오랜 외국 생활에서 이제는 한국에 돌아가고 싶어 했다. 그러나 방 신부는 또 돌아오는 것을 또 반대하였다. 한국에 오면 수도자의 길을 계속 가지 못하고 변심할 가능성이 있으니까, 올 생각하지 말고, 영원히 거기서 수도생활 잘하며 살라고 했다. 방 신부가 내심으로 얼마나 어엿이 수녀가 된 조카가 보고 싶었을까? 아녜스는 늘 수녀는 되고 싶지 않고 동정녀로 살겠다고 하면서 방 신부의 애를 태웠었던 그녀였다. 그러나 방 신부는 혈육의 정을 물리치고 영원히 거기서 살라고 한 것이다.

방 수녀는 이미 수도생활을 행복하게 하고 있던 터라 이제는 신부 아버지의 말을 받아들여 돌아오는 것을 포기하였고 선교사로 살겠다고 총장에게 청원했다. 그러나 20년이 흐른 후 뜻밖에 한국으로 발령이 났다. 본부에서는 이제 한국 관구에 한국인 관구장이 필요하다고 여기게 되었기 때문이다. 그때까지는 프랑스 수녀들이 관구장직을 하고 있었다. 그녀는 한국에 돌아와서 한국인으로는 처음으로 샬뜨르 성바오로수녀회의 초대 관구장이 되었다.

이때 그녀는 불어, 영어, 일본어는 능통했는데, 한국말은 거의 잊어버렸다고 한다. 왜냐하면 유학 갈 당시 한국에서는 일본말을 쓰고 있었기 때문이다. 직책을 수행해야 하는데 언어 문제로 큰 속앓이를 하게 하였다. 한동안 많은 어려움이 있었으나 워낙 언어에 능통한 집안의 내력 때문인지 잘 극복하였다. 한국에 돌아와 보니 신부 아버지 방 신부는 여전히 열심히 살고 있었고, 자신의 바오로회 수녀들이 방 신부를 성인 신부로 여기고 있는 것을 알았다.[22)]

방 신부는 사랑하는 가족이 수도생활을 하기를 간절히 바랐다. 아마도 어린 초등학교 시절부터 조카의 신앙교육에 많은 신경을 썼을 때부터 방 신부는 그녀가 수녀가 되기를 소망했을 것이다. 그것은 자신의 수도자로서의 삶에 확고부동한 가치를 주고 최고의 이상을 부여하고 있음을 보여 주는 것이다. 자신이 확신이 없으면 주변 사람에게 수도생활을 권하기는 어려운 것이다. 아마도 방 신부는 어린 아녜스를 양성하여 장차 자신이 세울 수녀회에 입회시키고 싶었는지도 모른다.

김순옥 수녀가 기억하는 재미있는 일화가 있는데 프랑스에서는 수녀들이 피는 담배가 있었던 모양이다. 방 수녀는 프랑스에서 20년간 살다가 귀국하자마자 곧 방 신부를 방문했던 때의 일이다. 방 수녀는 신부 아버지 앞에서 자연스레 프랑스에서 가지고 온 담배를 피워 물었다. 이를 본 방 신부는 어이없어하며 호통을 쳤단다. "여기가 불란서냐! 수녀가 담배 피는 것을 보면 한국 사람들이 뭐라고 할 것 같은가!" 하였다. 그 이후로 조카 수녀는 절대 담배를 피우지 않았다고 한다. 한국 사회가 어떠한지를 전혀 모르기도 하거니와 개방적이었던 그녀의 집안 문화와 그녀의 모습을 엿볼 수 있는 일화다.

방 신부가 선종하기 바로 얼마 전에 방 수녀는 그를 방문했는데 처음에는 못 알아보았다고 한다. 그래서 자꾸 형의 이름을 대고 그의 딸이라고 귀에 대고 말했다. 그러자 방 신부는 "아는 이름인데?" 하더니 기억이 돌아와 알아보고는 즉시 묻는 말이 "천주天主 공경 잘하고 있는가?"라고 해서 놀랐다고 한다.

22) 방아녜스 수녀(1986). 신부 아버지. 순교의 맥178호 p. 45

방 신부의 의식과 무의식은 온통 '하느님'으로 가득 차 있다는 느낌이 든다.

그녀는 오랫동안 외국생활을 했기 때문에 방 신부에 대해 많은 것을 알 기회를 놓쳤음을 안타까워하고 있다.[23] 방 아녜스 수녀의 조카이자 방 신부의 조카며느리 김정애의 딸은 프랑스에 있는 도미니코수녀회에 입회하여 현재 거기서 수녀 생활을 하고 있다. 방 신부가 원하는 수도생활의 맥이 집안에서 끊어지지 않고 있는 것이다.

이상 무아 방유룡 안드레아 신부의 신앙과 정신문화에 깊은 영향을 주고받았던 가족들의 이야기를 수집하여 이를 통해 방유룡 신부의 정신적 토양을 가늠할 수 있도록 했다. 또한 가족 관계들 속에서 자연스럽게 방 신부의 성격이나 인품이 드러나도록 하였다.

무아 방유룡 안드레아 신부의 어린 시절

훌륭한 천주교 집안에서 태어난 방 신부는 생후 3일 만인, 1900년 3월 5일 명동 성당에서 빅토르 박 신부로부터 레오라는 이름으로 유아 세례를 받았다. 아기 유룡이 사자Leo를 닮았다 하여 조부 방제원이 그렇게 세례명을 지었다고 한다. 12세 때에는 안양 하우현 성당에서 뮈텔 주교로부터 견진성사[24]를 받았다. 방유룡은 신앙에 있어서 유서 깊고 유복한 집안에서 안정된 유년 시절을 보냈다. 3세대가 함께 사는 전통적 집안에서 조부의 권한은 컸다.

23) 인터뷰 자료; 방 아녜스 수녀 2008. 1. 18.

24) 가톨릭교회에서 세례를 받은 후 좀 더 성숙한 신앙인이 되기 위해 성령을 받는 성사.

낮 동안 부친이 궁궐로 가 있는 시간에 아이들의 교육은 조부가 담당했다. 방 신부는 여러 면에서 조부의 영향을 지대하게 받은 것으로 나타난다. 조부는 여러 손자 손녀 중에서 유룡에 대한 애정이 각별하였다.

어린 방유룡은 솔직 단순하고 명랑하였는데, 이러한 모습은 방 신부의 일생을 통해 거의 변함없이 나타났다. 또한 활달한 아이들이 흔히 보여 주는 것처럼 어린 유룡은 장난이 아주 심한 개구쟁이였지만 꾸중을 모르고 자랐다. 잘생긴 용모에다 어릴 때부터 기상이 남달랐거니와 조부는 이 아이를 가리켜 "장차 가문을 세울 인물"이 될 것이라고 평하며 두고 보라고 말하곤 하였다 한다. 이처럼 할아버지의 특별한 기대와 총애를 받으며 유룡은 그로부터 한글과 한학을 배웠다.

어린 시절의 이야기는 전해진 것이 많이 없다. 전해지는 일화로는, 어릴 때부터 할아버지의 긴 담뱃대에 불을 붙여 오는 심부름을 자주 하면서, 담배 맛을 일찍부터 알게 되어 이미 12살쯤에는 이 맛을 즐기고 있었다 한다. 그래서 이 담배의 역사는 나중에 신학교에서도 문제가 되어 지도 신부의 도움으로 금연을 하게 되었고, 20년의 세월이 지나 40세가 되어서야 다시 피우게 되었다. 이런 경험 때문인지 방 신부는 40세 이상인 수사들 중에 담배 피우기를 원하는 수사에게는 허락을 해 주었다.

또 다른 예화가 있는데, 어느 날 어린 방유룡은 벽장 선반 위에 먹을 것이 있는 것을 보았다. 그는 시집온 지 얼마 안 되는 형수한테 그것을 달라고 졸랐으나, 어른들에게 드릴 것이라고 주기를 거절하자, 몹시 골을 내며 밖으로 뛰쳐나가서 형수가 시집올 때 타고 온 가마의 문을 열고는, 타고 집에 가라고 소리 소리를 질렀다고 한다. 젊은 형수는 어린 도련님의 그런 행동에 크게 놀라고 당황해했다. 이런 모습은 보통의 어린아이에게는 나타나지 않는, 어른들을 기가 막히게 하는 행동이기는 하나, 한편으로는 용맹하면서도 두려움을 모르며 배포가 큰 성격의 모서리를 어렸을 때부터 보여주는 단적인 예화라고 볼 수도 있다.

방유룡은 가끔 형수에게 개구지게 장난을 치며 부지깽이를 가지고 형수의 치마를 들추곤 했다. 이런 종류의 심한 장난은 그의 어린 시절에 자주 있었다. 나중에 신학교에서도, 사제가 되어서도 피난 시절에 동창 신부에게 장난을 심하게 치는 장면이 동창 신부들의 글에 나타난다.

위로 누나와 아래로 여동생 사이에서 장난을 치면 둘이 당해 내지 못해서 늘 누이들이 엄마를 불러야만 장난이 끝이 나곤 했다. 그러나 일단 어른들의 훈계가 있게 되면 단순해서 즉시 솔직하게 잘못했다고 인정하여 별 탈 없이 어른들의 사랑을 받으며 유년기를 보냈다. 특히 할아버지는 잘못을 인정하고 뉘우치면 즉시 용서를 해 주셨는데, 이런 태도는 나중에 방 신부의 영성 생활에도 큰 영향을 미친 것으로 보인다.[25)]

윤덕현 수녀에 의하면 방 신부는 집안 이야기나 자신의 사사로운 이야기는 일절 안 하였데, 돌아가시기 얼마 전 기억력이 많이 떨어졌을 때, 어린 시절의 기억을 떠올리며 매우 즐거워하며 신나게 이야기하였다고 한다. 윤 수녀가 기억하는 것은 방 신부는 사랑과 귀여움을 많이 받았다는 것과 어릴 때 무엇인가를 잘하여 칭찬도 많이 받았다는 것 그리고 혼난 일은 별로 없었다는 것이다.

---

25) 영성 생활을 하는 사람으로서 잘못 했으면 즉시 통회 정개 보속하면 된다고 강조함. 이 내용은 다음 장에서 상세하게 다룰 것임.

어린 유룡이 대여섯 살쯤이었을 때, 무슨 귀한 물건을 망가뜨려 놓고는 꾸중을 들을까 봐 지붕 위에 올라가서 내려오지 않았다고 한다. 그래서 어른들이 혼내지 않을 것을 약속해도 한동안 내려오지 않다가 나중에 내려와 혼나지 않았다는 것이다. 잘못한 일이 있으면 엄마가 혼낼까 봐, 서 있는 엄마 다리를 뒤에서 앉아서 두 팔로 꽉 감싸 안으면 엄마가 꼼짝없이 용서하고 놓아 주었다는 것, 그리고 누나하고 싸울 때는 누나 머리만 잡아당기면 누나가 꼼짝 못했다는 것이다. 이런 것들을 기억해 내고는 천진난만하게 웃으며, 옛날 그 유쾌한 기분으로 돌아가 재미있어 하였다는 것이다. 말하자면 야단맞지 않으려고 꾀를 내어 위기를 모면했던 것들을 기억해 낸 것이다.[26)]

윤태순 수녀의 말에 의하면 가정의 문화를 표현하는 말을 방 신부가 다소 했다고 하는데, 요즈음의 다도에서 보는 것처럼 그런 예를 갖추는 방식으로 집에서 전통차를 마셨었다는 말을 하는 것을 들었다고 한다.[27)]

부친이 궁내부 주사로 근무를 한 것으로 미루어 보아 궁중의 문화와 예법이 집안에 자연스럽게 흘러들어 왔을 것이다. 더구나 프랑스인인 뮈텔 민 주교나 블랑 백 주교 같은 고위 성직자들에게 한문을 가르치며 대접했을 때, 그리고 국가의 손님인 영국인들이나 미국인들과 교류를 하고 있었으므로 한국의 전통차를 예법을 갖추어 대접했으리라는 것은 충분히 짐작이 가는 일이다.

또한 중요한 것은 고종 황제가 스스로 머리를 깎고 1895년에 단발령을 발표하였는데, 그 이전인지 그 이후인지 확실치 않으나 아

26) 순교의 맥. 제178호, p. 16, 인터뷰 자료; 윤덕현 수녀. 2008. 4. 8.

27) 인터뷰 자료; 윤태순. 2008. 1. 18.

녜스 수녀는 아버지로부터 자신의 집안이 서울에서 가장 먼저 상투를 자른 집안이었다는 말을 들었다고 말한다. 이것으로 볼 때 조부 방제원은 한학자漢學者이지만 시대를 초월한, 상당히 개방되었고 자유로운 사람이라는 것을 알 수 있다. 이처럼 누구보다도 앞장서서 일찍 개화와 개방의 물결을 받아들인 이 가정의 문화는 방 신부와 누이 방순경 그리고 다른 형제들의 정신에 큰 영향을 미친 것으로 보인다.

방유룡이 9세가 되었을 때 조부에 연이은 부친의 갑작스런 별세로 인해 가세는 기울고 사대문 안에서 지탱하기 어렵게 되었다. 모친은 다섯 자녀를 이끌고 한강 이남 하우고개, 지금의 남태령으로 이사를 하였다. 방유룡은 홀로 독학을 하며 지내야만 했고, 어머니를 도와 땔감 나무를 하기도 하며 시골 생활을 지냈으나 이런 생활이 길지는 않았다. 9세 위인 방유린과 6세 위인 방유봉 형이 장성하자 가세가 나아져 다시 현재의 중림동인 죽첨정 삼정목 244번지로 이사를 하였다. 방 신부가 1930년 사제품을 받은 이후 1935년에 명동 2가 1번지인 주교관으로 거주지 이전을 하기까지는 위의 번지로 주소를 두었다.

방 신부가 어릴 당시만 해도 초등 교육의 형태는 여러 부류가 있었는데, 초등학교에 들어가 공부하는 아이들도 있었고 일부는 서당에서 공부했으며 또한 많은 아이들은 가정에서 한문과 한글을 익혔다. 그는 조부로부터 한글과 한문을 배워 왔다.

방유룡이 왜 초등학교에 가지 않았는지 의문이 간다. 학문을 중요시했던 집안 분위기로 보아 초등학교를 제때에 들어갈 수도 있었는데도 말이다. 이는 집에서 우선적으로 한학을 공부할 것을 선택하지 않았나 하는 추측이 갈 뿐이다. 1910년 한일합방이 되면서 일제의 통치가 시작되는 시점과도 맞물려 있다. 그리고 9살 되던 해에 조부와 부친이 결핵으로 연이어 별세하였다. 이 사건은 방유룡에게 상당한 심리적 영향을 미쳤을 것이다.

방유룡은 독학을 해 오다가 뒤늦게 학교 공부의 필요성을 깨닫고 진학할 뜻을 세웠다. 큰형의 주선으로 13세에 정동관립보통국민학교(초등학교) 4학년에 편입하였는데, 이때 같은 또래의 아이들은 졸업을 이미 했거나 할 나이였다. 이 당시 초등학교는 4년제였으므로 초등학교 과정은 겨우 1년만 공부했으며, 이어 명문 관립입문 중학교를 갈망하여 입학하고자 하였으나 낙방하였다. 초등학교 1년이라는 단기간의 수학受學 실력으로는 좌절될 수밖에 없었다.

방유룡은 명문 중학교에의 희망이 꺾여버린 상태에서 낙심하며 14세에 당시 5년제인 실업계 미동 농업중학교로 입학하였다. 중학교 시기는 이제 자신의 정체성을 형성해야 하는 내적 과업과 더불어 앞으로의 인생행로와 진로에 대한 번민이 시작되었다.

부친과 조부의 갑작스런 사망, 한일 병합, 일 년이라는 단기간의 초등교육과 관립입문 중학교의 실패 등은 서로 엮이어 방 신부의 인생행로에 커다란 전환을 일으킨다. 인간의 고통은 삶 속에서 무엇인가 변화가 일어나도록 하는 것인데 방 신부의 생애에서도 마찬가지이다.

이러한 번민 속에서 방유룡은 하느님의 소명召命을 듣게 된다. 스스로 사제가 될 결심을 세웠고 신학교에 입학할 뜻을 가족들에게 밝혔다. 이때는 이미 중학교 3년의 과정을 마쳤을 때였다. 물론 어렸을 때부터 신부가 되라는 말을 가족들로부터 들었을 수도 있다. 이에 큰형과 어머니의 적극적인 지지와 배려 속에서 만 17세의 나이로 1917년 서울 용산 예수성심신학교에 입학하여 사제가 되는

새로운 행로를 시작한다.[28]

조선 시대의 봉건 사회 속에서 그리고 쇄국 정치의 폐쇄성 속에서 서양의 문물을 일찍부터 받아들여 개화의 선구자들이였던 방 신부의 가족에 관한 자료는 안타깝게도 많이 남아 있지 않다. 방 신부는 사사로운 대화의 장소에서조차도 가족에 관하여는 누구에게도 일체 말하는 법이 없었으며, 다만 방 신부에게 오랫동안 고해성사를 보았던 송광섭 신부는 방 신부와 친밀해졌을 때를 회고하며 '노기남 대주교와 윤형중 신부 등 동창 신부들 이야기를 하며 당신이 구한말 귀족 집안의 아들로 태어나 상류 사회의 분위기 속에서 어떻게 성장하셨는지 그때 들었다.'고 쓰고 있다.[29]

그리하여 최근 송광섭 신부를 찾아가 인터뷰를 했는데, 이제 그는 그런 세세한 내용들은 거의 잊었고 가문이 좋은 집안이었다는 것만 기억하고 있었다.

방 신부의 무의식 깊이에서 토양이 된 정신적 문화를 탐구해 보는 일은 상당히 의미 있는 일이다. 이미 조부와 부친(1800년대)이 천주교인이었다는 것, 더군다나 조부가 한학자로서 직접적으로는 유학 그리고 동양의 유・불・선 문화를 바탕으로 가지고 있었음에도 불구하고 이질적인 서양 문명과 천주교를 받아들인 선구자적인 모습을 주목할 필요가 있다.

조부와 부친 둘 다 부귀영화를 누릴 수 있는 관직을 과감하게 스스로 버린 초탈의 정신, 박해가 들이닥쳤을 때 온갖 고초를 겪으며 아이를 안고 거지 행세를 하면서 박해 시대를 지나온 그 숭고한 신앙심, 부친의 전염병을 앓고 있는 환자들을 돌보러 다니느라 여념이 없는 실천적이고도 뜨거운 열정, 특히 조부가 프랑스인 사제나 고위 성직자(주교)들에게 한문을 가르치며 서양 문화와 활발한 접

촉을 한 것 등은 방유룡 신부에게 많은 영향을 미친 것이다.

조부 방제원은 방 신부의 부친 방경희를 일찍이 1886년에 우리나라에서 최초인 영어 학교에 보내어 영어를 공부하도록 하여 교육적인 면, 신앙적인 면, 인격적인 면에서 훌륭하게 키워 냈다. 아들이 궁내부 주사로서 또한 영어권의 사람들과의 교류를 할 수 있도록 키웠다는 것은 조부가 상당히 진보적인 의식의 소유자이었음을 알 수 있는 것이다.

조부 방제원과 부친 방경희의 이런 정신적 힘은 그대로 무아 방유룡 신부에게로 그 씨가 뿌려졌다. 앞으로 무아 방유룡 신부가 가문의 특성인 선각자적인 모습, 개방성, 뛰어난 언어적 능력, 초탈의 모습, 박해 시대의 산 증거자로서의 숭고한 신앙적 열정 등의 주요한 정신적 유산을 어떻게 싹트게 하고 푸르게 성장시켜서 꽃이 피고 열매 맺게 했는지를 보게 될 것이다.

---

28) 이운영 신부(1986). 창설 신부님 그 어린 시절. 순교의 맥, 제178호 p. 15-16.

29) 순교의 맥(1986). 제178호 p. 29.

3

신학교 생활 (1917~1930)

방유룡은 1917년 만 17세에 중학 과정 3년을 마치고 신학교에 들어갔다. 장차 사제로서의 삶을 살고자 굳은 결심과 함께 인생의 전환을 맞이하게 된다. 이때 신학교가 용산에 자리 잡았던 예수성심 신학교이다. 방 신부의 신학교 생활과 그 영향에 대한 이해를 돕기 위하여 신학교의 간단한 역사와 그때까지의 가톨릭교회의 사제들에 관해서 살펴볼 필요가 있다.

예수성심신학교

일찍이 중국 마카오 신학교에서 유학하고 있던 김대건 안드레아가 1845년 8월 한국 최초의 신부로 서품되었고, 1849년 4월 함께 유학한 최양업이 사제서품을 받았다. 그러나 김대건 안드레아 신부는 1846년에 순교하고, 두 번째 사제였던 최양업 신부는 1861년 늘어나는 신자는 많은데 신부는 소수이다 보니 과중한 업무에서 오는 과로로 사망했다. 파리외방전교회 프랑서 신부들은 조선 사제들을 양성하는 것이 최우선이라 생각하게 되어 교우들이 많이 모여

있는 충청북도 산골 배론에 신학교를 건립하려는 뜻을 세운다.

그리하여 1855년 3월 프랑스인 메스뜨르 신부에 의해서 제천 배론에 성 요셉 신학교가 설립되었으며 신학생들은 한문, 철학, 인문, 지리, 역사, 교리, 일반상식, 그리고 라틴어 등을 배웠다. 신학과정에서는 철학과 신학을 가르쳤다. 이 학교는 한국 근대 교육기관으로는 최초의 학교였으며 박해시대에 세워졌기에 비밀리에 운영될 수밖에 없었다. 기초 인문학과 학식이 풍부한 두 신부와 같이 기거하며 학생들은 새로운 근대적 교육을 받은 셈이다. 쁘티에띠 신부는 자연과학에 뛰어났고 뿌띤꼴라 신부는 의학 지식도 풍부한 사람이었다. 그리고 조선인 장 요셉은 경리와 한문을 가르쳤다. 이 신학교는 10명 내외의 신학생들이 11년간 공부를 계속하다가 결국 두 신부가 순교하고 장 요셉도 순교하자 폐쇄될 수밖에 없었다.

다시 신부들을 양성할 목적으로 1854년과 1858년에는 각각 3명씩의 신학생을 말레이 반도 서쪽에 있던 페낭 섬의 신학교로 보낸 일이 있었으나 병인년 박해로 말미암아 한때 중지되었다. 그 후 비밀리에 1882년부터 1884년까지 21명의 많은 신학생들이 페낭에 가서 서양의 학문을 배우게 되었다.

이들은 거기서 공부를 하다가 나중에 용산 신학교가 세워지자 옮겨 오게 된다. 그리하여 최양업 신부에 이어 조선인 사제가 나오는데 1896년 4월에 3명, 1897년 12월 3명, 1899년 3월에 2명, 1900년 9월에 2명이 용산 신학교에서 사제품을 받게 된다. 21명 중 10명이 사제품司祭品을 받아 조선의 개화에 앞장서게 되는데, 이들은 페낭으로 유학을 간 사람들이 조선에 신학교가 생기자 돌아와 조선에서 서품된 자들이다. 페낭으로 간 21명 중 7명이 페낭의 더운 기후로 인하여 견디지 못하고 병으로 한꺼번에 죽는 일이 벌어지자 다시 신학교를 세워야 하는 문제에 봉착하게 되었다.

그리하여 1885년 블랑 백 주교는 마라발 신부를 책임자로 삼아 강원도 원주의 부흥골에 임시 신학당을 세웠다. 이때는 프랑스와 수호조약이 맺어지기 전이었으므로 비밀리에 해야 했기 때문에 산골을 택하였던 것이다. 여기서 신학생들은 3년 동안 수학하다 한불 수호조약이 1887년에 비준되면서, 그해 용산에 예수성심 신학원이 세워지고 이들은 이곳으로 이주하여 공부하게 된다. 1891년에는 2층의 양옥 교사를 세우게 되었는데 이 신학원은 우리나라에 최초로 세워진 서양식 건물이었고 최초의 대학교육 과정을 갖춘 학교이다. 용산 신학교는 소신학교와 대신학교로 나눠졌는데, 소신학교는 중. 고등학교 과정이고, 신학부는 대학 과정과 대학원 과정을 포함한 학제로 운영하였었다. 나중에 용산 신학교는 대신학교가 분리되어 지금의 혜화동으로 이전하게 되면서, 1986년에 소신학교 제도는 폐지되고 신학대학교만 운영하게 되었다.[30)]

방유룡의 신학교 생활

방유룡 레오는 용산에 신학교가 세워진 지 30년 된 해에 들어 왔으므로 비교적 한국가톨릭교회의 초기 사제에 속한 사람이다. 이 때 들어 온 사람들은 후에 10명이 사제서품을 받았는데, 일제 치하의 박해와 공산 치하의 또 다른 박해를 견뎌 내며 한국의 개화와 가톨릭교회의 발전에 훌륭한 주역들이 되었다. 신학교의 삶을 소상하게 밝힌 방 신부의 동창 노기남 주교의 자서전을 근거로 신학교 생활의 모습을 살펴볼 수 있다.

전국 각지에서 모여든 그해 신입생은 68명이었다. 1914년에 신학생 모집을 중지했다가 3년 후인 1917년 그러니까 6년 만에 신입생을 모집했기 때문에 신품 학당의 신입생 수는 예년의 거의 배나 되었고 또 학생들의 연령에도 많은 차이가 있었다. 즉 스물한 살에서 열한 살에 이르는 학생들이 동기 신입생이었다. 신입생들의 학력에도 많은 차이가 있었다. 도회지에서 서울로 온 학생 중에는 이미 보통학교를 졸업했거나 혹은 재학 중이던 학생도 있었고, 혹 고등보통학교까지 졸업하고 온 사람도 있었다. 그런가하면 시골 벽촌에서 아무 공부도 못하고 온 학생도 있었고, 노 바오로처럼 시골에서 한문만 배우다 온 신입생도 적지 않았다. 연령으로 보나 학력으로 보아 많은 차이가 있는 68명의 학생을 한 학급 반으로 하여 1917년 가을 용산 신품 학당 소신학생들은 공부를 시작했다.

노기남(1969). 나의 회상록. p. 194.

1910년 한일 병합 이후 1차 세계 대전(1914)이 발발하게 되어 한국 천주교회는 직간접으로 피해를 입었다. 신학교의 신부들이 전쟁에 나갔거나 프랑스로 갔다. 교사가 없어서 3년마다 한 번 받았던 소신학생을 1911년에 받은 이후, 1917년 9월 15일에야 입학생을 받게 되었다. 그리하여 노기남 대주교가 회상하고 있는 것처럼 본래 성격적으로도 각양각색일 수밖에 없는데다, 나이가 10년씩 차이가 나는 사람들이 있는가 하면, 산골 시골에서부터 방 신부처럼 서울 한 복판에서 온 사람까지, 학력 차이도 벽촌에서 아무것도 배우지 않은 아이와 초등교육도 못 받고 한문만 배운 사람부터 고등보통학교까지 나온 사람들까지 모두 68명이나 모여 교육을 받았다. 이러한 차등을 극복하고 각자 자신의 처지에서 학교에서 원하는 수준에 이르기 위해서는, 본인들이 대단한 노력을 해야만 했으리라 여겨진다.

30) 한국천주교회사 하권(유홍렬, 1984 p. 271-287).

당시 초등학교는 4년제였는데 방 신부는 초등학교를 겨우 1년 다닌 다음에 원하는 학교에 실패하고 실업전문중학교를 3년 동안 다니다가 신학교에 입학한 것이다. 방 신부는 당시 만 17세에 입학을 하였으니 반에서 나이가 많은 편에 속했다. 주로 어울렸던 노기남, 윤형중이 나이가 많은 축에 속하였고, 나중에 친하게 된 임충신은 나이가 7살이나 적었다. 방 신부는 중학교를 다닌 덕분인지 학업이 우수했으며, 영어를 잘했고 라틴어 성적이 우수하였다. 아녜스 수녀는 자신의 집안에는 언어에 특출한 재능이 흐른다고 말한다. 방 신부의 조부는 한학자요, 아버지는 영어뿐만 아니라 중국어에도 능통했으며, 누이 방 교장은 일본어에 뛰어났고, 자신도 일어와 영어와 불어에 남다른 재능을 발휘했었다고 말한다.[31)]

당시 신학교는 6~7명의 신부들이 가르치고 있었는데 한국 신부 한 명만 빼놓고 전부 프랑스 사람이었다. 프랑스식으로 여름 방학이 석 달이나 됐고, 목요일은 휴일이었다. 또한 1차 대전이 1918년에야 종식되었으므로 기숙사 형편은 말이 아니었다. 백 명이 넘는 신학생들의 끼니도 어려워 저녁에는 1년 동안 죽이 나왔다. 이들은 국어, 산수, 과학, 역사 등 여러 세속 과목을 배우고 일어, 영어, 라틴어, 전례, 불어, 한문 등을 공부하였다. 이런 엄격한 생활이나 학습적인 면에 있어서 따라가지 못하면 스스로 혹은 학교 조치에 의해 탈락당하는 일이 있었다. 결국 사제서품을 받은 자는 68명 중 단 10명뿐이었다. 이 10명은 그야말로 정신적 · 육체적 · 영적인 면 그리고 학업능력에 있어서 우수한 사람들만이 선택되었던 것이다. 이 당시 전국에 한국 신부는 겨우 30명밖에 없었으므로 한국 교회에 10명의 신부 배출은 큰 수확이었다.

용산 신학교는 방 레오가 13년 동안을 수학하고 생활한 곳이기

때문에 그를 이해하는 데 있어서 이 시기의 신학교와 교수들의 분위기를 조금 알아야 할 필요가 있다. 노기남 주교의 말을 빌리면 교장은 아주 무서운 '호랑이'라는 별명을 가진 기낭 신부였다. 그는 개화된 교육을 실시하면서도 몹시 엄격한 사람이었고, 학교의 규율을 어기는 학생이 있으면 조금도 용서를 하지 않고 벌을 주는 교육자였다. 교장 기낭 신부의 우리나라 이름은 '진보안' 이었다. 그래서 신학생들은 진보안 교장 때문에 학교가 진보 안 된다는 우스갯소리를 곧잘 하였다고 한다. 그러나 그 당시는 사회와 동떨어진 교육을 시킨다고 불평을 듣는 기낭 신부였지만 그토록 엄격한 교육을 받은 신학생들로서는 그로부터 배워 몸에 익힌 생활신조를 자랑으로 삼고 있는 터였다. 표면적으로는 진보 안 된 교육을 시키는 듯했지만 그는 생활 전체를 신학생들에게 교본으로 보여 주었다. 정신적으로나 영적인 면으로 진보와 개발이 가능하게 해준 교장이라고 회고하면서 그들의 숭고한 수도정신修道精神에 머리를 숙이고 있다고 고백하는 것이다. 기낭 진 교장 신부는 40년 동안 신학교 교장을 하다가 1939년에 본국인 프랑스에 잠시 들어갔는데 2차 대전의 발발로 다시 한국에 나오지 못하였으며 본국에서 선종하였다.[32]

프랑스 신부들의 자신을 철저하고 엄격하게 관리하는 것과 조선 땅에서 피를 흘려 순교한 선배들의 순교정신을 이어받아 신앙의 열정과 희생을 사르는 모습 등은 방 신부에게도 많은 영향을 주었을 것이다.

---

31) 면형무아(2001). 무아 방유룡 신부 탄생 100주년 기념 화보집. p. 31.

32) 나의 회상록(노기남, 1969). p. 202.

더욱 중요한 것은 프랑스 신부 일색인 신학교는 '동양적 영성'이라는 대주제를 숙고하도록 자극을 받았던 장이었을 것으로 추측된다. 방 신부가 서양 사제들과의 오랜 접촉이 없었다면 '동양적'인 것을 가지고 고심하고 성찰할 자극을 받지 않을 수도 있었을 것이다. 그는 분명 서양 사람과 동양 사람들의 문화적 다름을 프랑스 사제들을 통해서 깊이 느꼈을 것으로 본다.

신학교에서 방 신부의 이러한 의식적 정신적 작업이 있었다는 뚜렷한 증거는 그가 사제생활 초기(1933)에 이미 '대월기도'를 신자들에게 가르쳤다는 기록에서 나온다.[33] 대월기도는 관상기도의 의미의 한국적 동양적 표현의 말이기 때문이다.

신학교의 교수들은 정식 수도자들의 신분과는 조금 다른, 선교 중심의 파리외방선교회의 신부들이었다. 이들은 얀세니즘[34]의 영향과 프랑스 혁명 이후 가톨릭교회에 대한 반발이 심한 상황에서 하나의 정신적 탈출구로서 해외 선교라는 이름으로 젊은 가슴을 신앙으로 불태운 자들이다. 자신의 목숨과 일생을 하느님께 봉헌하는, 수도자와도 같은 철저한 생활을 하는 사제들이었던 것이다. 이들의 긍정적 영향뿐만 아니라, 다소 젊고 민감한 신학생들의 눈에 '진보 안 된 교육'이라는 말이 나올 수 있는 근거를 안고 있는 부분이 있는 것도 사실이었으나, 노기남 주교가 말한 것처럼 그들은 하느님에 대한 깊은 사랑으로 갖은 박해와 고통을 다 겪어 냈다. 자신의 삶을 온전히 가난하고 피폐한 조선 땅에 바친, 거룩한 사제들로서 숭고한 신앙의 아버지들이었으며, 조선 땅에 개화의 씨를 심은 그들의 공로는 높이 평가해야 할 것이다.

"종로 깍쟁이"

무아 방유룡 신부처럼 별명을 많이 달고 있는 사람이 있을까! 동창들은 방유룡의 면모를 잘 드러내 주며 풍부한 상징성을 갖고 있는 별명들을 그에게 붙여 주었다. 어렸을 때 어떤 별명을 달고 다녔는지 알 수가 없지만 신학교에 들어와서 첫 번째로 붙여진 별명은 '종로 깍쟁이'이다. 이 모습은 명랑하고, 장난기 심하고, 싸움 잘하며, 아는 것도 많았고, 뛰어난 미남은 아니지만 귀티 나는 잘생긴 타입에다, 태도가 다분히 도시적이었고 튀는 감각을 가진, 다소 집안의 문화와 서울 한복판에서 온 방유룡의 분위기를 내비치는 별명인 것이다. 동창 신부의 회상을 들어 보자.

당시는 거의 촌에서 들어 왔지만 방 신부님만은 서울에서 들어왔고, 우리는 모두 소학교 밖에 못나왔지만 방 신부님만은 중학교까지 다니다가 들어왔기 때문에 학식으로도 제일 나았습니다. 그런데 방 신부님은 처음 들어와서는 서울 태생이라 그런지 어떻든 싸움도 잘하고 장난이 심해서 우리는 별명을 '종로 깍쟁이'라 불렀습니다. 여름방학 때면 그는 빳빳한 모시 두루마기를 입고 빳빳한 맥고모자를 쓰고, 단장 집고, 금테 안경 쓰고, 귀또 구두를 신고 다녔습니다. 이런 차림은 그 시대에 일류 건달이나 했던 차림이었습니다. 그래서 우리는 방 레오는 신학교에서 쫓겨 나가거나 아니면 자진해서 나갈 사람이지 신부는 못될 것이라고 생각했었습니다.

동창 임충신 신부(1986). 성인 신부. 순교의 맥, 제178호, p. 14.

---

33) 순교의 맥, 제196호, p. 26.

34) 아우구스티누스의 극단적인 주장을 강조한 신학 사상. 원죄, 자유, 성총 등 많은 부분에서 비가톨릭적 요소를 포함하고 있다. 이 사상은 루뱅 대학의 교수였던 안센의 저서 '아우구스티누스'가 1640년에 저술되면서 그 영향을 받아 나타나기 시작하였다.

동창생 임 신부는 신학교 초기 방 신부의 모습을 기억하며 '일류 건달' 같은 모습이라고 생생하게 묘사하며 방 신부의 별명이 '종로 깍쟁이'였음을 이야기하고 있다. 방학 때는 주로 짚신을 신었던 시대에 흰 가죽 구두를 신고 명동 거리를 활보하였다 하니 멋을 내는 것뿐만 아니라 그 모습이 신학생이라는 정체성에 어울리지 않았다고 보는 것이다. 임 신부가 '일류 건달'이라는 표현을 썼지만 '일류 멋쟁이'라는 표현이 더 어울릴 것이다. 왜냐하면 방 신부가 그렇다고 불성실하거나 윤리적으로 사회적으로 수용되기 어려운 행동을 한 인물은 아니었기 때문이다. 이런 멋을 즐기고 멋을 내는 모습은 누이 방순경 여사도 마찬가지였는데, 이것은 집안의 문화와 연관이 있는 것으로 보이며 그 직접적인 영향은 아버지, 특히 어머니와 누나로부터 온 것임을 알 수 있다. 부모나 집안에서 그런 복장을 허락하지 않고 사 주지 않았다면 청소년이 어디서 그런 옷을 사서 입고 다닐 수 있겠는가.

명절 때 보면 세배를 오고 그랬는데, 우리 신부님 어머니는 굉장히 화려 하셨대요. 그래서 애들 옷도 비단으로 잘 입히고 그러신데……. 구두!...그러고 신학교 들어 갈 때 칠피구두 얘기가 나온 거예요. …… 그런 걸 옛날에 칠피구두라고 그래. 남은 짚신 신고 들어오는데 신부님은 칠피 구두를 신고 들어갔으니까 다른 아이들이 우습게 본 거지. … 남 참판 댁은 검소하대요……. 좋은 걸 안 해 입히고 그래서 신부님 네가 좀 부러웠다는 게예요. 그런걸 보면 신부님이 이렇게 반듯하고 미적인 것……. 식사도 미식가고 …… 이게 머가 잘못 되고 신부님이 괴팍스러운 게 아니라 신부님 어머니서부터 그런 미적인 것 때문에 신부님의 성격이 그렇게 형성이 되지 않았나…… 노래하는 것도 그렇고 뭐든지 대화하시는 것도 멋있어요. 그게 그 이미경 선생님께서 얘기해 줘서 알았어.

인터뷰자료; 윤태순 수녀. 2008. 1. 11.

방 신부가 남다른 미적 감각을 갖고 있었던 것은 사실이지만, 그는 일반 복장은 일할 때 이외에는 전혀 입지 않았다. 가난한 사제로, 수도자로 모자 하나만 쓰고, 긴 망토나 수도복을 입고 나가도 사람들은 감탄을 하곤 하였다. 이런 측면은 나중에 다시 언급할 기회가 있을 것이다. 하여튼 미적 감각을 지녔던 모습은 무엇보다 어머니의 영향을 받았다는 것을 알 수 있다.

또한 방 신부의 성격적인 측면에서 보면 방 신부는 남의 눈치를 보지도 않는 면도 종로 깍쟁이의 별명에 작용하였다고 본다. 타인의 눈을 지나치게 의식을 하는 사람이라면 그렇게 유별나게 보이는 차림을 안했을 것이다. 본인에게는 아주 자연스런 차림이 남의 눈에는 색다르고 유별나게 보일 수도 있다는 것을 감안해야 한다.

지금의 청소년들처럼 연예인의 옷을 따라 입는다든가 독창적인 옷을 입고 자기 개성을 추구하려는 등의 속성이 방 신부의 청년 시절에도 그대로 있었다는 것을 알 수 있다. 또한 이 당시 방유룡은 신학교에서의 첫 일 년을 보내고 있었기 때문에 아직 신학생이라는 정체성이 완전히 형성되지 않았을 시기임을 알 수 있다.

그러나 그런 차림을 하고 나타났을 때 사람들이 느꼈을 감정에 대해 진정 공감이 간다. 왜냐하면 필자도 방 신부에 대해 그런 경험을 한 적이 있기 때문이다. 방 신부가 80세가 넘어서 병원에 거주하고 있을 때, 묵주를 만들기 시작했다. 그 당시 80세는 지금 100세 정도로 보아야 한다. 묵주 만드는 것은 아주 세밀하고 섬세한 작업인데, 방 신부는 워낙 섬세하고 손재주가 좋았다. 그는 못 쓰는 주사 바늘을 모아 아주 심취해서 묵주를 만들었다. 다 만들면 수녀들에게 하나씩 주는 게 큰 낙이었다. 어느 날 방 신부가 만든 묵주를 필자에게 하나 주었는데 그때 그 묵주를 받고 내가 느낀 감

정과 시골 출신 학생들이 신학교에 처음 들어 와서 방유룡의 '일류 건달' 같은 모습을 보고 느끼는 감정과는 상통하는 부분이 있다.

그것은 뭐라 할까! 초현실주의나 큐비즘 그림을 처음 보았을 때, 혹은 뭉크의 그림을 처음 보았을 때 느꼈던 경험과 비슷한 것이다. 보통 묵주는 기도할 때 사용하는 것으로서 나무색이나 검정이나 밤색, 흰색 정도의 점잖은 색이다. 근데 방 신부의 묵주는 핑크색, 초록색 또는 푸른색 등 매번 그의 멋대로 가지각색의 구슬을 골라서 그야말로 초현실주의적인 묵주를 만들었던 것이다. 필자는 그 묵주를 보고 참으로 표현하기 어려운 감정을 느꼈던 것이다.

이런 모습은 통념으로부터 자유로운, 그래서 창조적인 영혼이나 표현할 수 있는 그런 어떤 것이다. 요즈음은 묵주가 점점 색채화되어 화려한 묵주가 나오고 있는데, 이것으로 보아도 시대를 앞서가는 또는 초월하는 방 신부의 의식의 모서리를 엿볼 수 있는 것이다.

'종로 깍쟁이'라는 별명은 방 신부가 아직도 장난이 심한 개구쟁이 모습을 신학교에서도 그대로 유지하고 있었다는 것과 싸움을 잘했다는 것으로 보아, 지기 싫어하는 방 신부의 모습이 고스란히 보이는 면이다. 대부분의 학생들은 시골에서 왔는데, 방유룡은 서울 한복판에서 왔으니 그의 용모나 태도 말씨 등에서 좀 남다른 이미지가 금방 느껴졌을 것이다.

노기남 대주교의 자서전에 보면 자신은 신학교에 들어오자 대뜸 '대촌놈'이라는 별명이 붙었다고 말하고 있다. 신학교에 갓 들어온 아이들은 일반 학교에 들어간 아이들과 조금도 다름없이 아주 예민하게 서로를 느끼며 어울리는 별명들을 하나씩 붙이고 있다는 것이 재미있게 느껴진다(노기남, 1969).

얼마나 대조적인 두 사람인가? 이렇게 '종로 깍쟁이'와 '대촌놈'이 만나는 상황은 퍽이나 모종의 상징성을 내포한다. 서로 너무나 다른 사람들이 모여 함께 기숙하며 공동생활을 시작한다고 할 때, 그 안에서 벌어질 수 있는 일상의 어려움들을 충분히 짐작할 수 있게 되는 것이다. 하여튼 양 극단의 두 사람은 자신들의 기울어진 극을 극복하며 우연찮게 한국 천주교회의 역사 안에서 '처음'이라는 영예로운 모관을 쓰게 된다. 노기남 신부는 한국 최초의 주교요, 대주교가 되었고, 방 신부는 한국인으로서 최초의 순수방인 남녀 수도회 창립자가 되었으며, 대신비 영성가가 되었던 것이다.

위에서 예로 든 것처럼 서로가 너무나 차이가 심했던 68명의 학우들과 24시간 부대끼며 사는 생활이 어떠했을까? 아무리 사제가 되겠다고 큰 이상을 품고 단단한 각오를 하고 신학교에 들어 왔겠지만, 진정 현실과 대면하게 되면서 그것이 험난한 여정이라는 것을 당해 보지 않은 젊은이들이 미리 알 턱이 없다. 그 어려움을 미리 알았더라면 아예 도전도 하지 않았을 사람들이 많았을 것이다. 방유룡 레오도 예외 없이 이런 상황에서 인간관계에서 오는 어려움을 겪었을 것이다. 또한 남자들이 모였을 때 본능적으로 벌이는 파워게임에서 주도권을 잡으려고 힘을 행사했을 것이며 어리벙벙한 아이들에게 짓궂은 장난을 쳤을 그의 모습이 쉽게 그려진다.

이야기를 아주 옛날 신학생 시절로 돌려보자. 우리 신학교는 교도소 비슷하였다. 외출도 없고 방문객도 없다. 신문 잡지도 읽을 수 없었고, 라디오도 없었다. 날마다 날마다 같은 학생들끼리 얼굴만 대하고 있는 아주 단조로운 생활이다.

윤형중(1972). 복자수녀원과 순교자현양회와 나. p. 52.

침실 규칙은 절대 침묵이요, 말 한마디만 하면 큰 벌을 받는다. 그런데 성령강림 전날 밤에 박쥐가 한 마리 들어오니 학생들이 그 놈을 잡으려고, 빗자루, 막대기, 몽둥이 등을 들고 쫓아 다니며 "여기 있다! 저기로 간다!" 하며 소리를 지르매 침묵 규칙을 크게 범하였고, 소동 소리에 옆방 아리수 김 신부까지 오셨다. 다음 날 성령강림 대축일 미사에는 어제 일 때문에 벌로 성사가 막혀 영성체[35]도 못하였고, 대축일에는 반드시 주는 고기국과 맛이 있는 과자 등도 못 얻어먹었다. …… 잘못한 학생이 있으면 학생들과 신부님들 사이에서 무릎을 꿇고 거기서 밥을 먹으라고 한다. 밥그릇만 갖다 놓았지 대개는 먹지 않는다. …… 그러나 비위 좋은 학생은 밥 한 그릇을 다 먹기도 한다. 이런 벌을 3번 받으면 퇴학을 당한다고 한다. …… 학생들의 음식 반찬은 김치와 고추뿐이다. 나는 황해도에서 못 보던 아욱으로 죽도 쑤어 주고, 국도 끓여 주는데 미끈미끈하여 도무지 맛이 없는 것을 억지로 먹었다. …… 한때 밥이 모자라 열 명을 위한 밥통이 5그릇 밖에 되지 않았다. 이것을 신부님께 여쭈면 원망한다는 죄로 퇴학을 당할까 봐 무서워서 감히 여쭙지 못했다. 우리는 꾀를 내였다. "얘들아, 우리 이렇게 하자 몇 숟갈 안 되는 밥을 일부러 빨리 다 먹고 빈 그릇들을 굴뚝처럼 포개서 높이 쌓아 올린 후 우리는 전부 팔짱을 끼고 묵묵히 앉자 있자." 우리 수단은 효과는 났다. 저녁때부터는 밥을 넉넉히 주었다.

임충신(1998). 만화로 남긴 신학교 이야기들. p. 21-23.

방 신부의 동창생인 윤형중 신부의 신학교 분위기에 대한 간단한 묘사와 임충신 신부의 이야기를 통해서도 신학교 생활이 얼마나 단조롭고 건조한 생활인지 짐작할 수 있다. 인간관계의 어려움뿐만 아니라 신학교의 꽉 짜인 생활 패턴 자체는 방유룡에게 또 하나의 넘어야 할 장벽이다. 이것은 유룡의 성격과는 섞이기 힘든 이질적인 것과의 만남인 것이다.

35) 가톨릭 신자들이 미사 중에 받아먹는 밀떡으로, 이는 거룩한 예수의 몸이다.

집에서 비교적 풍족하면서도 부드러운 분위기에서 자랐기에 유룡의 다소 자유로운 성격과 신학교의 엄격하면서도 규칙적 생활은 마찰이 생기기 마련인 것이다.

더구나 남자들만 모여 사는 딱딱한 분위기와 매일 똑같은 사람들과 24시간 부대끼는 단조로운 분위기는 윤 신부의 말대로 교도소 같은 곳이었다. 한창 때의 청소년으로서 지루하고 따분한 감정들을 해소하기 위해 유룡은 웃음거리나 시빗거리를 찾으려 했을 것이다. 유룡은 명랑한 성격의 소유자이며 재미를 찾는 사람이었기 때문이다. 이런 유룡은 신학교가 아니라 예술 계통의 학교에 갔으면 딱 맞을 그런 분위기의 인물인 것이다.

이처럼 종로 깍쟁이라고 불린 시절은 신학교에 갓 들어와서 첫 학기와 두 번째 학기는 적응에 가장 어려운 시기였을 것이다. 아직도 신학교에 와서 철없이 싸움을 한다든가, 짓궂은 장난을 치고 동료 신학생들을 골리기도 하며, 화려한 옷차림 등으로 인해 교수들이나 학생들 눈에 신붓감은 아니라고 판단되는 것은 당연하였으리라.

또한 방유룡은 그렇게 무섭고 엄격한 규율 밑에서도 일반 학생들이 쓰는 화장실은 절대 가지 않았고 감히 교수 화장실만 사용하였다고 한다.[36] 아마도 학생들이 쓰는 화장실은 교수 화장실보다 더러웠을 것은 뻔한 일이긴 하다. 그러나 이것은 유룡의 참 배짱 두둑한, 두려움을 모르는 남다른 성격의 한 면모다. 이런 남이 하지 않는 이런 일을 저지르는 용맹성이야 말로 나중에 큰일을 할 수 있는 힘의 근원이 되었던 것도 사실이다.

---

36) 인터뷰 자료; 이영숙 수녀. 2008. 2. 23.

아래에 동창 임충신 신부가 그림까지 그려서 남긴 어느 날의 신학교 생활 장면을 소개한다. 이 일화에서 방유룡은 힘도 좋았고 꾀도 있었으며 용감했던 모습을 보여 준다. 대여섯 살 때 잘못을 저지르고 혼나지 않으려고 지붕 위에 올라갔던 실력이 나오는 것이리라.

매주 목요일은 외출하는 날로 정해져 있어서 신학생들은 20여 리 떨어진 동작동에 있는 '동지기'라고 불리는 별장에 가서 하루 종일 놀다 오곤 하였다. 어느 날 전봇대만한 소나무 꼭대기의 독수리 둥지에서 누가 새끼를 꺼낼 수 있는가 하며 서로 오르려고 애를 쓰다가 모두 실패하였는데 방 레오가 마침내 허리띠를 나무에 잡아매고 용감하게 올라가 강아지만한 독수리 새끼 두 마리를 내려 보내고 무사히 내려왔다. 새끼 독수리는 신학교 마당에서 잘 길렀는데 방학 동안에 돌 볼 사람이 없어 동물원에 팔아 넘겨졌다.

동창 임충신 신부(2002) 노 사제가 만화로 남기는 신학교 이야기들 p. 85.

1920년대의 동작동 신학교 별장에서.

심층 심리학 측면에서 본다면 방유룡이 세상을 지각하는 데 있어서 타인을 두려운 존재로 지각하고 있지 않다는 증거를 보여 주고 있다. 무의식 저변에 두려움이 깔린 아이들은 순종적이고 타협적이며 자기의 감정을 솔직하게 드러내지 않으므로 학교생활은 대체로 모범생으로

남는다. 이런 아이들은 지나치게 타협하는 과정에서 속으로 많은 상처를 안게 되고 그에 따른 분노를 내면에 쌓아가게 된다. 유아기적 분노와 이렇게 쌓여 가는 분노를 투사하는 과정에 의해서 타인과 세상을 자신에게 적대적으로 지각하게 되므로 조심스런 태도를 지니며 조용히 움츠리게 되는 것이다.

반면에 방 신부는 자신 안에 두려움과 분노를 많이 갖고 있지 않았기 때문에 청소년기의 보통 건강한 아이들처럼 장난도 치고 싸우기도 하고 때로는 자기 고유성을 주장하며 정체성을 찾으려는 노력과 함께 튀고 싶기도 하는 그런 청소년기의 일반적 특징적 모습을 그대로 보여 주고 있다.

또한 그가 청년기에 발산되는 정서적 에너지를 과도하게 억압하지 않을 수 있었다는 것은 인성의 기반이 탄탄하고 심리적으로 지극히 건강한 모습을 보여 주는 것이다. 그러나 자칫 이런 사람은 위험에 처하기도 십상이다. 체제를 유지해야 하는 사람들 편에서 본다면 장난이 유난히 심한 학생이라든가, 남다른 행동을 보이는 사람들한테는 이들 때문에 체제가 흔들릴 것이라는 위협을 느낄 수 있기 때문이다. 동창 임 신부의 증언에서처럼 방유룡은 학생들이 보아도 신학생감은 아닌 것이었다. 결국은 이런 방유룡을 놓고 2학기 말 퇴학 여부 문제로 교수 회의가 여러 번 있었다.

모든 교수들은 하나같이 방 레오를 사제로서의 자질이 없다는 것에 일치를 했다고 한다. 그러나 진 교장 신부는 지금의 방 레오에 대해서 긍정적인 평가를 할 수는 없지만, 그의 할아버지와 할머니 그리고 부모들의 깊은 신앙과 교회 안에서의 덕망과 모범적인 삶을 봐서 한 번 더 기다려 보면서 기회를 주어 보자는 주장을 하였다.[37]

또 하나 윤태순 수녀가 들은 바로는 방유룡이 까불고 잘난 척 하면서 자유분방하게 학교생활을 하는 와중에도 성모상 앞에 자주 얼씬거리고 기도하는 모습이 눈에 띄었다 한다. 성모님을 좋아하는 학생이고 열심히 하는 구석이 있으니 한 번 더 두고 보자는 의견이 있었다는 이야기도 전해진다. 하여튼 신학교 교수들은 더 두고 보기로 결정을 내렸다. 엄격했지만 때로는 두고 기다려 본다는 융통성을 발휘한 프랑스 신부들의 탁월한 선택이 있었던 것이다.[38)]

1926무렵의 용산신학교 생활. 소신학생(좌편)들과 대신학생(우측)들이 시편을 노래하면서 성당 앞을 지나 식당으로 가는 모습(동창사제 임충신 그림)

---

37) 한국인의 종교 심성과 면형무아(이유남, 2002). p. 226.

38) 한국순교복자성직수도회 50년사(2003)

회심과 대전환 (1918)

"오늘부터 나는 성인 된다!"

자유롭게 신학교 첫 학년을 보냈던 방유룡을 보고 임 신부는 '방 레오는 신학교에서 쫓겨나거나 자진해서 나갈 사람이지 신부는 못 될 것이다.'라고 생각했는데, 방 레오는 방학을 보내고는 돌변하여 학교로 돌아왔던 것이다.

그런데 두 번째 방학 후에 별안간 변해서 들어왔습니다. 자기가 선언하기를 "오늘부터 나는 성인 된다." 한 후로는 어떻게나 엄격하게 규칙을 지키면서, 말도 안하고, 화도 안내면서 새까만 무명 두루마기에 동정도 안 달고 입고 다녔습니다. 그런 경과를 겪고 신부가 된 후도 가장 열심이었습니다.

동창 임충신 신부(1986). 성인 신부. 순교의 맥, 제178호, p. 14.

신학교 신부는 방 레오에 대한 학교생활과 함께 퇴학 연기 조치 사실을 가족에게 알렸을 것이다. 이 사실을 알게 된 방 유룡은 큰 충격을 받았고 엄청난 고민에 휩싸였을 것이 분명하다. 다소 우월감을 가졌을 자존심에 상처가 났음은 물론이고 향후 어떻게 삶을 살 것인가 하는, 삶에 대한 근원적이며 실존적 물음을 다시 할 수밖에 없는 처지에 당면하고 말았던 것이다. 사제에 대한 자신의 꿈과 성소聖召[39]에 대한 회의와 더불어 심각한 재고를 해야만 하는 궁지에 처했기 때문이다. 다시금 인생행로의 문제와 더불어 자신의 존재론적 위기에 대한 괴로움 속에서 방학을 보냈을 것이다.

그의 일 년이라는 첫 신학교 생활은 일반 중학교에서는 배우지 않았던 프랑스 신부들로부터의 신학문이나 라틴어 등 새로운 것을 배우는 재미도 있었을 것이다. 그러나 한편, 높은 이상을 품고 간 신학교였으나 너무 엄격하고 판에 박힌 규칙적인 공동생활에 대한 어려움에다 관계의 어려움 그리고 지적인 면, 문화적인 면에서 서로 심하게 모든 것이 차이가 나는 동료들과 어울려야 했다. 이는 가정의 문화 때문에 눈이 높았던 유룡에게 실망감도 있었을 것이다.

방학 동안 겪었던 놀람과 아픔 속에서 어떻게 어떤 계기로 극복을 했는지, 어떻게 새로운 방향으로의 대전환을 하게 되었는지는 아무도 모른다. 방 신부가 살아 있을 때 누구라도 이런 부분을 관심을 가지고 심도 있게 묻고 기록을 남기지 않았음이 너무나 아쉽다. 자신의 내적 체험이나 신비체험 등에 대해 직접적으로 상세하게 이야기하는 법이 없었기에, 누군가 진심으로 묻지 않으면 나올리가 없는 것이다.

하여튼 이런 어려움에 처했을 때야말로 무의식 깊이에서 조부모가 심어 준 참 신앙과 정신적 힘이 발휘되는 때인 것이다. 와르르 무너지는 현실 속에서 분명 그는 간절히 기도하며 하느님의 도움과 은총을 청했을 것이다. 그리고 그 기도는 응답을 받은 것이다. 기도의 응답과 은총이 인간 쪽에서 아무 일이나 의지를 발동하지 않

39) '거룩한 부르심'이라는 뜻으로 가톨릭교회에서 사제나 수도생활을 원하는 사람들을 성소자라고 부른다. 하느님의 부르심에 응답하는 사람들이라는 의미가 있다.

은, 자유의지가 전혀 개입되지 않은 수동적 상태에서 인간이 하느님의 로봇이 되고 그저 주는 것을 받는 과정이 아니다. 원하는 자는 은총의 비를 받을 그릇을 내밀어야 받는 것이기 때문이다.

큰 변화나 대전환을 불러오는 은총이란 자신을 바라보는 눈이 열리며 자신을 정직하게 있는 그대로 자각하게 됨으로 일어나는 일종의 큰 깨우침, 즉 회심悔心 혹은 회두悔頭[40]를 하게 되는 내적 과정을 동반한다. 이런 과정을 거치지 않고, 그저 굳은 결심만으로 180도 돌변하여 이후의 삶을, 온 생애를 한길 흩어지지 않고 오롯하게 사를 수 있는 역량이 나올 수는 없는 법이다.

또한 그 은총이란 인생에 있어서 큰 어려움과 고통을 겪으며, 자신의 삶에 새로운 질문을 하게 되고 온 힘을 다하여 그 답을 찾는 자에게 주어지는 것이다. 자신은 사제가 되고 싶었는데 그 뜻이 받아들여지지 않고 거부되는 상황에서 하느님 앞에서 자신의 소명召命과 성소聖召에 대한 큰 질문을 다시금 던졌을 것이다. 또한 신학교에 들어가려고 했던 처음의 그 어려운 결정도 새롭게 회상하였을 것이다.

그는 이제 회심과 함께 새롭게 태어났다. 지금까지의 목표는 '사제'가 되는 것이었는데. 이제는 사제가 아니라 '성인'이었다. 그는 새로운 눈으로 자신을 보았고 새로운 눈으로 자신의 미래와 자신의 갈 길을 선명하게 보았던 것이다. 자신의 삶의 가치와 의미가 전보다 더 크게 확장된 것이다. 삶의 최고의 가치는 '하느님과 합일'하는 것, 즉 무아 방유룡 신부의 표현으로 '성인'이 되는 것이다.

---

40) repentance에 대한 최초의 성경 한글 번역은 회두로 번역했다. 지금은 회개로 번역했다. 머리를 돌린다, 즉 사고 방식과 생각을 달리하는 것이다. 회개보다는 더 심리적이고 현실적 표현이다.

이제 목표는 너무나 선명하고 진실해서 더 이상 머뭇거림은 있을 수 없다. 다시 방향을 확 틀어 비약을 한 것이다. 좋은 중학교에 가서 훌륭한 가문에 맞는 출세를 꿈꾸었지만 여지없이 낙방하고 자연스럽게 마음의 골방[41]에 들어가 부르심의 음성을 듣고 사제가 되는 길로의 전환이 이루어졌었다. 이제 다시 무너지면서 마음의 골방에 또 들어가 엎드렸을 때, 눈에 있던 비늘이 떨어지며 은총의 빛을 보았던 것이다. 이 빛은 이제 늘 무아 방유룡 신부의 인생 여정의 안내자요 동반자가 되었음을 보게 될 것이다.

이러한 대전환은 마치 예수의 제자들이 이스라엘을 로마로부터 구출하여 번영의 이스라엘 왕국을 건설해 주기를 꿈꾸었다가 어처구니없이 십자가에 처형당한 예수를 보고 깊은 실망감 속에서 허덕이고 있을 때, 부활한 예수를 체험하면서 눈 비늘이 떨어져 유대지방 촌사람들이라는 정체성으로부터 벗어나 대비약을 하게 되는 것과 같다. 그들의 무대는 이제 조그만 이스라엘 땅이 아니라 온 세상이 자신들의 무대라는 것을 깨닫는 것이며, 삶의 목표 또한 이스라엘 왕국이 아니라 이제 시공을 초월한 하느님의 왕국, 하느님 나라의 건설이라는 원대한 꿈이 목표가 되는 것과 같이 의식의 폭발과 확장이 일어나는 체험과 비슷하다.[42] 이처럼 하느님과 합일하는 성인이 되겠다는 큰 뜻을 세우게 되는 은총의 체험은 앞으로 무아 방유룡 신부의 삶과 가르침에 확고한 기반이 되어 준다.

방 레오는 인생에 있어서 대혁명을 매듭짓고 새 학년이 시작되자 까만 무명 저고리에 동정도 없이 학교에 나타났다. 급우들은 그답지 않은 모습과 뭔가 이상한 낌새에 의아한 눈초리를 보냈을 것임은 당연하다. 그는 일일이 설명한다는 것이 번거로운 일이고 아무 말 않고 지나가자니 예전의 그런 삶의 패턴을 계속할 수 없다는 것

을 알려야 서로가 편안할 것이라고 판단했으리라.

드디어 그는 학급 앞으로 나아가 "오늘부터 나는 성인된다!"라고 선언을 한 것이다. 종로 깍쟁이가 성인이 된다고 선포하니 급우들은 적잖이 놀랐을 것이다. 그렇다고 그런 것을 선언하는 것도 사실 평범하지는 않다. 이러나저러나 그는 남다른 것이다. 그러한 행동은 용기 있고 순수하기도 하며, 젊은이의 기백이 넘치는 모습이랄까? 이에 대한 이현주 목사[43]의 말을 들어보자.

신부님이 신학생 시절, 어느 날 갑자기 "나 성인 될 거야." 하시고는 옷차림부터 확 바꾸셨다는 일화가 기억납니다. 그렇게 순진하고 티 없이 맑은 심성의 소유자셨기에 최초의 한국인 수도회를 창설하는 기회를 하느님께서 방 신부님께 허락하셨겠지요? 이현주 목사(2008.3.7). 편지 글에서 발췌.

당신이 나는 이번 학기에 들어가서는 꼭 성인이 되겠다. 나는 신학교 일단은 들어갔으면 성인이 되겠다는 결심을 했대. 그래 갖고는 이렇게 보니까 제의방[44]에서 신부님들이, 옛날에는 수대, 영대, 띠 이런 거 다 했잖아. 그때 복사[45]를 하면서 이렇게 보니까 신부님들이 수대에도 친구(親口)하고 이쪽 수대

---

41) 마음의 골방; 김정자 수녀(2000). 순교의 맥, 제196호, p. 59

42) 마르 16:14-22, 마태 28:16-20.

43) 감리교 목사. 동화 작가이며 번역 문학가이기도 하다. 1944년 충주에서 출생하여 감리교신학 대학교에 진학하였다. 신학교 재학 시 변선환 박사에게 배웠으며, 졸업 후 죽변교회 등에서 목회했다. 1977년 《공동번역성서》 번역에 참여했으며, 저서로는 예수의 수난과 죽음을 시적으로 표현한 《예수의 죽음》 등이 있다. 현재 《기독교 사상》에 공동번역성서를 성서 번역본으로 한 성서 묵상을 연재하는 등, 기독교 작가로서 활발히 활 동하고 있으며, 《풍경소리》 라는 기독교 잡지를 발행하고 있다. 1970년대 민주화 운동의 정신적 스승이자 ' 한살림'의 지도자이었던 장일순 선생의 제자이기도 하다

44) 사제들이 미사 때 입는 제의와 제구를 놓아 둔 방. 사제는 보통 이 방에서 제의를 입는다.

45) 미사 때 제대에서 제구를 나르는 등 사제를 도와주는 사람.

에도, 영대에, 띠에도 장백의도 친구하고 제의를 입더라는 거야. 왜 거기에다 친구하나 하고 이상하여 살펴봤더니 거기에는 다 조그만 빨간 십자가표가 있더라는 거야. "아! 십자표에 친구하면, 저렇게 축성된 옷을 입으면 성인이 되겠구나."했데. 그래서 그때부터 매일 제의방에 몰래 가서 차려 논 제의 여기저기에 자기가 먼저 입을 맞췄대. 그해부터는 성인이 되겠다는 결심을 하고 너무 열심히 살았대. 너무 열심히 사니까 건수를 잡아 내 보내려고 했는데 신학교에서 너무 열심히 살기 때문에 안 내보냈다는 거야. 근데 신학교에서 재밌는 에피소드가 많아요. 인터뷰 자료; 이영숙 수녀. 2008. 2. 23.

위의 글에서 느낄 수 있는 것은 성인이 되기로 결심하고 어떻게 하면 성인이 되는가에 숙고하고 있던 방유룡의 모습인데, 아주 기가 막히게 순진한 모습을 보여 준다. 그의 생각은 온통 성인에 관한 것으로 가득 찬 모습이다.

프란치스코 성인이 회심을 하고 집을 나온 후 기도 중에 "허물어 가는 나의 교회를 세워라."라는 주님의 음성을 들었을 때, 성 프란치스코는 이 메시지를 순진하게 교회 건물을 지으라는 말로 알아듣고 실제로 성당을 지은 것과 비슷한 느낌을 주는 이야기다. 방유룡은 자기 성격처럼 단순하면서도 귀엽기까지 한 행동을 진지하게 했던 것이다.

사제들이 미사를 봉헌하기 위하여 제의를 입는데 속에 입고 걸치는 것이 많다. 그런데 이 사제의 옷들에는 십자수로 놓은 작고 빨간 십자가 새겨져 있다. 사제들은 보통 그 십자표에 입맞춤을 하고 입는다. 걸치는 것마다 십자표가 있으니 여러 번 하게 되는데 한번 하고 생략하기도 한다.

성인이 되려고 하는 방유룡이 미사 복사를 하면서 신부들이 제의를 입을 때 자주 입맞춤을 하는 것을 보고 이상히 여겨 제의들을 살

펴보았다는 것인데, 제의들에는 작은 십자표가 있었던 것이다. 그는 옳지! 십자표에 친구하면 성인이 될 것 같다고 생각한다. 진정 장난이 아닌, 성인이 되려는 일념으로 꾀쟁이는 미사 전에 몰래 제의실에 들어갔다. 그리고는 차려 놓은 제의 여기저기 십자표에 입맞춤을 하였다는 이야기다. 그의 맑은 눈에는 신부들이 그렇게 하는 것이 거룩하게 보였을 것이고, 그만큼 그는 진지했던 것이다. 그의 나이가 18살쯤이었을 텐데, 마치 어린아이와 같은 믿음과 행동이었던 것이다.

십자가에 입 맞추면서 그는 참으로 성인이 되고픈 마음을 하늘에 봉헌했을 것이다. 이 이야기는 방유룡 신부가 말하는 것을 들은 수녀가 기억하고 한 이야기다. 성인이 되고자 결심하고 바로 있었던 일화임을 알 수 있다. 이 모습에서 그의 단순성, 순진함, 순수함, 거룩함과 신비에 접촉하려는 그의 열망이 얼마나 강렬했던가를 읽을 수 있다.

이렇게 신부가 되기 훨씬 전, 신학생 초기부터 몰래 십자표에 친구하는 일-십자가를 사랑하는 일-은 평생 노년이 되어서도 변함없이 계속되었다. 그것은 방 신부의 전 생애를 통해 흐르는 심오한 상징적 행동이다.

그는 평생 십자가의 신비를 삶으로 살아냈다. 예수의 십자가상의 죽음과 제자들의 순교, 그리고 한국 순교자들이 체현한 십자가의 신비를 자신의 영성의 바탕이 되게 하였던 것이다.

동창 임충신 신부는 어느 날 방유룡 신부를 방문한 적이 있었다. 방 신부가 미사 하러 가면서 제의실 입구와, 제의실 안 그리고 제의 입을 때. 사제관 문지방 위 등 여기저기 기도문을 적어 놓고 하나도 생략하는 법이 없이 곧이곧대로 기도하는 것을 본 것이다.

임 신부는 그렇게 하는 사람은 처음 보았다고 말한다(임충신, 1986). 사제가 된 초기에는 그렇게 하려고 노력하는 신부도 있을 수 있으나 시간이 지나면 그런 것은 생략하기 십상인데, 십자가에 친구하는 것이 형식이 아니었음과 같이 그 자질구레한 기도문까지 빠트리지 않고 했던 것이 형식적인 것이었다면 그렇게 오래가지 않았을 것이다.

그는 회개를 통해 신학생 초기에 이미 신앙의 핵심에 곧바로 들어가기 시작했다는 것을 알 수 있다. 예수께서 "나를 따르려는 사람은 누구든지 자기를 버리고 제 십자가를 지고 따라야 한다."(마르 8:34)고 말씀하셨다. 십자가의 의미와 신비는 예수의 핵심적 가르침 중의 하나이다. 방유룡은 신학생 때부터 십자가를 사랑하는 법을 연습하여 앞으로 맞이할 험난한 시대의 고통을 수용하고 극복하면서 창조적 삶을 사는, 전화위복의 삶을 진작부터 예비했던 것이다.

"루나 띠구스"

선전포고하듯 자신은 성인이 될 것임을 선포한 후, 방유룡의 신학교 생활이 어떠했는지 무척 궁금해진다. 동창 임 신부는 그는 싸움은커녕 침묵을 지키며 화도 내지 않고 학교의 모든 규칙을 지키며 멋 부리는 일을 멈추고 동정도 없이 무명옷을 걸치고는 진정 열심히 살았다고 말한다. 종로 깍쟁이에서 벗어나 본격적으로 성인수업 시대로 진입한 방유룡이 어떻게 내적 생활을 하며 성인수업을 해 나갔는가는 물론 나중에 수녀들에게 한 강론과 영가에 모두 드러난다.

그러나 동창들은 재미있는 별명 하나를 또 만들어 냈다. 그는 이제 '루나 띠꾸스luna ticus'라고 불렸다. 라틴어로 '루나'는 '달'이라는 뜻이고 '띠꾸스'는 '사는 사람'으로 '달에서 사는 사람'이라는 별명이다. '달사람' 기도의 '달인達人'이 나타난 것인가!

그는 조숙한 편이었고, 이 세상 사람이 아닌 것처럼 딴 생각을 하고 있을 때가 많았으므로 그를 신학교에서는 '루나 띠꾸스'(달에서 사는 사람)라고 불렀던 것이다.

동창 신익현 신부(1986). 순교의 맥, 제178호, p. 13.

수녀원에서 발간한 무아 방유룡 신부 탄생 100주년 기념 화보집에 나와 있는 방유룡 신부의 옛날 사진들을 보면 많은 것을 느낄 수 있다. 50쪽에서 52쪽에 보면 방유룡이 1926년 삭발례[46]를 하고 찍은 사진들이 있는데, 방유룡만 비딱하게 몸과 시선이 모두 왼쪽 위를 향해 있다. 삭발례를 하면 소신학생 과정을 마치고 대신학교 철학과에 들어간다. 이때부터 당시 교회에서는 성직자로 인정하여 성직자 고유 복장인 수단과 모관을 수여하였다. 이때 교장 진 신부가 로마에 가 있었으므로 원신부가 교장 대리를 하였으며, 그는 미처 수단을 만들어 주지 못하여 두루마기 차림에 중백의[47]를 입혀서 삭발식을 거행하였다.

몇 달 후에 귀국한 진 신부는 곧 수단을 만들어 입히고 다시 삭발례 기념사진을 찍었다.

---

46) 머리를 깎음으로써 세속을 끊고 자신을 하느님께 완전히 봉헌한다는 뜻의 이 예절은 보통 착복식과 같이 행해져 수도자인 경우 수도복을 입을 수 있고, 성직 희망자인 경우 수단과 로만 칼라를 착용할 수 있다. 현재는 부제품을 받음으로써 성직에 입단된다.

47) 하얀 색의 예절 옷으로 엉덩이까지 내려오는 옷.

입학한 지 9년 만에 삭발례를 했는데, 68명 중 12명만 삭발례를 하였다. 그동안 많은 학생들이 탈락된 것이다.

옛날 빛바랜 사진들의 특징은 사람들이 순진하도록 무뚝뚝한 표정을 짓고 있는데, 이 첫 번째 사진에서만큼은 신학생들이 두루마기를 입고 감격스럽고 기쁜 날이었는지라 모두들 즐거운 웃음을 웃으며 사진을 찍었다. 그날 수여받은 모관을 쓴 신학생들도 보인다. 제법 대학생 티가 나는 모습들이었다.

그런데 정말 임 신부의 말처럼 모두 동정을 단 두루마기를 입고 있는데 유독 방 신부만 동정도 없는 무명 두루마기를 입고 있는 것이다.[48] 평소에는 그랬다 해도 이날은 특별한 날이니 동정을 달만도 한데 그렇게 하지 않았다. 성인이 된다고 선언한 이후 8년간을 이렇게 소박한 옷차림을 하였다는 것을 볼 수 있는데, 그 시절 방 신부가 얼마나 철저하게 성인의 길을 가고자 하였는지 느껴지는 모습이다.

성인이 되려면 꼭 옷차림이 소박해야 된다는 것은 아닐 것이다. 그는 성인이 되기 위해 이전과는 정반대 쪽 세상으로 옮아간 것이다. 이런 극단적인 모습은 방 신부의 성격적 면모의 반영기기도 하며 그의 가치관을 은근히 표현해 준다. 어떤 사람에게는 옷차림 같은 것은 중요하지 않을 것이며 그래서 성인을 추구하는 데 있어서도 극도로 옷차림을 소박하게 하지도 않을 것이다. 그러나 방 신부에게는 옷차림이 중요했었다는 것을 상대적으로 말하여 주는 것이다. 그는 멋 부리는 것을 좋아했었기에 극도의 반대편을 추구했던 것이다. 대극에서 대통합이 어떻게 나오게 되었는지 심도 있게 탐구해 보아야 할 과제다.

---

48) 무아 방유룡 신부 탄생 100주년 기념 화보집. p. 37.

삭발례 기념_1926. 5. 23. 뒷줄 좌측 두번째가 방 신부.

삭발례 기념_1926. 5. 23. 두루마기 위에 중백의 차림으로 삭발례 기념촬영을 한 모습. 우측 세 번째가 방 신부.

삭발례 기념_1926. 수단을 갖추어 입고 진교장신부와 함께 다시 촬영(가운데 줄 중앙이 방 신부)

이 석 장의 사진들과 연이어 다음해인 1927년에 찍은 사진이 또 있다. 이는 대단히 풍부하게 방 신부의 모습을 보여 주고 있다. 다른 이들은 카메라에 시선을 고정하여 모두 앞을 보고 있는데 방 신부는 혼자만 시선이 왼쪽 위를 바라보고 있다. 두 장은 같은 날 다른 장소에서 다른 옷을 입고 찍은 것이고 다른 한 장은 몇 달 후 교장 진 신부가 돌아와 정식 수단을 만들어 입히고 삭발례 기념사진을 다시 찍은 것이다.

첫 번째 사진은 아예 왼쪽으로 몸이 돌려 있고 시선도 왼쪽 위이다. 그 혼자만 다른 곳을 보고 있다. 달을 보고 있을까! 두 번째 사진에서도 왼쪽 방향으로 머리와 시선을 두며 눈을 감고 명상에 잠겨 있는 듯한 느낌의 모습이다. 세 번째 사진도 혼자만 시선이 왼쪽 저 높은 곳을 향하여 고정되어 있다. 재미있는 것은 시선이 점점 위로 향하여 가고 있는 것이다. 마치 점점 하느님께로 향하는 그의 내적 여정을 상징이라도 하듯 말이다. 그리고 네 번째 사진도 역시 왼쪽 하늘을 보고 있다.

미술 치료에서 왼쪽의 의미는 자의식이 강함을 의미하고 여성적이며 현실보다는 회피, 공상과 이상과 동경을 나타내며 내향적이며 내면적인 것을 상징한다. 반면 오른쪽은 남성적이며, 진취적이며 현실 지향적이며, 외향적이다. 이러한 측면에서, 방유룡이 성인이 되고자 방향을 틀기 전 '종로 깍쟁이' 시절은 분명 오른쪽의 성향이 두드러져 있었음을 알 수 있다.

외향적이며 멋 부리고 명랑하고 재미를 추구하고, 자기주장과 자기표현을 강하게 하며 싸움을 잘하고 용감했던 모습은 전적으로 오른쪽의 상징성과 일치한다. 성인이 된다고 선포한 이래 방유룡은 확 방향을 틀었다. 내향적이고 내면적이며, 여성적이다.

무엇인가 동경하고, 이상적이며, 수용적이고, 자신을 표현하고 주장하는 것을 피한 것으로 보인다. 꿈꾸는 듯, 이 세상 사람이 아니고 달에서 온 사람인 듯 이질감을 풍기며 침묵하고 있는 때가 많았던 것이다.[49]

미술 치료에서 왼쪽의 상징성에 대해서 말해 주는 내용과, 이 시절 방 신부의 '루나 띠꾸스'라는 별명, 그의 내외적 생활태도와 사진들은 마치 서로 짜 맞추고 있는 것처럼 일치한다. 그는 눈을 감고는 어디론가 빠져 있는 때가 많아졌고 현실을 조금 떠나 있는 듯했을 것이다. 그것은 또한 내면에 동료들과는 다른 시선, 다른 의식을 형성하기 시작했다고 볼 수도 있다. 그는 남성적이고 활동적인 이미지의 태양보다는 여성적이며 은은하고 고요한 달 쪽으로 기울어 가고 있었다.

넉 장의 사진들은 방유룡이 종로 깍쟁이에서 돌변하여 성인이 된다고 선포한 이래 평소에 보여 주었던 그의 생활태도나 내적 시선과 의식을 선명하게 보여 준다.

이 사진들에서 방유룡의 모습은 바로 동료들이 익살스럽게 붙여 준 별명 '루나 띠꾸스' 모습을 적나라하게 표현해 주고 있다. 시간과 장소가 다른 넉 장의 사진이 모두 루나 띠꾸스의 이미지를 보여 준다는 것은 그가 평소에도 자주 이런 태도로 생활을 했었다는 것을 말한다. 그의 시선은 저 높은 곳, 달을 거쳐서 하느님을 향하고 있었다. 하느님을 향한다 함은 자신의 내면으로 향한다는 말과 같은 것이다. 그는 내적 여정을 걸으며 자주 묵상과 관상觀想 생활에 빠져 들었던 것이다.[50]

---

49) HTP와 KHTP 심리 진단법(김동연 외 2명. 2000). p. 79.

50) 관상 기도는 하느님과 접촉하고 하느님께 몰입된 생활.

“방 수사”

방유룡은 성인이 되기 위하여 자신의 내면으로 시선을 꽂았다. 자주 침묵하고 잠심潛心에 빠져 들며 관상 생활을 하기 시작했다. 동료 신학생들은 너무나 열심히 기도와 묵상, 침묵 등을 하는 그에게 ‘방 수사’라는 별명을 또 하나 붙여 준다.

수사란 수도생활을 하는 남자들을 일컬으며 여자는 수녀라고 부른다. 수도자란 수도원에 입회하여 3~4년 동안 초기 양성기인 지원기, 청원기 그리고 법정 수련기와 실습 수련기를 보낸다. 그런 다음 청빈, 정결, 순명이라는 3대 서원을 발한다. 청빈하게 살 것과 독신 생활을 할 것과 하느님과 장상과 동료들에게 순명할 것을 서약하며 자신의 일생을 하느님께 봉헌하는 사람들을 말한다. 수도생활의 일반적 특징은 공동체 생활을 하는 것이다. 수사 · 수녀의 생활은 매일 봉헌되는 미사와 성서를 읽고 묵상하는 것, 성무일도라는 성서에서 뽑은 시편 기도를 함께 모여서 노래하는 것, 침묵과 개인기도, 관상 기도 시간 등을 가지며 공동 모임의 시간과 맡은 일을 하는 시간 등으로 구성되어 있다. 그러나 각 수도회마다 고유한 일과 특징적 생활시간을 갖는다.

그는 이미 중학교를 졸업하고 입학했기에 영어를 잘했다. 신학교 입학 후 2, 3년은 사치스러운 생활을 하더니 조금 후 완전히 변해 마치 수사 생활을 하는 것 같은 인상에 ‘수사’라는 또 하나의 별명이 붙었었다. 그는 말없이 앉아 있는 침묵하는 시간이 많았다. 동창 신익현 신부(1986). 순교의 맥, p. 13.

방유룡에게는 점점 더 깊이 관상생활에 몰입을 하고 침묵하는 시간이 많아졌다는 것을 알 수 있다. 이렇게 하느님을 관상하는 시간

과 규칙을 지키고 철저하게 내적 생활을 하는 그를 친구 신학생들은 '방 수사'란 별명을 붙인 것이다. 일반 신학생이라기보다는 더 철저하게 사는, 정말 수도자처럼 열심히 영적 생활로 몰입해 들어갔기 때문이다.

이렇게 10대 말(1918년)부터 수사생활을 시작한 그가 정작 수도원에 들어간 해는 37년이라는 오랜 세월이 흐른 뒤의 1955년이다. 본당 신부로서의 생활을 25년 동안 하면서 자신의 과업인 수녀원과 수도원을 창설한 후에나 수도원에 들어갈 수 있었는데, 동창 신부들의 증언처럼 그는 신학교에서 이미 스스로 수사처럼 생활을 하였고 본당 신부로 파견되었으나 수사로서의 정체성을 확고하게 유지하며 살았다. 그는 '방 수사'라고 불리는 것을 몹시 좋아했을 것이다. 왜냐하면 그것이 자신의 정체성을 가장 잘 표현해 주는, 즉 수사의 삶이란 성인이 되기 위해 선택한 생활방식이기 때문이다.

"공상당空想黨 당수"

신학교 교장 기낭 신부님은 개화된 교육을 실시하면서도 몹시 엄격한 분이었다. 학교의 규칙을 어기는 학생이 있으면 조금도 용서를 하지 않고 벌을 주는 교육자였다. 바오로(노기남)를 포함한 당시 신학생들의 생각으로는 자신들이 몹시 개화된 지성인으로 자처하게끔 되었다. 그들 신학생들은 목요일마다 강론을 연습한다는 명분을 세워 현재 국립묘지가 자리 잡고 있는 동작동 숲속으로 가곤 했다. 물론 엄격주의 교육에 대한 반발이기도 했겠지만 그렇다고 기낭 교장 신부님을 비판하는 비밀 결사가 아니고 사실상 강론 연습을 위한 학생들끼리의 비밀 행사였다. 이때 어울렸던 반 친구는 이미 세상을 떠난 최익훈 마지아를 비롯해서 경향신문 초대 사장 양기섭 신부, 동 2대 사장 윤

형중 신부, 복자 수도원 원장 방유룡 신부 등이다. 신학생들끼리 돌아가며 강론을 하고 또 강연 연습을 하며 이를 비판도 했기 때문에 무척 공부가 되기도 한 여가 선용이라고 생각했다. 그러나 이러한 정보가 기낭 교장 신부님 귀에 들어가게 되었다. 그냥 계실 분이 아니었다.

노기남 주교(1969). 나의 회상록. p. 200-201.

노기남 주교의 글을 보면서 느끼는 것은 신학생들이 시골 벽촌에서 무지한 상태로 들어 와 일어와 한문은 물론 라틴어나 영어, 불어를 배우며 서양 문화와 접하고, 세계 역사와 신학문을 배워 가며 어느새 개화되고 진보되었다는 것이다. 이들은 이제 오히려 교장 신부를 진보 안 된 신부라고 평을 내릴 정도로 많이 성숙해졌다는 것을 알 수 있다.

삭발례를 마친 신학생들은 이제 성직의 길로 들어섰다. 자신들을 스스로 '몹시 개화된 지성인'으로 여겼다는 표현을 보아도 알 수 있듯이 그들은 확고하게 한국 가톨릭을 이끄는 지도자로서의 훈련과 양성을 거쳤다. 프랑스 신부들의 개화된 문화를 받아들여 넓은 시야와 지성을 갖추게 되었던 것이다.

노기남 주교의 글에서 보았듯이 이들은 스스로 강론 연습을 위해 몇몇 가깝게 지낸 신학생들과 어울려 모임을 만들었다. 주기적으로 동작동 숲에서 비밀리에 만났던 것이다. 그러나 진 교장 신부는 허락 없는 모임을 수용할 사람이 아니었다. 엄한 질책으로 그 모임은 더 이상 지속될 수 없었다. 사실 그동안 이런 비밀 모임 등으로 인해 신학교에서 잘려 나가는 사람들이 실제로 많았다고 윤형중 신부는 쓰고 있다.

신학교 시절의 단조로운 학교의 분위기를 배경으로 방유룡에게 잘 어울리는 별명이 또 하나 붙여지는데 '공상당 당수'라는 별

명이다. '공상당空想黨 당수'라니! '루나 띠꾸스'나 '방 수사'에게는 안 어울리는 듯한 감투다. 무아 방유룡 신부처럼 별명이 많은 사람도 드물 것이다. 방유룡이 성인이 되겠다고 선언한 후 고요히 침묵과 기도로 보내는 시간이 많아졌으며 너무나 철저하게 영적 생활을 하였으므로 '수사'라는 별명을 달고 다녔으나 그렇다고 동료 신학생들과 어울리지도 않고 엄격하고 음울하게 고독한 생활과 침묵만을 지킨 것은 전혀 아니다. 위에서 노기남 대주교가 말한 것처럼 친한 학우들이 있었고 비밀 모임을 하며 교류를 활발히 했던 것으로 나타난다. 노기남 주교가 함께 잘 어울린 학우들의 이름을 밝힌 이 친한 멤버들은 나중에 한국 교회에 큰일들을 한 핵심 인물들이 된다.

우리는 방 신부님의 다양했던 성품을 엿볼 수 있을 것 같다. 우선 그분의 명랑하고 멋있고 낭만적이고 유머적인 면이다. 고 노기남 대주교는 그의 회고록에 동기생인 방 레오가 그들의 空想黨의 당수였다는 흥미 있는 말을 남겼는데, 이것은 저마다 공상을 털어놓으며 즐기던 휴식시간에 그가 이 공상당원들을 지휘해서가 아니라 그들을 웃기고 흥겹게 만들 수 있기 때문이었고, 그래서 그가 없으면 공상당이 제구실을 못해서 당수 대접을 맡았다고 한다.

최석우 신부(1986). 공상당 두목. 순교의 맥, 제178호, p. 17.

최석우 신부가 말하였듯이 그는 명랑했고 멋있고 낭만적이고 유머적이었다. 이 공상당 당수 이야기는 노 대주교의 회고록에만 나오는 것이 아니라 동창 윤형중 신부의 책에도 나온다. 이렇듯 동창 신부들은 이런 신학교 시절의 일화들을 잊을 수 없었던 것이다. 윤형중 신부는 날마다 아주 단조로운 신학교 생활이니 모여 앉으면 이런저런 공상 저런 공상들을 털어놓으며 재재거리고 웃기나 하면

서 휴식 시간을 보냈는데 이 무리들을 공상당空想黨이라 불렀다. 당수黨首는 방 레오였는데, 그가 그런 것을 퍽 재미있어 하고 잘 웃어 주기 때문이라고 쓰고 있다. 그리고 방 레오가 현장에 있어야 공상당이 제 노릇을 하게 마련인고로 당수가 되었다고 한다.

방유룡은 혼자 고립되어 고요히 침묵만 지키고 달에나 가 있었던 것은 아니다. 소위 '쌍뚜스santus'는 아니었다. 라틴어 '쌍뚜스'란 '거룩하다'는 뜻이지만 우리 수녀들이 종종 열심하고 기도를 많이 해서 거룩한 것처럼 보이나 꽉 막힌 사람을 일컬을 때 쌍뚜스라고 부르는 때가 있었다.

방 신부는 이런 '쌍뚜스'와는 거리가 먼, 공상당 당수로서 여전히 웃기고 웃는 일에 있어서도 단연 으뜸이었던 것이다. 방 레오가 없으면 당이 돌아가지 않는다고 하니 '종로 깍쟁이'였을 때와는 다르게 동료들과 잘 어울리면서 신학교 생활을 하였던 것을 알 수 있다. 아무리 돌변하여도 명랑하고 재미를 즐기고 재치 있는 성격까지는 돌변하지 않았으니 얼마나 다행인가!

이따금씩 현실을 초월하여 '루나 띠꾸스'로서 하늘을 날아 달에다 궁방을 꾸미고 상상想像과 공상空想 내지는 이상理想을 꿈꾸며 명상瞑想과 관상觀想을 즐겼던 그인지라, 당연히 땅에 내려오면 할 이야깃거리도 풍부하고 관상에 맛들인 행복감에 곧잘 웃었을 것이다.

윤형중 신부는 방유룡이 잘 웃어 준다는 말을 하는데, 그만큼 그는 마음이 평화로웠던 것으로 보인다. 무엇보다 이 공상당의 당수 시절에 이상적인 수도회를 설립할 꿈을 꾸었을 것이다.

또 한 번의 위기

아주 재미있는 일화가 있다. 방유룡이 성인이 되기 위하여 루나띠꾸스처럼, 혹은 수사처럼 살았으나 공상당 당수로서 대접을 받고 있거니와 장난을 치는 일에도 가담을 하고 있었던 것이다. 친하게 어울렸던 신학생들은 윤형중, 노기남, 임충신 등인데 이들이 저지른 위험한 일이 있었다.

근데 신학교에서 재밌는 에피소드가 많아요. 포도주 훔친 이야기 들었어요? 신학교 에피소든데, 신학교 올라가면 방 신부님 노 대주교님 임신부님 다 아주 친한 동창들인데, 그 엿장수가 수염에 상투를 하고 맨날 "이 상놈들아, 이 상놈들이 상투를 잘라 버렸다"고 맨날 신부님들을 욕을 했대, 신학교 문 앞에서 엿을 팔면서. 그래서 한번은 "저놈의 저 영감쟁이 어떻게 저 상투를 잘라 버릴까?" 세 명이 네 명이 "우리 저 상투 짤라 버리자" 이래 됐대. 그래 가지고는 술을 사다가 그 할아버지를 실컷 먹여갖고 그 할아버지가 술이 곯아 떨어져 자는데 상투를 싹둑 다 잘라 버렸다잖아. 그래갖고 그때부터는 그 영감쟁이가 욕을 안했대요. …… 그러니까 포도주를 훔치러 가자 네 명인가 포도주를 훔치러 갔는데 다른 사람들은 방에 있고 네 명이 주도가 됐나 봐. 노 대주교님은 포도주 훔치러 광에 들어갔대요. 두 사람이 광에 들어가서 포도주를 훔치고 있고 두 사람은 밖에서 망을 보는 거야. 망을 보는데 당가 신부가 오더라는 거야. 신학생들이 광에 있는 걸 아는 거지. 알고 오는 거지. 그래서 가서 숨으라 했는데 이네들이 가서 숨었대. 근데 신부님이 컴컴한데 들어오더니 문을 탁 잠그고 나가더래. 가더니 조금 있으니까 다시 오더라는거야. 신부님이 "앞에 나와 서!" 그랬대. 컴컴한데 나와서 섰대. 그러더니 신부님이 이마빡에다가 탁탁 점을 찍어주고 가더라는 거야. 방에 와서 보니까 둘이가 이마에 잉크가 찍혀 있는 거야. 지울 수는 없잖아 신부님이 찍어 놨으니까. 밤새도록 넷이 고민을 한 거지. 지울 수는 없다 양심상! 밤새도록 궁리를 했대. 이것은 퇴학감이니까. 그래서 수를 썼는데, 아침 일찍 일어나 성당 들어가는 문에 있는 성수 그릇[51]에다 잉크를 다 부어 놨대. 잉크를 부어 노니까 새벽에 오는 사람마다 다 찍고 들어갔을 거 아냐. 이 사람들도 찍고 들어갔지. 그래가지고 인제 복사 둘이가 미사하려고 딱 섰는데, 복사 둘 이마빡에 잉크가 딱 찍혀 있으니까 신부님이 "이놈의 자식! 너 어제 밤에 포도주 훔친 범인이지. 니놈 두 놈 짜른다!" 이렇게 했대. 그래가지고는 미사와 영성체를 하는데 신학생 전부가, 신부도, 부제도 이마빡에다 모두 잉크를 바르고 나온 거야! 그래갖고 회의를 했는데. 잉크 범인은 자수하라고. 이 범인을 어떻게 잡을 거냐하고 전부다 회의를 몇 번이나 했대요. 절대 자수하지 않았대. 아주 지능적인 놈들은 당장 짤라야 한다. 이래 됐는데, 그때 교장 신부님이 "머리가 그 정도로 돌아가면 나중에 쓸 만한 놈이다 짜르지는 마라. 그러나 범인은 잡아라." 이랬대. 그래서 광에 들어간 사람이 그 두 명이 노기남 주교님하고 임신부님이라던가? 저기 윤형중 신부님하고 창설신부님은 망보고 그랬나봐. 그래 어떻게 할 꺼냐 ! 그래갖고 신학교에서 회의를 세 번, 네 번했는데. 그 정도 머리를 가졌으면 나중에 일 할 거니까 내보내지는 말자 그러면, "자수를 시켜라" 인자 그래갖고 나중에 양심선언 자수를 하고 신학교서 쫓겨나지 않고 신부가 됐다는 거여.

인터뷰 자료; 이영숙 수녀. 2002. 2. 23.

이 시기는 대신학생이 된 이후의 이야기로 여겨진다. 엿장수 상투를 자른 사건은 다행히 엿장수가 신학교에 와서 신부들에게 노발대발을 하지 않았으니 넘어 갔다. 그러나 신학교 식당 창고에 포도주를 훔쳐다 마시기 작전은 그 시대 참외나 수박서리와 같은 것은 아니다. 말하자면 상당한 위험성을 내포한 장난이었던 것이다. 그러나 종로 깍쟁이 시절 신학교로부터 쫓겨날 상황에서 교장 진 신부의 융통성으로 구제되었던 일이 있었는데, 이 사건에서도 진 신부의 혜안慧眼과 너그러움으로 4명이 구출되었다. 포도주 사건에서 볼 수 있듯이 4명은 정말 위태한 상항에서 살아남으려고, 지혜

가 넘치는 기발한 발상을 행동에 옮겼지만 너무나도 크고 도발적인 행동이었던 것이다. 또 한 번의 위기를 넘긴 것이다.

이 사건 이후로도 다른 신학생들은 가끔 이러저러한 장난치는 일이 있었으나, 방유룡은 그때 이후로 장난치는 일은 더 이상하지 않았다고 했다고 이 수녀는 기억한다. 그러나 방 신부가 사제가 되어서도 피난 가서 동창 신부에게 능청스러운 장난을 치는 모습들이 신부들의 글에 나온다. 하여튼 방 수사는 생활에서 장난기와 유머 감각이 뛰어난 '당수'였다.

51) 예절 때 쓰는 물로 사제가 축성을 한 물. 성당 입구에 부어 놓는데 신자들이 보통 성당에 들어갈 때, 먼저 성수를 찍어서 성호를 긋고 성당 안으로 들어간다.

성탄 미사를 올리는 방 신부. 1966. 12. 25. 수녀원 뾰족성당에서.

제2장

자유하나 완전하면 천만사는 진흥이니

5

자유인, 사제로서의 삶 (1930~1954)

사제 서품

방유룡은 13년 동안의 신학교 생활을 마치고 1929년 5월 25일 다른 9명과 함께 부제품[52]을 받았고, 그 이듬해 1930년 10월 26일 사제 서품을 받았다. 이때 서품을 받은 부제는 모두 6명이었고, 나머지 4명은 연령 미달로 1931년에 받았다. 이날 낮에 서품식이 있은 다음 오후에는 신학교에서 성체 강복이 있었는데, 명예롭게도 방 신부가 주례를 맡아 거행했다. 이날의 기억을 들어 보자.

내가 3학년 때 신부 아버지는 사제서품을 받으셨고 온 가족이 그날은 정말 축제였지요. 저녁 4시 용산 신학교 성당에서 신부 아버지의 쩌렁쩌렁 울리는 목소리로 성체강복을 주신 것이 얼마 전 일인 것 같이 기억에 남아 있어요. 정말 기쁜 날 , 자랑스러운 날이었고, 할머니는 눈물을 줄곧 흘리셨어요. 할아버지가 계셨더라면 하시면서요. 방 아녜스 수녀(1986). 순교의 맥. 제178호. p. 44.

사제로 서품된 후 방유룡 신부는 강원도 춘천 성당의 보좌 신부

---

52) 사제 서품을 받기 일 년 전에 받는 품을 말한다.

사제서품 기념. 1930. 10. 26. 좌측으로부터 윤형중, 마두 신부, 방유룡 레오 신부, 노기남 바오로 신부, 신인균 요셉 신부, 이복영 요셉 신부, 양기섭 베드루 신부.

로 발령을 받아 첫 사제 생활을 시작했다. 이후 황해도 장연에서 보좌 신부로 있다가 1933년 재령 성당의 주임 신부로 발령을 받았고, 1936년에 해주를 거쳐 개성 그리고 서울 가회동, 제기동, 후암동 성당 등에서 모두 25년간 본당 신부로 사목 활동을 하였다. 그는 자신의 호를 무아無我로 지어 영성 생활의 모토로 삼았고, 본당 생활을 하면서도 실제로는 기도와 관상 생활의 깊이를 더해 가는 수도 생활을 하였다.

일제의 폭정 밑에서

신학교 생활은 프랑스 신부들의 매우 엄격한 훈련을 받으며 여러 면에서 상당히 제한된 생활이었다. 이제 사제로서 본당에 나아가 자유롭게 신자들을 돌보며 사목 활동을 펼쳐 나갈 수 있는 시기가

왔다. 그러나 나와 보니 신학교는 저리가라 할 정도로 옴짝달싹 못하는 일제의 압제와 폭정에다 시대는 더욱 암울해져 가기만 했다. 1931년 9월에 만주 사변이 일어난 후, 일본의 압제는 극에 달하기 시작했다. 만주 사변 이전에는 종교 탄압도 그리 심하지 않았다고 한다. 미국과 서방 세계와 전쟁을 하고 있는 일본은 그리스도교는 영국, 미국의 종교요 그들의 앞잡이며 스파이라고 생각하였다. 때문에 성직자에 대한 박해와 만행은 하늘에 치달았다. 천주天主보다 일본 천왕이 높다는 것을 가르치며, 그렇게 말할 것을 강요당했다. 집집마다 천조대신天照大神을 모셔야 하고, 매일 아침마다 동편을 향하여 궁성요배宮城遙拜를 해야 했으며, 정오 때마다 묵도默禱를 해야만 했다.

천주교를 믿는 아이들은 학교에서 크나큰 벌과 고통을 받았다. 신사 참배와 창씨개명을 강요당했다. 젊은 학생들은 책을 덮고 학도병으로, 청장년들은 징용되어 보국대로 나가야 했다. 모든 이들이 전투모 국민복에 각반을 쳐야 외출할 수 있고, 아녀자들과 노인들도 각종 모임과 훈련, 방공 연습을 하며 방공호를 파야 했다. 쇠붙이는 무엇이든 놋그릇 밥사발, 숟가락 젓가락까지 모조리 긁어다 바쳤다. 소나무 뿌리를 몇 관씩 캐다 휘발유를 만든다고 바쳐야만 했다. 집집마다 벽마다 일본군 찬미, 황국 찬미, 천황 찬미의 글을 써 붙여야 했다.

신부들은 이 천황 숭배에 관한 모든 것을 하나 안 하나 유독 감시의 대상이었으며 안 하면 즉시 경찰서로 불려갔다. 교회는 사람들이 모이는 장소였기에 더욱 감시의 대상이 되었다. 하느님을 사랑하는 사제로서 이때의 고난을 우리는 상상할 수도 없다. 그들은 신자들을 버리고 산속으로 사라질 수도 없는 것이었다. 조선 시대의

박해 때는 천주교인들이 목숨의 위험이 있었지만 누구를, 천왕을 찬미하라, 믿어라, 절하라, 묵도하라는 식의 요구는 받지 않았다.

조선 시대의 박해와는 다른 형태의 박해이며 또 다른 형태의 순교가 요구되는 상황이었다. 모든 성당 마당에는 일본 국기를 달아야 하고 순사(경찰)들은 미사 때 와서 늘 감시하며, 성당 안에서 담배까지 피웠다. 신자들은 사제들을 퍽이나 존경과 예를 갖추고 하느님의 대리자로 모시는데, 조금만 이상하면 신자들 앞에서 신부들에게 이놈 저놈 하면서 폭행하거나 경찰서로 끌고 갔다.

성당의 종이란 종은 다 떼어 가고 촛대, 미사 도구마저 쇠붙이라 빼앗아 간 악질들도 많이 있었다. 라틴어 미사 경문을 무슨 내용인지 번역하라고 시키는가 하면 모든 모임과 행사는 시간과 내용과 심지어 연극 대본이나 성가 가사까지 미리 보고하였다. 성가 가사 때문에 시달리는 경험들을 한 신부들도 있었다. 움직일 때는 어디로 왜 가는지 일일이 허락을 받아야 했다.

심지어 어떤 신부들은 신자들이 고해하는 것을 듣겠다고 순사가 함께 고해실에 들어와 앉아 있었던 것을 경험했다. 한 번은 순사가 새로 도배를 해 놓은 성당의 방을 보더니 심통이 나, 방화 연습을 시킨다고 신부로 하여금 신자들을 강제로 모이게 해 놓고는 방의 새하얀 벽에 구정물을 마구 붓도록 했다고 한다. 이상은 동창 임충신 신부의 책 『일제와 공산 치하의 사목 생활』에서 2페이지 정도에 나와 있는 극히 일부만 소개한 것이다. 이 책을 보면 그들의 추행과 만행은 끝이 없이 이어진다.(임충신, 1986, p. 9).

이런 시대 상황에서 속에서 방유룡 신부는 사목 생활을 시작한다. 신학교의 엄한 훈련과는 비교도 안 되는, 더한 제약과 치욕적인 정신적 고통에 시달리는 삶이 시작된 것이다. 방유룡 신부의 강

론 중에 가끔 '무시', '천대', '모욕'이라는 단어가 나온다. 연구자는 이런 단어들에 대해서 좀 낯설게 느껴지면서 공감이 되지 않았었다. 왜 이런 단어가 나올 수 있는가 의문을 가졌었다. 방 신부의 가정 문화로 봐서는 이런 단어들이 나올 리가 없는데 말이다. 그런데 이 연구를 통해 이 단어들이 함축하고 있는 고통의 역사를 이해하게 되었다. 일제 강점기를 살아온 사람들, 공산 치하에서 인민군에게 시달려 본 사람들은, 그것도 성직자로서의 치욕적 경험이란 우리의 상상을 초월하는 것이다. 그들은 누구보다도 민족과 백성들의 얼을 성장시키려 하는 지성을 갖춘, 개화된 교육을 받은 지도자들이었기에 나라에 대한 염려와 고통도 더 많이 느꼈을 것이다.

이제는 방 신부의 무시, 천대, 모욕이라는 단어들을 볼 때 가슴이 젖어 온다. 한 인물이 살아온 생애를 이해하려면 그가 일상에서 어떤 것을 경험하며 살았는가를 심도 있게 바라보아야 한다. 그 시대의 정치, 문화, 경제, 사회, 신분 등을 반드시 탐구할 필요가 있는 것이다. 이 시대 그리스도교 성직자들은 무시 천대 모욕을 받으며 신자들의 신앙생활을 지켰고, 굴욕감 속에서 순응과 타협으로 때로는 반항으로 한 시대를 살아야만 했다.

이런 고통에 의해 천주교 신자들의 영혼이 침식당하지 않고 건강하게 살아갈 수 있었던 것은 예수 그리스도의 수난과 고통, 십자가상의 죽음에 대한 탁월한 가르침과 세계 천주교 역사를 통해서, 또한 조선 시대의 천주교회 역사를 통해서 강렬하게 이어온 순교 정신을 이어 받아 일상의 순간순간에 이 정신으로 살고 무장했기 때문에 가능했다. 더구나 방 신부는 무아無我를 실현하기 위해 철저하게 자기 훈련을 하고자 했기 때문에 무시, 천대, 모욕의 혹독한 바람을 잘 뚫고 갈 수 있었을 것이다.

시대가 성인을 만든다는 말이 있는데 이런 환경 속에서 견뎌 내고 살아남기 위해, 성인聖人은 더욱 하느님과 가까워져야 할 필요성과 더욱 정신을 견고하게 다질 필요를 도전받기 때문이리라. 이런 압제와 폭력적 상황에서는 활동은 억제되게 마련이므로 무아 방유룡 신부에게는 오히려 자연스럽게 더 많은 시간을 고요히 칩거하여 기도와 독서, 묵상, 작곡, 명상과 관상생활을 할 수 있었을 것이다. 그는 성인이 되기 위하여 선택했던 '루나 띠꾸스'와 '수사'의 정체성을 더욱 심화시킬 수 있었던 것이다.

그 후 본당 신부 때도 사제관이나 제의실에 모든 기도문을 다 써서 부치고 그대로 하는 그였다. 그 후 그는 황해도 재령에 있었으므로 만날 기회가 거의 없었다. 그러나 소문으로 수사 생활을 한다는 풍문을 자주 들었다. 본당 신부로는 서툴렀으나 수녀들이 무척 좋아하는 그런 생활을 했었다. 그래서 우리는 계속 '달이나 천상에서 노니는 이' '내적 삶을 사는 이'라고 말했다.

동창 신익현 신부(1986). 순교의 맥, 제178호, p. 13.

나는 그렇게 열심히 사는 모습을 보고 많이 깨달았습니다. 제의방에서 제의를 입을 때도 수없이 많은 경문을 모두 외웠습니다. 나는 제의 입을 때 경문을 하나도 빼지 않고 그대로 하는 이는 처음 봤습니다.

동창 임충신 신부(1986). p. 14.

방 신부는 1933년에 황해도 재령 성당에 부임한다. 이때 방 신부의 지도를 받고 분도수녀원에 들어가 수녀가 된 김예숙 분다 수녀가 쓴 글이 있는데, 방 신부가 얼마나 열심히 수도자적 생활을 하고 있었는지 그리고 신자들에게 '대월기도'를 이미 가르쳤음을 알 수 있다.

'대월기도'란 관상 기도라는 의미로 그 자신의 고유한 의미를 부여하여 만들어 낸 용어이다. 대월기도의 영적 단계는 조명기와 합일기의 단계로서 성령의 빛을 받고 하느님의 깊은 사랑을 체험하고 합일을 이루는 신비적 단계이며 대변혁이 일어나는 단계인데, 사제 생활 초창기인 이 시기에 대월기도를 신자들에게 가르쳤다는 것은 그가 신학생 때 이미 신적 합일을 경험하는, 깊은 관상적 체험을 한 것으로 추측할 수 있다. 더불어 이때 수도원 창설을 준비하고 있었음을 알 수 있으며, 이미 우리말 성가와 전례 곡들을 작사작곡도하여 가르치고 있었음을 알 수 있다. 방인 수도원 창설 계획은 신학교 때부터 이미 시작되었으리라는 추측이 가능하다.

그 당시 재령 성당 신자들 중에는 처녀가 많았다. 신부님께서는 젊은 아가씨들에게 수녀가 되었으면 좋겠다고 하셨는데 그 시대는 나 같이 어린 나이라도 젊은 처녀에 속했기 때문에 마음속으로 "나도 수녀가 되어 볼까?"라는 생각을 하였다. …… 방 신부는 수녀가 되려면 기도 생활을 잘 해야 한다 하시면서 수녀가 되고자 하는 우리들을 모아 놓고 묵상하는 방법을 가르쳐 주셨다. "수녀가 되기 위해서는 '대월기도'를 해야 합니다."라고 말씀하시면서 평일 미사가 아침 7시에 봉헌되면 우리는 새벽 6시가 되기 전에 성당으로 가야 했고 깜깜한 성당에 들어가면 언제나 신부님께서 기다리고 계셨다. …… 신부님께서는 또 '대월기도'에 대해서 강조하셨다. …… 신부님께서 1936년 황해도 해주 성당으로 부임해 가셨다. 내 마음은 여간 섭섭한 것이 아니었다. …… 신부님의 형수님 되시는 분으로부터 연락을 받았다. …… 수녀원 입회하기 전까지 해주에 와서 함께 신부님을 도와 드리면 어떻겠냐는 것이었다. 나는 허락을 받고 해주로 가서 약 6개월간 그곳에서 생활하게 되었다. …… 6개월 동안 옆에서 모시면서 내가 느꼈던 것은 멀리서 신부님을 뵈올 때보다도 가까이서 뵙는 신부님의 모습이 더 훌륭하고 점잖으시다는 것이다. 보통 사람들은 멀리서 그 사람을 보고 존경하고 좋아하다가도 가까이에서 그 사람

의 실생활과 직접적인 모습을 접하게 되면 실망하는 경우가 많은데 신부님은 가까워지면 질수록 그 모습이 더 크게 느껴졌다. 신부님께서는 때로는 친절하게, 때로는 자상하고, 온유하게 우리들을 지도하셨으나 또 위엄을 갖추실 때는 누구도 근접할 수 없는 모습을 보이셨고, 기도와 희생으로 수도자들처럼 가난을 살기 위해 당신 스스로 정말 많은 노력을 하시는 것을 옆에서 뵈올 수 있었다. …… 6개월 동안 나는 신부님께 내적 생활과, 화살기구, '대월기도'하는 법을 철저히 배우게 되었고 수녀원에 입회한 후, 기도의 삶은 정말 나에게 도움이 되었다. …… 나는 연길에 있는 올리베따노 성분도 수녀원에 입회하게 되었다. …… 신부님께서는 연길 수녀원에는 특별한 기도 책이 없느냐고 물으셨다. 내가 공과 책이 따로 있다고 말씀드리니 그 공과책을 좀 구해 달라고 하시기에 '마니피캇' '즈가리아 노래' 등이 수록된 책을 구해드렸다. 그러면서 '신부님께서 수도생활에 그렇게 관심이 있으시고 또 당신께서 수도자처럼 생활하시더니 이제 수도원을 세우시려나?'하는 생각이 들었다. …… 그 뒤 신부님께서 한국순교복자수녀회을 세우시고, 또 같은 정신의 남자 수도원을 창설하셨다는 소식을 들으면서 '재령에 계실 때부터 그렇게 한국 순교자들을 좋아하시더니 결국 이루셨구나.'하는 생각이 들었다. …… "작은 일에 충실하고, 가난한 사람을 예수님 대하듯 잘 돌보아야 된다. '대월기도'란 하느님을 자기 안에 모시면서 직접 침묵 가운데 기도하는 것이야 그렇게 기도하도록 힘써야 된다."라고 일러 주시던 신부님! 지금 이 나이에도 조금이라도 여유가 있으면 신부님께서 가르쳐 주셨던 오르간 반주 법으로, 또 신부님께서 가르쳐 주신 노래를 부르며 신부님을 생각한다.

김예숙 수녀(2000). 순교의 맥, 제196호, p. 26–29.

하느님의 종

무아 방유룡 신부의 영성에서 자유에 대한 주제는 큰 비중을 차지하고 있다. 다음의 일화들은 방 신부가 진정 자유를 획득하고 자

유인으로 사는 모습을 볼 수 있다. 일제의 압박 밑에서 자유를 빼앗기고 있던 시절이었지만, 자신의 존재를 자아로부터 자유롭게 만드는 여정을 걸으며 그 자유를 획득한 자로서 어떻게든 부자유한 상황에서 조차도 자유를 누리는 모습과, 타인의 자유를 위해 행동하는 모습, 억압되고 제한된 환경 속에서조차도 변화와 혁신을 가져오는 모습을 보게 된다.

무아 방유룡 신부는 자신이 자유인이 되기 위해 먼저 자신이 부족한 인간임을 알았다. 창세기의 인간 창조설화에서 가르치고 있는 것처럼 흙의 먼지로부터 온 정체성을 자각하고, 하느님께 완전히 자신을 묶어버리고, 그분께 순명하는 하느님의 종이 되기를 원했던 것이다.

인간은 때때로 하느님께 자신을 묶지 않으면 돈이나, 권력이나, 인간이나, 자신이나, 무엇에든지 숭배하고 절하기 마련인 것을 너무나 잘 알았던 것이다. 방 신부가 얼마나 순수하고 진지하게 자유인이 되기 위해 자신의 삶을 관리하고 노력을 경주하고 있는지 말해 주는 일화가 있다.

방 신부님께서 제기동 본당을 맡아 보실 때의 일이었다. 하루는 서울 갔던 길에 찾아뵈었더니 저녁을 먹여 주시고 "오래간만에 만났는데 오늘 밤은 여기서 자고 우리 얘기나 하자."고 그러시기에 나는 여관비도 절약되겠고 해서 신부님의 사랑을 받아들였다. 저녁 식탁에 마주 앉았을 때 신부님의 팔목에 흰 금속으로 만든 팔찌를 끼신 것이 눈에 띄었다. 처음에는 손목시계의 줄인가 하였으나 손목을 한 바퀴 돌려 보아도 시계는 없었다. 부유한 계급의 마담들이 금으로 팔찌를 만들어 끼는 일은 있지만 가톨릭 신부가 팔찌를 만들어 낀다는 것은 희극이 아닐 수가 없다. 거기에다 사치품치고는 재료가 고가한 것이 못되고 모양도 굵은 쇠사슬 같은 게 죄수를 연상케 하였다. 아무리 생각해

도 이것은 한 개의 넌센스다. 나는 신부님을 놀려 드릴 화제가 생겼다고 생각하였다. "신부님, 그 팔목에 끼신 게 무업니까? 꼭 죄수의 쇠사슬 같군요." 나는 이렇게 말을 해 놓고도 죄수의 쇠사슬이라는 것은 너무 지나친 표현이라고 뉘우쳤다. 그러나 신부님의 대답을 듣고 나는 더 한층 놀랐다. "예, 죄수입니다. 죄수는 자유가 없는 거요, 간수가 감시를 하기 때문에 하라는 대로 해야지 자기 맘대로 할 수 없는 거요. 우리는 다 천주 앞에 죄수입니다!" …… "그러면 신부님 정말 그런 뜻으로 끼신 겁니까?" "물론!" …… 하여튼 나는 방 신부님 댁에 가서 하룻밤만 지내면 나도 모르게 자신의 영혼 상태가 에레베타를 타고 쑤욱 높이 올라가는 것을 느끼지 않을 수가 없다.

조성지(1986). 성인의 죽음은 슬프지 않다. 순교의 맥, 제178호, p. 22.

조성지는 서울대학교의 영어영문학과 교수였는데 무아 방유룡 신부를 추억하며 자신이 체험한 것들을 쓴 글이 있다. 그는 열심한 개신교 신자였으나 7, 8년 동안 가톨릭에 관심을 가지게 되었고, 가톨릭에 대한 비판적 연구를 하기 시작했다. 그리하여 여러 신부들을 찾아 다녔지만, 그들이 설명하는 이론만으로는 그의 지성을 만족시키지 못했다.

그는 1942년 10월 방 신부의 문을 처음 두드리면서 총결산을 지었던 것이다. 그는 방 신부와 함께 성경과 가톨릭 교리 등을 듣기도 하고 논박도 하였는데 둘은 서로 약속을 하였다 한다. 토론에서 지는 사람이 상대편 종교로 개종하기로 말이다. 방 신부는 쾌히 좋다고 하여 둘의 대화는 반 년 동안 문자 그대로 매일 밤 자정이 넘을 때까지 이어졌다. 결국 조 교수는 완전히 굴복하여 가톨릭으로 개종하였던 것이다. 그의 표현을 빌리면 "나는 총결산을 지은 셈인데 방 신부의 신학에 대한 이론이 훌륭하기도 하였겠지만 나는 신부님의 이론에 정복당하였다고 하기보다는 그의 덕의 힘에 완전

히 포로가 되었다고 하는 것이 옳을 것이다. 거미줄에 챙챙 감기어 꼼짝 못 하게 되듯이 나는 신부님의 덕에 휘감기어 꼼짝 못 하게 되었다."라고 말한다.

그는 무아 방 신부의 면모를 첫째 영혼을 지도하는 데 피로를 느끼지 않는다고 말한다. 그는 신부들의 생활도 전혀 모르는 상태에서 방 신부를 매일 밤 찾아갔는데, 그때 방신부가 매일 새벽 미사를 집전하였다는 것도 몰랐다. 방 신부가 대화가 끝난 다음에 자정이 넘어서 한두 시간씩 경본을 보고, 성무일도를 하여야 하는 줄도 모르고 반 년 동안을 매일 찾아갔던 것이다. 그는 그때 얼마나 방 신부가 고단하였을까를 생각하면 참으로 송구하기 그지없다고 말한다. 방 신부는 전혀 내색하지 않고 한 사람을 정성껏 인도하였던 것이다.

둘째로 방 신부를 고무공과 같은 성격이라고 말한다. 조 교수가 열을 올려 이론을 전개하거나 가톨릭 혹은 방 신부 자신을 공격할 때도 있었다. 그러면 방 신부는 늘 "예, 조 선생 말이 옳소." 하거나 "그 점은 우리도 고쳐야 할 점입니다."라고 한다는 것이다. 그러면 조 교수는 마치 힘들여 공을 찼으나 발이 공에 맞지 않고 헛발질을 한 것 같은 감을 느끼게 된다고 했다. 방 신부의 성격은 누르면 누르는 대로 들어갔다가 놓으면 도로 올라오는 고무공과 같은 성격이라고 표현한다.

셋째로 방 신부는 아이들을 사랑하는 분이라고 추억한다. 아이들이 창문에 걸터앉아 떠들며 신부님과 놀자고 조르면, 방 신부는 손님이 와서 오늘은 못 노니 다음에 놀자하고 아이들을 부드럽게 돌려보낸다는 것이다. 조 교수는 이러한 방 신부의 모습에서 "어린 아이가 내게로 오는 것을 막지 말라" 고 하신 예수님의 말씀을 떠올리게 되었단다. 아이들을 사랑하고 그들의 동무가 되어 준다는 것이 보통이 아니라고 내심 감동을 한 것이다.

방 신부가 쇠사슬 같은 흰 팔찌를 끼고 있었다는 이야기는 방 신부의 여러 가지 면모를 한꺼번에 말해 준다. 자신이 하여야 하겠다고 생각하고 그것이 그릇된 것이 아니라면 남의 시선의 기준으로부터 자유로운 모습을 알 수 있다. 조 교수가 팔찌를 차고 있는 모습을 희극이라고 느꼈듯이 방 신부는 아랑곳하지 않고 주변을 의식하거나 계산 없이 순수하게 행동한다. 방 신부는 자신이 '하느님의 죄수'이며, '하느님의 종'이라는 것을 늘 상기하기 위해 상징적으로 자신의 손목에 팔찌를 채웠던 것이다. 이 종이라는 의미는 방 신부가 얼마나 하느님의 뜻대로 살고 싶어 했는가를 함축해 주며, 그렇게 함으로서 자유인이 되고자 하는 열망의 표현이었던 것이다. 자유인이 되기 위해 종이 되는 것이다. 얼마나 역설적인가!

개인이나 공동체나 자유라는 것은 애써 쟁취하지 않으면 결코 얻을 수 없는 것이다. 쟁취라는 표현을 하는 이유는 그만큼 자유를 누린다는 것은 어렵고 온 힘을 기울이며 의식을 확장하지 않는 한 결코 얻어지는 것이 아니기 때문이다. 방 신부처럼 철저한 자기 관리와 자기 성찰을 통해 자유의 길을 걸어가는 데 놓여 있는 방해물들을 적극적으로 치우지 않으면 얻어지지 않는 법이다.

예수님은 "진리가 너희를 자유롭게 할 것이다."(요한 8:33)라고 말씀하셨는데 진리가 무엇인지 알기는 힘들다. 다만 우리는 진리가 아닌 것을 가릴 수 있는 눈을 가지려고 노력해야 하는 것이다. 방 신부의 팔찌는 방 신부가 얼마나 영성 생활에 몰입하면서 자유롭고자 했는가를 보여 주는 모습이다. 무아는 그 어느 우상들에게도 절하지 않기 위해 자신을 하느님께 묶어 버렸던 것이다.

물질로부터의 자유

무아 방유룡 안드레아 신부는 사람을 옭아매는 물질로부터 자유로웠다. 방 신부를 아는 사람들은 하나같이 방 신부를 '돈을 모르는 사람'이라는 표현을 쓴다. 동창 임충신 신부가 방 신부의 장례 미사 때 방 신부를 '성인 신부'라고 말하는데, 그 이유에 있어서 첫 번째로 꼽은 것이 방 신부가 얼마나 물질로부터 자유로웠는지를 말하고 있다.

한마디로 우리는 성인(聖人) 신부를 잃었습니다. 같은 동창생으로서 왜 방 신부를 성인신부로 생각하느냐 하는 것을 잠깐 말씀 드리겠습니다. …… 맨 처음에는 춘천 보좌신부로 갔는데 돈이라고는 모르는 그였습니다. 한 번은 춘천서 갑자기 서울로 올라오려는데 주머니에 차비가 없었습니다. 그래서 부산서 교편을 잡고 있는 누이에게 전보를 쳐서 돈 10원을 보내 달라고 해서 올라올 정도였습니다. 또 한 번은 장연 본당에 있을 당시 보좌 신부의 월급이 5환이었고 15대씩 배당되던 미사 예물도 시시하던 시절이나 내가 내려가자 그 배당된 미사를 모두 나에게 넘겨주는 그였습니다.

동창 임충신 신부(1986). 순교의 맥, 제178호, p. 15.

나는 창설 신부님에 대해 아버지의 정을 느껴 지금도 창설 신부님을 생각하면 눈시울이 뜨거워진다. 창설 신부님은 센베이(과자)를 사서 망토 속에 넣어 가지고 오셔서 수녀들에게 주셨다. 창설 신부님은 돈을 모르셨다. 창설 신부님께서는 돈을 양말 속에 넣어 두셨다가 우리가 과자가 먹고 싶다고 하시면 돈을 꺼내어 사주셨다.

김제옥 수녀(2006). 순교의 맥, 제206호, p. 96.

어느 해 겨울이었습니다. 아침마다 미사에 참례하고, 제가 회장직도 맡은 관계도 있지요. 겨울 어느 추운 날 신부님 방에 들어갔더니 신부님이 아랫목에

촛불을 켜 놓고 계셔요. 전기도 들어오지 않는가? 촛불을 켜고 뭘 하시나 했더니 거기서 종이를 태우고 계셔요. 종이를 태우고는 거기에다 손을 쬐시는 것이지요. 바닥이 냉골이었던가 봅니다. …… 아! 가난함, 신빈神貧, 가난함을 참으시느라 저렇게 말씀도 없으신가? 성당 안에서 강론하실 때나 말씀하실 때 돈에 관한 이야기는 들어본 적이 없습니다.

김규영 교수(1996). 순교의 맥, 제192호, p. 98.

의식주에는 대단히 소탈하신 분이셨다. 피난 생활 중에야 본인의 의사에 관계없이 모두가 소탈할 수밖에 없었겠지만 제기동 본당 신부님으로 계실 때 초가의 단칸방에서 아주 흡족해 하시던 모습이 기억에 남아 있다. 옷이야 항상 수단만 입고 계셨지만 음식은 무엇이나 맛있게 잡수셔서 아직도 방 신부님과 같이 음식을 맛있게 먹는 사람을 본 것 같지 않다.

서공석 신부(1986). 순교의 맥, 제178호, p. 28.

그것이 천주 성의에 합치되는 일이라면 천주께서 필요한 비용은 다 갖추어 주신다는 신앙에서 하시는 말씀이었으리라고 생각한다. 방 신부님은 모든 사업에 있어서 경제면을 걱정하시지 않는 분이다. 나쁘게 말하면 경제면은 어두운 분이다. 신부님께서 복자회 수녀원을 설립하시고 운영하시는 것도 경제적 예산이 서서 하시는 것이 아닐 것이오, 모두가 이러한 신앙으로 해 나가시는 것이라고 생각한다. 자기는 가난하지만 백만장자이신 하늘에 계신 우리 아버지를 믿고 하시는 일이다. 신부님의 개인 살림은 어떤 때는 쌀이 떨어지는 때가 종종 있다고 들었는데 도무지 걱정하시는 일이 없이 항상 "공중에 나는 새를 보라." 하신 신앙적 태도이다.

조성지 교수(1986). 순교의 맥, 제178호, p. 21.

그러나 오늘날 이 복자회의 풍토와 업적과 또 병원, 학교 등 여러 사업을 볼 때 우리들은 방 신부님의 위대한 업적에 놀라움을 금할 수가 없습니다. 이게 웬일입니까. 사업을 할 줄 압니까. 이건 도무지 기적이라고밖에 생각할 수 없습니다. 방 신부는 도저히 그런 재력과 수단이 없는데 이것이야말로 완전히 하느님의 놀라운 업적이라고 여겨집니다.

동창 임충신 신부(1986). 순교의 맥, 제178호, p. 15.

영화 속의 주인공이 까만 드레스를 입고 첼로를 연주하는데 그 모습이 너무 아름답게 보였다. 그래서 아! 나도 첼로를 배웠으면 …… 상상 속에서만 그것을 간직하고 있었던 것이다. 그래서 용기를 내어 다짜고짜 신부님께 "신부님, 저 첼로 하나만 사 주세요." 하고 청하였다. 신부님께서는 그것이 왜 필요한가 등 일절 물어보시지도 않으시고 "그 돈이 얼마인가?" 하셨다. "2만 원이에요. (그 당시 2만 원이면 큰 액수의 돈이다.)"라고 말씀드리자 신부님께서는 아무 말씀도 않으시고 주머니 깊숙이에서 지갑을 꺼내서 그 돈을 주셨다. 그때가 60년대 말쯤 되었을 것이다. 이렇게 신부님께서는 우리가 성의를 다해 노력하는 것을 보시면 당신의 것을 다 내어 주시면서 우리의 삶을 때로는 말과 행동으로 때로는 무언으로 가르침을 주시고 격려해 주시곤 하셨다.

박순일 수녀(2000). 신부님은 조명 담당 기사. 순교의 맥, 제196호, p. 37.

신부님께서는 진심으로 하느님 나라와 그 의덕만을 구하신 분이셨고, 그리고 그 외의 것은 덤으로 주시리라는 말씀을 글자 그대로 완전히 신앙하신 분이셨기에, 경제적이고 물질적인 문제에 대해서는 지나칠 정도로 초탈하시고 무능하고 무식했던 분으로 보였습니다.

황우경 수녀(1991). 영혼의 빛. p. 19.

그분은 이재(理財)도 아시는 현실적인 분이기도 하시다. 그 흔해빠진 외국원조도 마다하시고 적수공권(赤手空拳)으로 오늘의 복자수도회를 ……

진교훈 교수(1980). 영혼의 빛. p. 716.

그분은 수도원 경영자로서 이재(理財)에도 밝아 사변 후 모든 국산 제품들이 엉성하고 날림으로 만들어지던 때, 그분의 의견으로 수도원에서 만들기 시작한 알루미늄 트렁크는 그 모양과 견고성으로 인해 시중에 압도적으로 인기

와 신용을 얻어 독점하다시피 판매되고 있었다. 그러다가 수년 후 여러 군데서 비슷한 제품들이 나오기 때문에 나중에는 별 재미를 못보고 있던 때, 그분은 나에게 앞으로 어떤 일이 전망이 있겠느냐고 물으셨다. 나는 인기가 막 일기 시작한 양계에 대해서 정확한 정보를 드리면서 육계 사육을 전해 드렸는데 그 의견을 받아들여 즉시 인천에 있는 수도원 농장에서 대형 양계장을 시작하셨다. 송광섭 신부(1986). 덕행의 향기. 순교의 맥, 제178호, p. 30.

위에서 여러 사람들의 말을 들어 본 이유는 방 신부의 이런 재물에 대한 면모에 대해 세심하게 다루어 볼 필요가 있기 때문이다. 무아 방유룡 신부는 가난하고 지극히 소박한 삶을 살았다. 이러한 그의 모습을 많은 신부들과 수도자들이 방 신부가 '돈에 대해 모른다.'는 면모를 긍정적 의미로 쓰고는 있지만 이면에는 현실적이지 못하고 생활력이 모자란다는 의미를 포함하면서 방 신부가 살아 있을 당시 그를 무능한 혹은 무책임한 사람으로 평가하는 이들이 많았다. 초창기 회원들과 동창 신부들조차도 이런 부분에 대해 제대로 평가를 내리지 않았으며 오로지 제대로 평가한 유일한 인물은 동창 임충신 신부와 윤형중 신부밖에 없었다.

수녀회가 창설된 후 6.25 전란 통에 피난살이를 마치고 서울에 올라와 고생하고 있을 때, 주변에서 돈을 모르는 방 신부를 염려하여 수녀들에게 끊임없이 외국의 원조를 받고 있는 안정된 다른 수녀회로 가든가, 다른 유능한 신부를 지도자로 모시는 것이 낫다고 수녀들을 여러 번 꼬드겼다. 사실 이런 제안은 방 신부의 수녀회 창설이라는 핵심적 사명을 의심하고 방해하는 것이며 공격하는 것이다.

주변 신부들은 방 신부가 젊은 처녀들을 데려다놓고 굶기지 않을까, 어떤 면에서 당연한 염려를 하였으나 정작 방 신부는 조금치도 걱정함이 없이 확고하게 그러한 수녀들에게 "먼저 하느님의 의덕을 구하라!"는 예수님의 말씀만을 되풀이하고 되풀이하여 가르쳤다. 이 말씀에 대한 믿음이 없는 행동을 보이면 그들의 불신과 어리석음을 꾸짖을 뿐이었다.[53] 몇 번 실제로 이런 사건들이 수녀원에서 일어났는데 초창기 수녀들은 창설 신부님 이야기만 나오면 빠트리지 않고 기억하는 사건이 있다.

한국전쟁 이전에는 별 경제적 어려움이 없었지만 한국전쟁 이후에는 한국 전체가 폐허가 되다시피 했기에 백성들 모두의 삶이 어려울 때라 수녀원도 마찬가지로 회원은 늘고 경제가 어려우니 방순경 여사의 도움으로 바느질일을 주로 했다. 첫 지원자 윤병현이 가정과 출신이고 양재 학원까지 경영한 적이 있으니 학생들 교복도 만들었다. 그러면 어느 때는 제 날짜에 제품을 대어 주어야 할 일이 생기면 할 수 없이 취침 시간을 어기고 밤늦게 일을 할 수밖에 없었다. 방 신부는 수녀들을 제시간에 재우지 않으면 호통을 쳤다. 그래서 불빛이 새어 나가지 않게 창문이나 문을 모두 담요로 가리고 열심히 일을 했다. 그런데 방 신부는 기가 막히게 그것을 알고 한밤중에 발소리도 들리지 않게 갑자기 나타나서는 윤병현에게 불호령을 쳤다. "모두 공장으로나 가서 사시오! 수도자가 그렇게 해서 먹고 산다고 생각하면 큰 오산이오. 하느님 의덕만 구하시오!" 그러면 대침묵 시간이었으므로 아무 소리도 없이 창문에 걸쳤던 담요들을 황급히 걷고 모두들 서둘러 침대로 뛰어들어야만 했다.

그러므로 너희는 무엇을 먹고 무엇을 마시며 살아갈까, 또 몸에는 무엇을 걸칠까 하고 걱정하지 말아라. 목숨이 음식보다 소중하지 않느냐? 또 몸이 옷

---

53) 윤병현 수녀(1992). 순교의 맥, 제188호, p. 80.

보다 소중하지 않느냐? 공중에 나는 새들을 보아라. 그것들은 씨를 뿌리거나 거두거나 곳간에 모아들이지 않아도 하늘에 계신 너희의 아버지께서 먹여 주신다. …… 들꽃이 어떻게 자라는 가 살펴보아라. 그것들은 수고도 하지 않고 길쌈도 하지 않는다. 그러나 온갖 영화를 누린 솔로몬도 이 꽃 한 송이만큼 화려하게 차려 입지 못하였다. …… 하늘에 계신 아버지께서는 이 모든 것이 너희에게 있어야 할 것을 잘 알고 계신다. 너희는 먼저 하느님의 나라와 하느님께서 의롭게 여기시는 것을 구하여라. 그러면 이 모든 것도 곁들여 받게 될 것이다. 그러므로 내일 일은 걱정하지 말아라. 내일 걱정은 내일에 맡겨라. 하루의 괴로움은 그날에 겪는 것만으로 족하다. 마태오 복음 7:25–34.

수녀원 창설 당일인 1946년 4월 21일, 방유룡 신부와 방순경 여사는 개성 동흥동 성당 사무실에서 두 수녀 지원자를 데리고 창립식을 거행했다. 이날 무아 방유룡 안드레아 신부가 선포한 복음 말씀은 이것이다. "먼저 하느님의 의덕만 구하라!"이다. 이 역사적인 순간에 방 신부는 왜 이 복음 말씀을 택했을까? 이것은 방 신부의 가치관을 확립해 준 예수님의 말씀이며 삶의 방향을 확고하게 잡아 준 말씀이다.

이런 확고한 가치 의식과 믿음이 없이 수녀들을 먹여 살릴 일이 걱정이었다면 어떻게 수녀원을 창설할 수 있을까? 반대로 그런 현실 지각없이 어떻게 수녀원을 창설할 수 있는가? 현실감 없이 수녀원을 세웠다면 그런 환상은 추진력이 나올 수 없게 마련이며 어려움이 오면 금시 무너지게 마련이다.

방유룡 신부는 1930년대에는 이미 수도원을 창설할 구체적 계획을 가지고 있었다. 아마도 신학생 때부터 그것을 꿈꾸었을 것이다. '루나 띠꾸스'가 건강한 정신의 소유자라면 계산할 것은 당연히 했을 것이다. 사실 수녀원을 창설하자마자 3명의 지원자들은 다 학교

교사였으므로 돈을 벌 수 있었다. 이들은 3년 지나서 이내 박성종 신부 형의 알선으로 1949년 6월 24일 자남동에 당시 개성의 부자들이 경쟁적으로 건축했다던 크고 웅장하고 아름다운 2층 집을 당시 돈 300만 환을 주고 구입했다. 한옥, 양옥, 일본식이 아름답게 조화된 건물이었으며, 소금강산이라고 부를 만한 정원이 달린 수녀원을 마련하였던 것이다.

수녀들은 말한다. 근검절약하며 살았지만 한 번도 굶은 적은 없었다고 고백한다. 주변에서 쌀이 없어서 난리를 칠 때 이 지원자들은 개성에서 서울로 오면서 쌀을 3가마니를 싣고 왔다고 말한다. 인민군 때문에 자남동의 그 좋은 집을 팔 때도 금방 팔았으며, 다시 서울에 와서도 자남동 집을 판 돈으로 바로 현재의 자리인 용산구 청파동에 수녀원을 마련했다.

수녀들은 지나고 나면 다 기적 같다고 고백할 뿐이다.[54] 방 신부는 다만 제일 중요한 것이 무엇인가를 늘 가르치려 했다. 무엇이 우선인가 하는 가치 체계는 영성 생활을 하는 데 있어서 핵심적 사안이다. 그는 하느님을 신뢰하지 못하고 근심 걱정하는 마음과, 인간의 욕심을 경계했던 것이다. 방 신부를 무능한 인간으로 본 것은 이러한 신앙적 바탕이 확고하지 못한 사람들의 시각이었던 것이다.

무아(無我) 안드레아 창설 신부님은 / 성(性)처럼 무(無)였다. / 지식도 없었다./ 돈도 없었다. / 활동도 없었다. / 교제술도 없었다. / 없는 것으로 높은 사제. / 무능자로 유명한 사제

윤병현 수녀(1986). 순교의 맥, 제178호, p. 7.

---

54) 홍은순 수녀(1996). 순교의 맥, 제192호, p. 14-15.

방 신부가 도를 닦는 영적 생활을 하는 수사가 아니고 장사나 사업하는 길로 나갔다면 그 길에서도 그는 탁월한 능력을 발휘할 사람이라고 본다. 방 신부가 위의 시에서 말한 것처럼 그런 교제술이나, 지식이나, 활동에 몰입했다면 그는 영성의 대가大家가 되지 않았을 것이다. 교제술이나 활동력이 없어서가 아니라, 더 나은 것을 위해서 그런 것들을 철저하게 선택하지 않은 것뿐이다. 이것은 능력의 문제가 아니라 태도의 문제요 가치관의 문제인 것이다. 이런 부분에 있어서 주변 사람들이나 성직자들조차도 방 신부를 이해하지 못했던 부분이 컸었다는 것이 안타까울 뿐이다.

그러나 방 신부는 결과적으로 원하는 것은 모두 이루었다. 1970년대 복자수도회에서 일어난 스캔들 때문에, 어느 일간 신문에서 각 수도회의 재산을 조사 보도한 통계를 보게 되었는데, 복자수도회가 한국 수도원 중에서 가장 많은 재산(부동산)을 소유하고 있어서 놀란 적이 있었다. 방 신부에게 땅을 기증한 사람들이 있었던 것이다. 복자수녀회도 그야말로 초고속 성장을 하였다. 1960년대에 이미 병원과 학교를 운영하게 되었고 세계 곳곳으로 퍼져 나갔던 것이다.

방 신부의 믿음대로 다 되었다. 하느님의 손길은 늘 있어 왔다. 현실성을 갖고 살되, 더욱 관심을 기울여야 할 것이 무엇인가를 확고하게 방향을 잡아야 하는 것이 중요한 것이다. 믿음을 잃어버리고 안달하지 않아도 될 일을 미리 앞서서 안달하는 것과 사욕이 우리의 병인 것이다. 그리고 안달을 하지 않는 사람을 오히려 무능으로 판단했던 풍토에서 벗어나야 한다. 이러한 면에서 방 신부는 제대로 평가받지 못했다. 그렇다 하더라도 그것은 그에게 아무 문제가 되지 않으나, 평가를 제대로 못하는 사람들이 문제가 되기 때문

에 이제라도 올바르게 바라볼 필요가 있다는 것이다.

> 우리가 살아온 이야기를 하면서 오늘날까지 그 어느 하나도 어떻게 해서 이렇게 됐다는 말을 할 수가 없습니다. 설명을 할 수 없이 기적같이 모든 일이 이루어졌기 때문에 그렇습니다. 하지만 그 힘이 어디서 났겠습니까? 창설 신부님이 우리 둘을 앉혀 놓으시고 하신 첫마디가 "의덕만 구하라 그러면 나머지는 주께서 다 해 주신다."(마태 6:25-34)하였습니다. 창설 신부님께서는 우리 둘에게 자꾸 그 말씀만 하시고 묵상을 시키시고 그러셨습니다.
>
> 홍은순 수녀(1996). 순교의 맥, 제192호, p. 16.

심리학적인 측면으로 바라보자면, 대부분 양육자와의 관계에서 안정적이지 못하고 심적으로나 외적으로 과도한 결핍에 의해 상처가 많은 아이들은 무의식 밑바닥에서 애정적 갈증이 사랑을 충분히 받은 아이들보다도 훨씬 크다. 그 갈증은 여러 가지 상징적 행동으로 나타난다. 욕심이 과도하다든가, 사람에게 집착한다든가, 시샘과 질투를 과도하게 부린다든가, 물건에 대한 욕심이 많다든가, 많이 먹는다든가, 아니면 반대로 먹는 것을 거부한다든가, 쌓아 놓는다든가, 버리지 못한다든가, 각종 의존성 중독증에 걸린다. 심하면 도벽을 갖게 된다.

이런 차원에서 생각해 본다면 무아 방유룡 신부는 물질에 대한 집착이 없다. 누가 달라면 쾌히 준다. 왜를 묻지도 않고 준다. 그것은 그가 무의식 깊이에 과도한 갈증이 없다는 증거이다. 어릴 때 여러 면에서 안정적이었기 때문에 그러한 성격이 형성될 수 있었던 것 같다.

무의식에 심한 갈증이 고착되어 있으면 그것은 심도 있게 대면하여 다루지 않는 한 극복하기가 쉽지 않다. 아무리 기도나 관상생활을 열심히 한다고 해도 말이다. 방 신부는 이러한 인성의 기초 위에 철저하게 자유롭기를 선택한 것이다. 반대로 안달하는 성격의 근원은 자아가 형성되는 유아기 시절에 과도한 결핍에 의한 불안을 형성하게 되는데 그 불안으로 세상을 바라보기 때문에 안달하지 않아도 될 때 안달하게 되는 것이다. 말하자면 믿음과 신뢰가 없는 시각으로 세상을 조명하는 것이다.

인간 그리고 관계로부터의 자유

교제술에 있어서도 마찬가지다. 방 신부가 인간에게 집착하지 않고 자유로웠던 것이지, 교제할 줄 몰라서 그런 것이 아니다. 이것도 선택의 문제였다. 이 논문 자료를 수집하기 위한 인터뷰를 하면서 느낀 것인데, 거의 모든 이들이 방 신부의 매력과 인간미, 자상함과 인자함을 칭송하고 있다. 그런데 교제술이 성직자나 수도자가 갖추어야 할 덕목인가? 철학 교수들 모임을 보자. 그들은 대부분 서울대학교 철학과 출신들로서, 방 신부는 최고의 지성을 자랑하는 젊은 교수들과 20년 이상의 관계를 지속했다. 그들은 방 신부의 인간적인 모습에 매료되고 그의 성덕에 매료되었던 사람들이다. 그들은 방 신부의 인간관계에 대해 최고의 찬사와 평가를 주고 있다. 반면에 신부들이나 일부 수도자들이 오히려 방 신부의 초라한 방의 이미지와 가난함, 무無를 왜곡된 시각으로 평가 절하하였고 방 신부는 그런 시선에서 오는 무시와 천대를 견뎌 내며 한평생을 살았다.

정말 그러셨다. 신부님께서는 우리가 아무리 잘못해도 용서해 달라고 하면 용서를 해 주셨다. '내가 이런 저런 잘못을 했는데 과연 신부님께서 용서를 해 주실 수 있나? 용서 안 해주실 거야.' 하고 생각하고 지레 겁부터 먹은 적이 많았는데 사실 신부님은 우리가 잘못에 대해 용서를 청하기를 기다리셨던 것 같다. 그때는 그것을 못 깨달았다. 신부님의 그 깊은 마음을 말이다. 정말 아무리 못된 짓을 해도 잘못했다고 고백을 하면 용서해 주셨다. 그런데 용서를 청하지 않으면 그때는 여지 없으셨다. 용서하시던 신부님의 모습과 비교되면서 불벼락 같은 성품은 어디서 나올까? 나는 가끔 이것에 대해 생각해 보기도 했다. 또 신부님께서는 사람을 참 잘 믿으셨다. 그래서 인간적으로 손해를 참 많이 보셨는데도, 그 일이 지나면 언제 그랬냐하는 식으로 또 사람을 믿으셨다.

이팔종 수사(2000). 순교의 맥, 제196호, p. 45.

방 신부는 아무리 큰 잘못을 저질러도 통회[54], 정개, 보속[55]하면 늘 용서를 해 주었고 받아 주었지만, 용서를 청하고 회개의 모습이 보이지 않았을 경우, 때로는 매우 엄격했다. 그래서 한때 남자 수도회에서는 회원들이 수도회를 떠났다. 이팔종 수사는 이에 대해 기억하며 사실 방 신부가 내보낸 사람은 드물다고 말한다.

방 신부가 회원들이 용서를 청할 경우에 그 용서를 받아주지 않는 적은 없었다. 늘 잘못했으면 통회 정개 보속만 하면 된다는 것을 거듭 강조했는데, 용서를 청하지 않고 회개할 마음이 없으므로, 본인들이 나갔다고 말한다. 이 수사가 용서를 청할 때의 방 신부의 부드러운 모습과 용서를 청하지 않을 때 불벼락 같은 성품은 어디서 나올까 의아해하였듯이, 초창기 수사들과 수녀들도 똑같은 말을 하는 사람이 있다. 이제는 많이 연로해진 수녀들과 인터뷰를 통해 알게 된 공통된 말은 옛날에는 정말 못 알아들었는데, 이제야 방 신부를 이해하게 되고 그분의 가르침이 마음 깊이 와 닿는다는 말을 하고 있다.

방 신부는 인간적으로 순수하고 누구나 잘 믿으며, 대단히 폭넓은 수용력을 지녔다. 이러한 방 신부를 역이용해 사기 치거나 사생활을 속이다 들통이 난 사람들이 있었다. 재산 피해와 공동체의 명예를 크게 훼손한 후 도망을 가 버리거나 쫓겨난 사람이 있었던 것이다. 수녀원에서 이런 일은 없었으나 남자 수도원에는 이런 일이 일어났었다. 이로 인해 마음 아픈 일들을 겪었으나 지나면 언제 그랬나 하고 방 신부는 또 사람을 믿었다고 이팔종 수사는 말한다.

그러나 수용적이고 믿어 주고 깊은 애정을 보이다가도 수도자로서 아니라는 판단을 내렸을 때, 방 신부는 자신의 마음을 칼로 도려내었다. 수도자로서 사람들을 사랑했지만 그들에 대한 집착으로부터 자유로웠던 방 신부의 모습이다.

심리학자 Erikson은 인간이 신뢰 혹은 믿음성을 형성하는 시기는 유아기, 0~1세라고 주장했다.[56] 이 주장은 현대의 심층 심리학자들이나 대상관계 이론과 상통하는 부분이 있다. 자신과 대상 그리고 세상을 신뢰하는 마음을 이 시기에 형성하지 못하고 오히려 불신을 형성했다면, 그 문제를 직면하여 돌보지 않는 한 일생 동안 불신의 눈으로 세상을 바라보게 되며 불안한 정서를 갖게 된다. 방 신부가 사람의 좋은 면을 강조하고 사람들을 잘 믿었다는 것은 이 유아기를 안정적으로 겪었다는 의미이다. 이때 형성한 믿음과 자아상은 하느님에 대한 믿음과 하느님 상을 형성하는 데 많은 영향을 미치는 것이다. 또한 인간의 정에 대해 집착하지 않고 자유로웠다는 것은 무의식 깊이에서 결핍에 의한 애정적 갈증이 지나치게 축적되어 있지 않았었다는 것을 암시해 주고 있다.

---

54) 통회는 뉘우치는 것, 정개는 다시는 그 행동을 반복하지 않겠다고 다짐하는 것.

55) 보속은 잘못에 대한 행동을 기워 갚기 위한 행동이나 기도를 하는 것.

56) The life Cycle Completed (Eric Erikson, 1982 p. 32) 재인용.

세상 지식으로부터의 자유

지식의 문제에도 마찬가지다. '우리 신부님은 지식이 없다'고 말하는 수녀들이 있었다. 그러나 일제 강점기에 중학 과정 3년, 다시 신학교에서 중고 과정 6년, 대학과 대학원 과정 7년을 공부한 사람이다. 그 시대에 그만큼 공부한 사람은 극히 드물었다. 그것도 프랑스 신부들에게 교육을 받았고, 그가 접한 언어는 영어, 라틴어, 불어, 일어, 한학이다. 이러한 다양한 언어를 통해 다양한 문화와 접했던 것인데, 어떻게 지식이 없다는 평가를 내릴 수 있는가? 그 당시 물론 드물게 외국 유학을 갔다 온 신부가 있었고 나중에는 여러 신부들이 외국 유학을 떠났다. 아마도 그런 신부와 외면적 비교를 했던 것 같다.

방 신부와 모임을 가졌던, 교수들은 다 박사들이다. 그들과의 대화에서 방 신부는 전혀 막힘이 없었다. 어떤 질문을 해도 막힘없이 대답을 했다고 성찬경 교수는 말하고 있지 않은가?[57] 이들 모두는 이러한 방 신부에 대해 감탄을 금치 못한다. 그런데 참 이상스럽게 지식에 있어서 부족한 사람들이 방 신부를 지식이 없다고 판단을 했던 것이다.

심리학에서는 이를 투사 작용이라고 한다. 말하자면 자신이 경험한 것에 의해 형성된, 그 마음의 안경으로 세상을 인식 해석하는 작용이다. 인간이 성장하기 위해서는 자신의 이 안경으로부터 자유로워지는 것이 큰 심리학적 이슈인 것이다.

방 신부의 방에 가면 책도 별로 없고, 원고 뭉치나 기계 뜯어진 것이 널려 있다고 쓴 글이 있는데, 사실이었다.

---

57) 2008. 4. 21. 한국순교복자수녀원 창설 기념일 날 한 강의 중에서.

정말 가난하고 초라한 방이다. 그러나 사람이 어느 경지에 올라가면 이제 더 이상 남의 지식이나 이론에, 책에 매이지 않는 법이라는 것을 모르고 하는 이야기다. 세상의 지식을 초월하여 존재하는 것을 못 알아보는 것이다. 우리는 예수나 붓다의 방에 책이 쌓여 있었다는 말을 들어 본 적이 없다. 무아 방유룡 신부는 학문하는 사람은 아니었다. 그는 하느님께만 몰입하는 신비가이며, 영성가였다.

성경에 "어디서나 존경을 받는 예언자도 제 고향과 제 집에서만은 존경을 받지 못한다."(마태 13:57)라고 예수님이 말씀하는 대목이 있다. 우매한 인간들이 예수를 '미친 사람', '마귀 들린 사람', '선동자' 등으로 취급했고 제자들마저도 이해를 하지 못했던 것이다. 유대인 대제사장들과 율법 학자들이 가장 하느님과 멀게 생활하면서도, 스스로 하느님과 가장 가깝다고 자부했다.

그들이 오히려 예수를 '신성 모독죄'로 몰았다. 그런 당대 식자와 종교 지도자들을 향해 예수는 "나는 분명히 말한다. 세리와 창녀들이 너희보다 먼저 하느님 나라에 들어가고 있다."(마태 21~31)라고 외쳤던 것이다. 대제사장들과 율법 학자들 자신들이 바로 마귀 들렸고, 미쳤고, 민중을 선동하며, 하느님을 모독하면서 예수에게 그것을 뒤집어 씌워 투사를 했던 것이다. 이런 일은 인류 역사 안에 아주 흔한 현상이다.

방 신부의 경우도 마찬가지이다. 방 신부가 살아 있을 때, 주변 사람들이 그의 영적 가르침을 못 알아들었을 뿐만 아니라 정당한 평가를 하지 못했다.

우리 인간은 자기가 경험한 세계로 인사물人事物 현상을 바라보기 마련이다. 그러나 그런 몰이해 속에서 무아는 자유롭게, 맑은

미소를 지으며, 신명나게 한 생을 살았다. 그는 자유를 획득했기 때문이다.

인습의 굴레로부터 자유

방 신부는 또한 인위적 굴레로부터 자유로웠다. 1943년 황해도 재령 성당 주임 신부 시절에 '남녀 7세 부동석'이라는 봉건적 유교儒敎적 풍습에 의해 성당 안에 설치되어 있던 남녀 구분 칸막이를 과감하게 철거했던 것이다. 이러한 행동은 아무나 할 수 있는 것은 아니다. 확고한 삶의 철학과 의식과 용기가 함께 필요한 것이다. 방 신부의 집안은 서울에서 가장 먼저 상투를 잘랐다고 했는데 과연 집안의 문화이기도 하지만 그만큼 그는 의식이 자유로웠다. 참으로 자유를 누리는 자는 타인의 고통에 민감하며 타인을 자유롭게 만드는 데 노력을 경주한다.

또한 이 시대에 신자들은 신부들을 어려워하고 무조건 최고의 존경으로 받들었던 시절이었다. 그래서 흔히는 신부들이 나이든 성인들에게도 말을 놓는 것이 자연스러웠고 권위와 위엄의 모습을 지니는 것이 보통이었으나, 방 신부는 이런 권위와 위엄보다는 누구에게나 항상 조용히 온화한 미소로 대하며, 신자들에게 항상 존칭어를 쓰고 후배 성직자들에게도 반드시 경어를 사용하였다.

또한 바둑을 좋아하여 본당을 찾아오는 동창 신부들과 만나면 선문답 같은 대화를 즐겼는데, 이 당시 일반 신자들은 본당 신부와 대좌對坐하지 않던 시절에 거리낌 없이 신자들과 친구가 되고 바둑을 즐겼다.[58] 이와 같이 권위적 지도자의 모습을 과감하게 벗어 버

리고 타인의 인격을 존중하는 방 신부의 의식과 인품, 겸손하고 부드럽고 인자한 자세는 많은 젊은이들로 하여금 성소聖召[59]의 길을 걷게 하였다.

자유를 얻은 사람의 특징 중의 하나는 자신의 변화뿐만 아니라 자신이 속한 공동체에 변화와 개혁을 불러온다. 무아는 음악을 몹시 좋아했다. 그는 사목 생활 초기에 이미 자신이 작곡한 곡들을 가르쳤다. 세상에는 음악에 재주가 있고 훌륭한 곡을 작곡한 사람은 수도 없이 많다. 그러나 단순히 방 신부의 음악적 재능을 높이 평가하는 것이 아니라 그가 선구적인 변혁을 가져왔다는 데 위대함이 있는 것이다. 그는 많은 전례 곡을 작곡하고 우리말로 가사를 만들었으며, 1936년 해주 본당에서는 획기적으로 젊은 여성 성가대와 혼성 합창단을 조직하여 당신이 작곡한 곡들을 가르쳤고 활발한 성가대 활동으로 칭송을 받았다는 기록이 '황해도 천주교회사'에 나온다. 이때가 일제 치하 시대인데 성당에 성가대를 조직한 것 자체도 큰 반향을 불러 일으켰다.

조카 방 아네스 수녀는 방학 때, 방 신부가 황해도 해주 성당에서 사목 생활을 하고 있을 때, 많은 젊은 남녀들이 방 신부를 무척 존경하고 따르고 있는 모습을 보게 되었다. 방 신부는 매일 아침 그들을 모아 놓고 묵상 지도를 하고 저녁에는 성가대원들과 자신이 작곡한 노래도 함께 부르고 지도하고 있었다. 이렇게 젊은이들과 함께 즐겁게 지내는 모습을 보고는 고모 방순경 여사가 좋아서 경기여고를 떠나 부산으로 전학을 가서 있었지만, 다시 방 신부한테 해주로 전학 오고 싶다고 청하였다.

58) 면형무아(2001). 무아 방유룡 신부 탄신 100주년 기념 화보집. p. 46.
59) 거룩한 부르심이라는 뜻으로 가톨릭교회에서 사제나 수도자의 소명(召命)을 말한다.

그녀도 음악을 좋아하고 노래를 잘 불렀기 때문에 성당에서의 이런 분위기가 너무나 좋게 느껴졌던 것이다. 그러나 방 신부는 전학을 두 번씩이나 다니는 것은 좋지 않다고 받아들이지 않았다고 회상한다. 방 신부는 재령에 있을 당시부터 구체적으로 수녀원을 세울 준비에 착수한 것으로 보인다. 해주 본당의 이런 분위기 속에서 수녀 지원자 윤병현이 방 신부의 지도를 받고 있었다. 방 신부는 나중에 수녀원을 세우면 쓸 노래들을 재령에서부터 작곡을 하여 미리 본당의 처녀들에게 일부 가르친 것으로 여겨진다. 이 시기의 사진을 보면 정말 많은 젊은 여성들이 있었다는 것을 알 수 있다.[60]

이 시대는 한국말로 기도하는 것이 허용되지 않은 시기에 한국말로 성가를 만들어 불렀다는 것은 교회 음악사와 전례 역사에 빛나는 업적일 것이다. 이는 전례 토착화와 전례 개혁을 동시에 감행한 것이다. 그 당시 우리는 일본에게 우리말을 빼앗긴 시대요, 세계 모든 가톨릭교회에서는 미국이든지, 유럽이든지 라틴어로만 미사를 하고 성무일도[61]를 하던 시대였던 것이다.

세계 가톨릭교회는 2차 바티칸 공의회의 결정으로 1970년에 와서야 미사 때 자국어로 미사와 성가를 부르기 시작했다. 이런 상황을 감안해 볼 때 이미 1930년대에 한국말 노래 미사와 전례 곡을 불렀다는 것은 전 세계 교회사에 빛나는 개혁자요 선구자적인 모습이다. 물론 그러한 행위는 그 시대의 교회법을 어기는 행위였다. 이러한 행동들은 시대의 흐름을 거스르는 것이었으나 자유로운 영혼만이 할 수 있는 것이다. 이는 예수가 과감하게 인간을 옭아매는 율법들을 파기한 것과 비슷한 행위인 것이다.

방 신부님은 무엇보다도 새벽에 동정녀들을 성당에 모아 놓고 오랫동안 묵상을 지도하고 미사를 준비시키고, 다음 미사를 집전하셨는데, 가장 인상적이었

던 것은 모든 것이 노래에서 시작되고 노래로 끝나는 것이었다. 노래는 기도의 효력을 배가시킨다는 말도 있고 보면 그것이 당연한 것으로 생각될 수도 있겠지만 당시로서는 매우 어려운 일이었다. 아직 라틴어로만 미사를 지내야 했던 시대였고, 대화 미사마저도[62] 어려웠을 때이고 보면 우리 성가로 미사를 지내고 공동 기도를 한다는 것은 더욱 어려웠다. 따라서 여기에 어떤 선각자적인 재능과 용기가 필요했던 것이다. 제2차 바티칸 공의회[63] 이후 많은 변화 중에서 가장 두드러진 것이 우리말과 우리 성가로 미사를 지내게 된 것과 같은 전례의 개혁임을 생각할 때 우리는 더욱 더 한국 교회의 전례 개혁에 미친 방 신부님의 공헌을 기억하게 될 것이다.

최석우[64] 신부(1986). 순교의 맥, 제178호, p. 17.

이존복 신부님[65]이 우리 동긴데, 그분이 그 종신서원을 하시는 날인데, 근데 그분이 종신서원 장본인이라고요. 그때 이제 몇 분인가 받았어요. 하여튼 그 분이 장본인인데 성체 축성할 때, 그때 그가 오르간으로 가더라고요 오르간으로 가서 거양 성체할 때, 잔잔하게 연주를 하더라고요. 근데 그 연주가 아주 훌륭했고 근데 어쨌든 그 종신 서원을 받는 그 장본인이 거양 성체 때 오르간 앞에 가서 그 연주하도록 한 그 배려가 특별한 거죠. 어떻게 종신서원 자가 자기자리 딱 지키고 있지 않고 거기 가서 오르간 반주를 하는가! 근데 방 신부님의 그 배려가 아주 참 넓게, 틀에 박힌 게 아니라 확 그걸 넘어서가지고 하신다는 거 그거를 아주 좋게 느꼈고……

인터뷰 자료; 송광섭 신부. 2008. 1. 24.

60) 면형무아(2001). 무아 방유룡 신부 탄생 100주년 기념 화보집. p. 51.
61) 가톨릭 성직자와 수도자들이 하루 4번 드리는 기도로 시편 기도와 성서로 되어 있는 기도서.
62) 사제와 신자들이 서로 응답으로 주고받는 오늘 날과 같은 미사. 1970년 이후 가능해짐.
63) 1962. 10.~1965. 12. 교황 요한 23세에 의하여 성 베드로 대성전에서 개최된 세계 공의회.
64) 독일 본 대학에서 신학박사 학위 받음. 한국교회사연구소 설립.
65) 서울대학교 음대 성악과 졸업, 한국순교복자수도회 수사로서 1964년 종신 서원, 1965년에 수도 공동체에서 방유룡 신부 다음으로 사제가 됨.

송광섭 신부는 이와 똑같은 일화를 1986년에 순교의 맥에 쓴 일이 있다. 그는 그 글에서 방 신부가 종신 서원자인 장본인이게 예식 때 직접 연주를 하도록 배려한 것은 전무후무한 일일 것이라고 감탄하고 있다. 무아 방유룡 신부의 음악에 대한 이야기는 다음에 다루기로 하고 여기서는 다만 방 신부가 인습과 관습에 매여 사는 것이 아니라, 사람들을 옭아매는 것들에 대해서는 과감하게 부수고 뛰어 넘는 방 신부의 진취적이고 개혁적이며 때로는 상식을 초월하는 자유로운 모습을 보게 되는 것이다.

이러한 면들에 대한 이해와 앎이 없이 방 신부를 그저 무능한 사람으로 본 사람들이 많이 있었다는 것이 그저 놀라울 뿐이다. 이는 방유룡 신부나 방순경 여사같이 점처럼 무無가 되어 가는 사람들이 흔히 보잘것없는 사람으로 비쳐지는 예가 많다. 그들이 자신들의 공적을 드러내지 않으므로 사람들의 기억에서 자연스럽게 지워지기 때문이리라.

또 창설 신부님께서는 사람은 누구나 좋은 마음을 가지고 있으므로 누구든지 다 좋게 보아야 한다고 하셨다. 어떤 사람이라도 당신의 가르침에 따라 진실하게 살아가려는 성의가 있다면 다 수도원에 와도 된다. 누구든지 와서 내 말을 듣고 내가 가르치는 대로 살면 성인이 된다고 하셨다. 요즈음 수도원에 들어오려면 얼마나 절차가 복잡한가? 그런데 신부님은 그런 것을 다 무시하셨다. 그 좋은 예로 어떤 사람이 소문을 듣고 신부님을 찾아 성북동 수도원엘 왔다. 그런데 그는 무슨 죄를 지어 형무소에 갔다가 나와서 중이 되겠다고 절에 가서 머리를 깎고 생활하다가 신부님을 찾아와 수도 생활을 하고 싶다고 했다. "내 말 잘 듣고 살겠다고 하기에 예수님 하신 대로 했지." 한마디로 '어떤 중죄인도 어떤 창녀도 다 괜찮다. 모두 와라.' 이런 뜻이었다. 그 사람이 들어 왔지만 우리는 정말 싫었다. 그러나 예수님의 방식이지 않은가! 그런데 바

르게 살려는 사람도 있지만, 어떤 이는 신부님의 순진한 정신을 역이용했다. 그리고 신부님께서는 또 그렇게 받은 사람들을 각별히 챙기시고 애정을 보이셨다.

이팔종 수사(2000). 순교의 맥, 제196호, p. 46-47.

신부님께서는 누구든지 수도 생활을 할 수 있다고 하셨다. 가난한 사람, 공부를 많이 한 사람, 공부를 못한 사람, 결혼을 한 사람, 거지도 원한다면 수도 생활을 할 수 있다고 말씀하셨는데 지금 생각해도 이것은 굉장히 앞서가는 생각이 아니신가? 그리고 수녀원과 수사원뿐 아니라 빨마원도 모두 같이 살면서 큰 공동체를 이룰 수 있다면 얼마나 좋을까 하며 간혹 말씀하시기도 하셨다. 한마디로 신부님께서는 아주 폭넓은, 모든 사람들을 받아들이는 공동체를 꿈꾸셨던 아주 현대적인 사상을 가지신 분이셨다. 그래서 복자 마을이라는 큰 동네를 만들어서 살았으면 좋겠다고 말씀하시곤 하셨다. …… 이렇게 미래를 향한 혁신적인 계획이 신부님의 꿈이셨는데 그것은 실현하기에 현실은 참 멀게만 느껴진다.

조연이 수녀(2000). 순교의 맥, 제196호, p. 31.

자유라는 것은 무아無我의 또 다른 색깔의 표현이다. 무아 방유룡 안드레아 신부가 무아를 누리며 사는 모습은 여기저기 많이 들어난다. 그는 수도 생활도 아무나 할 수 있다고 생각하는 사람이었다. 예나 지금이나 수녀원이나 수사원의 지원자를 받아들일 때는 심신이 건강한가, 신앙이 있나, 공동생활을 할 수 있는 가 등등 까다로운 심사를 거친 다음 입회하게 된다. 그러나 방 신부는 이런 조건들을 과감하게 허물어 버리고 누구나 수도 생활을 할 수 있다고 가르쳤다. 그래서 결혼 생활의 경험이 있는 사람들이 모여서 수도 생활을 할 수 있는 빨마회를 창설했던 것이다. 사람을 무조건 수용하는 방 신부의 태도에 이득을 본 사람들도 있었다. 그러나 이것을 악 이용하여 사람들 보는 앞에서는 싹싹하게 잘하고 생활은 엉터리로 하는 사람들이 있었다. 이 수사가 말하는 전과자도 말썽

을 많이 일으키다가 나중에는 공동체 회의에서 퇴회시켜야 한다는 의견으로 집약이 되자, 방 신부는 그를 가차 없이 무 자르듯 잘랐다. 그렇게 받은 사람들을 각별히 아끼고 배려하면서 당신을 대하듯 대해 달라고 부탁까지 할 정도로 사랑으로 대했다. 그런데 어떻게 그리 단 칼에 결정을 내릴 수 있는지, 이 수사는 대단하다는 평가를 하면서 방 신부가 공동체의 결정에 순명해야 한다고 생각한 것 같다고 말한다.

대동아 전쟁 중에는(1944년 전후) 〈미(米), 영(英), 격멸비(激滅比) 승리〉 이런 반미(反美) 노래를 강제로 일반화시켜서 이 노래를 부르며 매일 시가 행렬을 하는 때라서 영어의 A자, 말도 못하던 공포 시대였다. 더구나 영어를 배운다는 것은 일경(日警)에 끌려가 친미(親美)파로 몰려 죽어 나오는 때였다. 이렇게 무시무시한 때 남들이 생각지도 못하는 아슬아슬한 일을 하시던 신부님이셨다. 밤이면 전시(戰時)라 등화관제를 하던 때 신부님 방 사방에 담요로 불빛을 막고 서누수(1977년 현 서울 은행 근무) 청년과 영어 공부하시던 일, 미 폭격기가 무서운 기세로 개성 상공을 날면 붉은 벽돌로 만들어진 신부님 방 복도에서 묵주를 높이 흔들면서 반가워하시던 일, 우리들에게는 너무도 무서운 밤낮이었다. 어느 날, 서누수 청년이 일본 헌병에게 체포되어 가서 가죽 혁띠로 죽도록 맞고 나왔다는 소문을 듣고 놀란 신부님과 우리들은 덜덜 떨면서 영어책 일체를 아궁이에 태웠다. 영어 배웠다는 이유는 아니었지만 얼마나 무서웠던지 지금도 생각하기조차 싫어진다. 그 당시 신부님 사택과 우리들이 살던 집은 많이 떨어져 있었다. 이런 일뿐만 아니라 항상 용기가 없으신 분 같으면서도 무엇인가 앞을 내다보시는 것 같고 대담한 성격을 지니고 계신 듯, "일본이 지금은 놀랍게 승전을 하지만 두고 보면 멀지 않아 쫓겨 갈 것이니까 영어를 배워 두어야 한다."고 하시며 계속 독학을 하셨다.

윤병현 수녀(1977). 중요 기록부.

권력으로부터의 자유

일본은 1938년부터 한국말을 쓰지 못하게 했다. 1940년부터는 성명을 일본식으로 바꾸게 하였으며 성당을 빼앗고 용산 신학교를 폐쇄시켰다. 또한 신궁神宮, 신사神社에 가서 절할 것을 억지로 시켰는데, 이러한 정책은 한국에 와 있는 많은 외국 신부들에게 큰 어려움으로 다가왔다. 일본은 미국과 서방 세력과 전쟁을 벌이고 있는 상황이었다. 그래서 그들은 일본의 적이며 천주교인들은 그들의 스파이라고 생각했다. 미국을 비롯한 서양 신부들은 일본말을 모를 뿐만 아니라 천주교 교리와 위배되는 일본 왕을 우상숭배를 할 수는 없기에 극한의 상황에 처하게 된다. 일본 정부는 1941년 12월 8일에는 평양 교구의 오세아 주교를 비롯한 신부 35명과 광주교구 및 춘천 교구의 애란인 주교 및 신부 등 32명을 잡아 가두고, 미국인 신부들을 모두 쫓아냈다(유홍렬b, 1984).

이러한 박해 상황에서는 더 이상 외국인 주교가 한국의 교회를 다스리지 못하게 되었다. 이러한 때 한국 신부들은 일본인 주교가 들어올 것을 심히 염려하여 원 주교[66]에게 조선 시대에 많은 프랑스 신부들이 피를 흘려 순교한 한국 천주교회에 그들의 공로와 피의 대가도 없이, 교회가 일본인 주교에게 넘어가서는 절대 안 된다고 주장하였다. 한국 사제들은 이때야말로 한국인 주교가 나와야 한다는 강력한 의지를 표명한 것이다.

이에 드디어 1942년 첫 번째 한국인 노기남 주교가 나오게 되었다.

66) 프랑스인. 제2대 서울대교구장(1927~1942), 초대 대전교구장(1948~1965).

원 주교는 나름대로 심사숙고하였던 것 같으나 한국인 사제들의 의사를 타진하지는 않았다. 노기남 신부는 12년 동안 보좌 신부로만 있다가, 주임 신부도 해 보지 못한 상태에서 갑자기 주교직을 맡았다. 이때 주교로서 적임자가 되었다고 경축하는 사람들은 없었으나, 어떻든 일본인 주교가 아닌 한국인 주교가 나온 것에 대해 교회는 크게 경축해하는 분위기였다(윤형중, 1972, p. 55). 노기남 신부는 방유룡 신부와 동기 동창으로서 방 신부보다 2살 아래며, 동창 윤형중 신부의 표현으로는 '순진하고 솔직하기만 한' 인물이었다(p. 54). 신학교에서 그의 별명이 '대촌놈'이었던 것으로 보면 그가 어떤 유형의 인물인지는 조금은 알 수 있을 것이다.

일본의 박해가 극심한 상황에서 어떤 인물을 주교로 선정할 것인가는 진정 중대한 문제였을 것이다. 방 신부의 누이 방순경 여사는 조카 방 아녜스 수녀에게 한국 교회의 이러한 문제에 대해서 말하면서 동생 방유룡 신부가 원 주교로부터 주교직 제안을 받았었다는 것과 방 신부는 이를 거절하였다고 전했다.

방 신부가 주교직을 수락했다면 한국 가톨릭교회는 어떤 모습으로 갔을까? 그리고 방 신부의 오랜 숙원인 방인邦人 수도회를 창설하는 사명은 어떤 모습으로 흘러갔을까? 참으로 흥미로운 주제이다. 저자가 여기서 말하려고 하는 것은 무아 방유룡 신부는 명예나 권력으로부터도 자유롭기를 선택했다는 것이다. 물론 주교로서 수도회를 창설하기는 더욱 쉬웠을 것이다. 경제적인 면에서도 훨씬 수월할 수도 있었다. 그러나 수도회를 세우는 일뿐만 아니라 혼을 키우고 성장시키는 일을 위하여 주교직을 택하지 않았던 것은 무아 방유룡 신부의 깊은 지혜에서 나온 신중한 선택이 아니었을까 생각한다.

이때는 방 신부가 아직 수녀회를 창설하지도 않았던 시기였고 더구나 수도자 신분으로 있지도 않은 상태였기 때문에, 그것은 상당히 유혹적이었을 것이다. 방 신부는 대단한 민족주의자였기 때문에 당연히 한국 백성과 교회도 생각했을 것이다. 그는 아마도 이 문제를 깊이 숙고하였을 것이다. 그가 주교직을 받아들였다면 그의 삶의 오랜 숙원인 한국적 방인 남녀 수도원을 창설하는 일과 수사가 되어 성인이 되려는 자신의 꿈에 모종의 이상異常이 생겼을 가능성도 있는 것이다.

그는 결국 보다 나은 가치를 위해 그러한 명예와 권력을 포기하고, 가난하고 이름 없는 수도자로서 살기를 다시 선택한 것이다. 이것은 방 신부의 인생행로에 있어서 또 한 번의 위기였을 수도 있다. 우리는 끊임없이 선택의 기로에 선다. 한 번 자유를 선택하면 끝나는 것이 아니라, 인생 전체를 통해 늘 새롭게 선택하고 갱신해야 하는 시간, 위기의 순간, 은총의 시간을 대면하게 된다. 방 신부는 다시 마음의 골방에 들어가 하느님 앞에서 자신의 사명과 정체성을 새롭게 다지며 자신의 몫인 점點과 무無를 선택했다. 무아 방유룡 신부는 물질, 인간관계, 지식, 관습, 명예, 마지막으로 자아로부터 자유로워졌다.

6

본당 사목자로서의 삶 (1930년~1955년)

방 신부는 춘천 죽림동 성당에서 1년간, 황해도 장연에서 약 2년, 신천에서 1년 등, 약 2년 8개월간을 보좌 신부로 있다가 드디어 1933년 2월에 황해도 재령 본당에 주임 신부로 발령받아 부임하게 된다. 보좌 신부로 있을 당시의 사목 활동은 기록이 전혀 남아 있지 않다. 보좌 신부는 주임 신부의 사목정책을 도와주는 역할이므로 특기할 만한 것이 없는 것이 당연하다고 볼 수 있다.

황해도 재령 성당

방유룡 신부는 재령 성당을 재건할 사명을 부여받고 1933년에 첫 주임 신부로 재령 성당에 부임하였다. 이때 방 신부는 34세의 청년 사제로 고루하지 않고 진취적인 사목 방침에 교우들은 적극 순명하고 협조하게 되니 본당 공동체는 단연 활기와 일치감을 갖게 됐다.

방 신부는 남녀 칠세 부동석의 해묵은 유교적 폐습으로 생긴 남녀석 칸막이를 제거하였고 성당을 양쪽 좌우로 크게 증축하였다.

성가대를 창설하고 교우들의 재교육을 위해 피정지도를 실시하며 특히 남녀 학생들을 규합하여 교회를 생동감 넘치는 '젊은 교회'로 만드는 데 역점을 두었다. 따라서 많은 젊은이들이 능동적으로 성가대 등 단체 활동을 전개했다. 방 신부의 음악적 재능도 한몫을 톡톡히 하여 감수성이 예민한 남녀 학생과 젊은 교우들에게 매력이 넘치는 사제, 거룩하고 열심을 다한 사제의 이미지를 주었다.

그리하여 1935년부터 재령 천주교회는 전교회장과 주일학교 교사들과 성심회원들 및 일반 교우들의 열렬한 가톨릭운동의 전개로 1933년 증축한 성당이 협소해질 만큼 신입교우와 예비자들로 넘쳐났다. 매일 새벽미사 시작 전에 성당에 모인 교우들로 하여금 라디오 체조를 하게 하여 신체를 단련한 것이 본당의 전통이 되었다. 방 신부는 3년 만에 첫 주임 사제로서의 사명을 성공리에 마치고 해주 본당으로 이동하게 되는데, 교우들은 너무 섭섭하고 아쉬워한 나머지 방 신부가 탄 자동차가 떠나가지 못하게 성당 앞길에 누워 '반대시위'를 벌였다고 한다.

황해도 해주 성당

해주 성당에서도 역시 방 신부는 노래를 잘 부를 뿐만 아니라 음악에 대한 열정이 대단했다. 그는 성음악을 통해 교회전례를 심화 발전시키고자 성가대를 만들어 지도하였다. 미혼 여성 19명으로 구성된 여성성가대인 '세시리아 성가대'를 조직한 것을 필두로 남녀혼성 성가대를 편성하였으며 성가대원들은 매일 성가연습을 하였다. 이리하여 방 신부 재임 시 교회는 늘 노래가 울려 퍼지는 성당이 되었고 성가대는 크게 융성하였다. 따라서 많은 젊은 남녀 지식인, 학생들이 자발적으로 규합되어 청년회도 활성화되었다.

방 신부는 이곳에서 사제 서품 10주년을 조촐하나마 뜻있게 지냈다. 1941년 가을에는 선교 활동의 일환으로 동창인 서울 종현(명동)성당 보좌인 노기남 신부가 지도 신부로 있는 서울 가톨릭합창단을 초청하여 해주 극장에서 음악회를 개최하였다. 해주에서 본격적인 음악회는 이 음악회가 효시가 되었으며 이 공연이 성공적으로 끝남에 따라 그 여파로 다른 성당에서도 남녀혼성 성가대가 결성되는 등, 황해도 지방 음악활동의 일대 전기를 이루었다.

방 신부는 정규 음악학교를 나온 것은 아니나 그의 가족이 워낙 음악을 좋아하는 집안이었다. 신학생 때 집에 오면 방순경 여사는 바이올린을 켜고, 방 신부는 하모니카를, 조카는 노래를 하곤 했다고 한다.

해주본당 재임 중 여성 성가대원들과. 1936. 좌측이 방 신부이다.

또한 신학교에서는 오르간 반주를 도맡았고, 명동성당에서 중요 미사와 행사 때는 방 신부가 파이프 오르간을 쳤으며, 파이프 오르간을 관리하는 책임자로 있었다고 조카 수녀는 말한다. 방 신부는 무엇이든지 앞서가고 있었다. 가는 곳마다 성가대를 조직하여 젊은이들의 정서와 신앙을 고양시키고 생기 넘치게 하였던 것이다. 이때가 일제 강점기였다는 것을 고려한다면 담력도 두둑하거니와 남녀가 함께 앉는 것뿐만 아니라 함께 노래하도록 만들었으니, 암울한 시기에 젊은이들이 방 신부로부터 화끈한 자유의식을 맛보았을 것은 넉넉히 짐작할 수 있는 것이다.

이러한 일은 우리 민족이 조선왕정 시대에 민초들의 무교육적 삶과 유교적이며 폐쇄적인 삶에 젖어 있다가 바로 일제의 고통스런 압제시대로 들어갔다는 면에서 생각해 볼 필요가 있다.

그동안 국악만 드물게 접했을 것으로 추측되는 평민들에게 오늘날과 같은 서양의 성가와 그레고리안 성가 등을 접하게 만든 것이다. 교육의 장으로써 젊은이들의 의식을 계몽 고취시키고 음악활동을 통하여 정서적으로, 신앙적으로 활기차게 만들었다는 것을 생각하면, 방 신부와 가톨릭교회가 한국사회의 개화에 끼친 영향은 매우 큰 것이다.

뿐만 아니라 방 신부가 자신의 곡들을 우리말로 가르치며 얼마나 민족적 혼을 성장시키려 노력했는가를 짐작할 때, 그의 드높은 의식과 폭력적 상황에도 굴하지 않는 기상을 엿볼 수 있다. 과연 선구적이며 미래 지향적인 방 신부였다. 최근 미래사목 연구소에서 나온 연구물은 미래의 사목형태는 문화적이어야 한다고 강조하고 있는데, 방 신부는 그 옛날 그것도 일제 강점기에 이미 문화 선교의 중요성을 통찰하고 실현하고 있었던 것이다.

해주 성당은 많은 젊은이들이 성당에 나와 활동을 하니 자연히 활기가 넘쳤고 또한 방 신부의 강론에 감화되어 세례를 받고 입교하는 젊은 지성인들이 많았다. 수녀원의 첫 지도자가 된 마뗄 윤병현 수녀도 이때 방 신부한테 세례를 받았던 것이다. 또한 방 신부는 1938년 폐교된 유치원을 다시 개원하여 주민들의 칭송을 받았다. 그는 한평생 교육의 중요성을 몹시 강조하는 사람이었다. 로마에 보낸 수녀원 창설 인가 청원서의 사도직 활동에 관한 전 항목은 학교 설립에 관한 것이다. 그는 가는 곳마다 교육의 장을 펼쳤다.

방 신부는 해방 후에 한국 사회의 가장 근원적이면서도 시급한 사안이 백성들의 교육이라고 간파했다고 볼 수 있다. 그는 한국 사회의 이 중요한 부름에 민첩하게 응답하는 모습이다. 방 신부가 사목할 때 또 하나 힘을 썼던 것은 수도성소 계발이었다. 당시 해주 본당에는 5~6명의 수녀 지망생이 모여 있었다. 그러나 태평양 전쟁 발발 직후라서 일경의 감시가 심했다. 그들은 어떤 조직생활도 공동생활도 어려워서 모였다가 흩어지곤 하였다. 방 신부는 그들을 본당에서 수용할 수 없어서 서울 등지의 수녀원으로 추천 입회시킬 수밖에 없었다. 그러나 장차 자신이 창설할 수녀회를 이끌 지도자로 점지한 윤병현만큼은 꼭 붙들어 놓고 있었다.

황해도 개성 동흥동 성당

1942년 무아 방유룡 신부는 해주에서 개성 동흥동 성당 7대 본당신부로 이동되었다. 이곳에서도 가난한 아이들을 위하여 육영학교를 운영하였다. 1945년 8월 성모승천 대축일 날 해방이 되자, 방

신부는 드디어 마음속에서 오랫동안 키웠던 수도원 창설의 의지를 구체적으로 실행하기 시작했다. 1946년 3월 25일에는 한국순교복자수녀회 창설 준비를 위한 미사를 봉헌했다. 3월 29일 주일 미사 때 본당 한 미카엘 사목회장은 새로 설립될 수도회에 대하여 교우들에게 설명하였으며, 방 신부는 교우들에게 창설을 위한 특별 기도를 부탁하였다.

개성 장미양재여학원 제1회 졸업기념. 1948. 7. 6.
원장 방 신부와 지도교사 윤병현(좌)과 홍은순(우) 자매

개성 장미양재학원 제1회 졸업생 중 영세자들과 방 신부. 1948. 7. 15.

동흥동 본당에서 수녀회를 창설하자 그해 10월에는 수녀원 지원자가 총 6명이 되었다. 그리하여 방 신부는 그해 그리스도왕 대축일에 소착복식[67]을 성대하게 거행하였다. 1947년 9월 1일에 성당 부속건물을 이용하여 방 신부와 입회자들은 장미 고등양재학원을 설립하여 젊은 여성들에게 민족의 주체성을 가르치며 계몽 교육하였다. 한편 이들에게 신앙을 전수시키어 이들 중에서 수녀회 지원자들이 또 나오게 되었다. 고등양재학원과 육영학교 등을 통해 대략 매해 100여 명의 영세입교入教자가 나오게 되었다. 이로써 개성 동흥동 천주교회는 신자 수에 있어서 대단한 증가와 젊은이들로 넘쳐나게 되었다. 또한 양재학원 학생들의 작품 전시회와 바자를 열었는데, 당시 개성 시에서는 처음 있는 일이었다. 바자는 대성황을 이루어 시민들에게 상당히 좋은 인상을 주었다. 방 신부는 여기서도 젊은 청년들이 많았으므로 성가대를 지도하였고 밤에는 문맹퇴치를 위하여 또 야학을 운영하였으니, 방 신부와 지원자들은 상당히 바쁘게 지냈다. 윤병현 수녀가 말한 대로 이들에게도 매일 성가를 가르쳤는데 노래를 잘하는 회원들은 별 문제가 없지만 소질이 없는 사람들에게는 수련의 시간이었을 것이다.

창설 신부님은 그 옛날에 벌써 요새 한창 부르는 그레고리안 곡조 식으로 미사경본을 부르는 연습을 매일 저녁 후 연습시키는데 쁘로 마뗄은 신부님이 가르쳐 주시는 대로 하지만 나는 잘 못했다. "노래 못하면 천당 못가요. 천당은 노래 부르고 사는 곳이에요." 무슨 시련인지 꼭 첫 첨례 6날이면 잘 쫓겨났다. 노래 못한다고…… "데레사(마뗄) 나가야 미사 드린다."고 성당에서 미사 중에 우렁차게 큰 소리로!! 미사보로 얼굴 가리고 엉금엉금 나오던 일. 많

67) 수녀회 지원자들이 일반인의 옷을 벗고 처음으로 수도회가 권하는 청원자 수도복을 입는 날.

은 교우는 놀라고…… 미사 중에 용서를 청할 수 없어 미사를 궐할 수밖에 없기도 했다. 알렐루야는 종류도 많고 첨례에 따라 다르고 보니 이 곡이 제대로 나올 때까지 미사성제는 계속 중단 되니 울기도 했으니 알렐루야 애로는 옛날 개성 교우들은 아마도 모르는 이가 없을 것이다. 윤병현 수녀(1986).

동흥동 성당에서 무아 방유룡 신부와 수녀 지원자들의 눈부신 활동으로 본당은 터져 나갈 듯했다. 방 신부는 재령, 해주, 개성 동흥동 성당에서 본 바와 같이 가는 곳마다 많은 젊은이들로 넘쳐나는 사목 현장을 만들고 본당을 발전시켰다.

현 시대의 가톨릭교회에서 가장 심각하게 문제되는 것은 젊은이들이 교회를 떠나고 있다는 것이다. 그들에게 맞는 사목 활동이 너무나 미비한 것을 생각한다면 방 신부야말로 본당 사목에 있어서 핵심을 꿰뚫었던, 대단히 진취적이며 성공적인 사제였다고 말할 수 있다.

방 신부는 성공적으로 수녀회를 창설하고 본당 사목 생활을 하고 있었다. 허나 인민군들의 포화가 자주 있는데다, 여러 가지 이유로 수녀원을 서울로 옮길 생각을 하게 된다.

방 신부는 동창 윤형중 신부가 교구 평의회에 참석하고 있으니 노기남 주교에게 간하여 주기를 요청했다. 이에 윤형중 신부는 주교에게 청하여 방 신부와 수녀원이 서울로 옮겨 올 수 있도록 배려하였다(윤형중, 1972 p. 9). 1950년 3월 7일에 현재 복자수녀회 총원이 자리 잡은 청파동에 아름다운 집을 마련하여 이사를 하였다. 방 신부는 1950년 5월에 서울 종로구에 있는 가회동 성당으로 이동하게 된다.

서울 가회동 성당과 제기동 성당

가회동에 부임하자 1달여 만에 한국전쟁이 발발하였다. 방 신부는 회원들의 목숨의 안전과 피난과 규합이라는 큰 어려움에 직면하게 된다. 새로 구입한 서울 청파동 수녀원은 폭격을 맞아 파괴되었으나 다행히 회원들은 안전했다. 수녀들은 방 신부의 누이 방순경 여사의 집으로 일단 피신했다가 가회동으로 갔다. 본당의 사목 활동은 중지되었다.

방 신부는 다른 회원들은 집으로 돌려보내고, 첫 지원자 두 명과 형수와 함께 평택 회화리로 잠시 피신했다. 그러나 안전에 위협을 느껴 서울로 올라온다. 가회동에서 7개월간 있다가 1950년 12월 9일 제기동으로 재차 발령이 나서 옮겨간다. 제기동 성당에서 회원들을 대구와 부산으로 피난시키고 자신도 12월 26일 대구로 가서 회원들과 합류했다. 1951년 여름에 방 신부는 제기동 성당으로 귀환하였다. 피난을 떠나지 못한 20여 명의 신자들과 미사를 드리며 지내게 된다. 이때 안암동에 있는 고려대학에는 미군부대가 주둔하고 있었다. 방 신부는 매주일 오후 2시에 검은 수단에 군화를 신고 본회 지원자들을 대동하고 유창한 영어로 미사를 집전하고 고해성사[68]를 주었다. 이는 전쟁 중 어려운 생활에 보탬이 되었다.

방 신부는 위협적인 전쟁의 와중에도 평온함을 유지하며 세속을 초월한 듯 조용한 품위와 거룩한 생활로서 아름다운 구도자의 모습으로 신자들에게 깊은 감명을 주었다. 그는 텅 빈 성당의 제단 앞에 엎드려 오랫동안 기도하거나 방안에 좌정해 온종일 대월기도를 하는 등 수도자적인 생활을 하였다. 방 신부는 본당 회장직을 맡은 김규영 토마스 교수[69]를 만나게 되는데 김 교수는 방 신부의 성덕

에 반하여 자신의 제자 서울대학교 출신 교수들을 모아, 방 신부와 20년 이상 계속된 영적 담화 모임을 갖도록 주선한 사람이다. 그는 제기동 본당 시절에 방 신부에 대한 감동과 감화에 대해 이렇게 말하고 있다.

제기동 본당 시절은 나의 신앙생활의 첫 도정(道程)이었다. 이 귀중한 시기에 말없이 배운 것은 하도 많으나 그 중에서 두 가지를 말한다면, '신비지경(神秘之境)'과 '수도(修道)생활'이다. 연일 같이 미사 참여하는 우리 교우들은 자기도 모르는 사이에 빨려 들어갔다. 미사 진행 중의 동작 하나 하나가 그 템포와 더불어 말없는 가르침이었다. 제헌(祭獻)이 시작되면서부터 신부님의 모습은 가경(佳境)에 들어가 헌작(獻酌)할 때의 그 표정은 입신(入神)하는 듯, 말하자면 거룩함에 동참하는 도취의 고요함이었다. …… 음악이 따르지 않는 종교는 없다더니 방 신부님은 작사 작곡을 겸전하신 음악통(音樂通)이시었다. 그러니 도취하여 신비경에 들어갈 수밖에. 언젠가 들은 말씀이 생각난다. "이렇게 좋은 신비계(神秘界)의 맛을 몰라보고 그저 살다가 가다니! 이 세상에 태어난 인생의 보람을 반은 모르고 지나가는걸!" …… 신부님은 저에게 말씀 안하셔도 저희는 배웁니다. 신부님께서 보여주신 그걸 통해서……. 초가집에 수녀님들이 계셨어요. …… 온돌방 구들에 구공탄을 지폈는데 가스로 말미암아서 아침에 깨어보니 사람이 일어나지 못하더라. 수녀님들 몇 분이 희생을 당하셨습니다. 세안(世眼)으로 보면 큰일 났지요. 그때의 신부님의 표정은 어떠하였는가? 이걸 말로써 표현할 수가 없지요. 그런 일을 당하셨는데도 얼굴에는 웃음이 사라지지 않았습니다. …… 그게 미소(微笑)라고 그러더군요. 웃는 얼굴표정! 이런 모습에 속으로는 감탄 절반, 의아심 절반이었습니다. "아니, 저럴 수가?" …… "기도, 기구라는 것은 말로만 하는 것이 아니오. 묵상기도는 생각하면서 하지만 드러나는 기도, 행동기도라는 것도 있소."

68) 가톨릭 신자들이 자신의 잘못을 하느님과 사제에게 고백하는 행위.

69) 경성제대 졸업, 벨기에에 유학, 서울대학교, 서강대학교 철학과 교수를 지냄.

그 사람의 움직임이, 몸놀림이 바로 기도하는 것과 같다. 그 말씀이지요. 그분의 모습에서 우리는 행동기도라는 것을 배울 수 있었습니다. 그 얼굴에는 언제나 미소가 어리어 있습니다. …… 분명 웃으시는 얼굴인데 웃는 소리를, 웃음소리를 들어 본 사람은 없다. 그래서 '미소하는 침묵'이라는 말이 나오게 된 겁니다. '미소하는 침묵'이라는 말로 시집을 낸 분이 있어요. …… 교우들이 원하는 것은 성당입니다. 성당을 짓기 위한 강론을 하시는 것입니다. 돈에 관한 이야기는 하시지 아니하고, "앞으로 성당을 지으려 하는데 성당을 짓자면 여러분들이 천주 사랑하는 법도 배워야 되겠소." 하느님 사랑하는 것부터 배워야겠다 그 말씀이셨습니다. 하느님을 사랑하다니, 사람이 어떻게 하느님을 사랑해? 사람이 어떻게 하느님을 사랑한다는 말입니까? 그때 저는 못 알아들었습니다. ……

김규영(1996). 순교의 맥. 제192호 p. 98.

제기동 본당에서도 방 신부는 지원자들에게 자신이 작사 작곡한 곡을 직접 오르간을 치면서 열성을 다하여 가르쳤다. 모든 기도를 노래로 하도록 하였으며, 항상 창미사곡 여러 개를 가르쳐 평일 날에도 번갈아 가며 창미사곡[70]으로 미사를 드리게 했다. 전시戰時이지만 부활시기의 알렐루야는 반드시 노래로 하였고, 주일 미사 때의 사도신경도 방 신부가 직접 악보를 만들어 창으로 하도록 가르쳤다. 복음 낭독할 때는 예수님의 말씀 대목은 목소리를 달리하고 성체성사 때는 마치 입신入神한 듯한 표정으로 미사를 집전하곤 하였다. 축일과 토요일 미사는 반드시 성모신심 미사로 봉헌하였다. 이때 회원들은 모두 12명. 이들의 성가소리를 듣고 신자들이 큰 감명을 받았었다고 김규영 교수는 말한다.

방 신부는 1951년 12월 12일에 로마 교황청으로부터 수녀원 창설 인가가 나온 큰 기쁨을 맛보았다. 마침내 1952년 12월 12일에는 한국순교복자수녀회의 첫 번째 대착복식을 거행한다. 대착복식

을 한 수련자는 7명이었다.

1953년 9월 8일에는 제기동 초가집에 머물던 회원들이 수리가 끝난 청파동 수녀원으로 돌아갔다. 방 신부는 이내 1953년 10월 30일 한국 최초의 남자 방인 수도회인 한국순교복자성직수도회를 창설함으로써 오랜 숙원을 이루었다. 한편 미국 가톨릭구제회의 원조로 천주교에 입교하는 사람이 많이 늘었으므로 성당이 좁아져 새 성당의 신축이 필요하게 되었다. 총회장 김중근이 새 성당 부지를 물색하던 중, 1954년 11월 22일 현 제기동 성당 대지 508평을 120만 환에 사들이게 된다.[71)]

서울 후암동 성당

방유룡 신부는 1955년 1월 24일에 후암동으로 이동하였다. 이곳 성당에서 특기할 만한 것은 1955년 4월에 김창선 씨 염색공장 2층에서 34명의 원아를 모집하여 복자유치원을 설립하였다. 2대 원장부터 수녀가 봉사하기 시작하였는데, 원아들은 전국 유치원 종합 예술제에 참가하여 서울특별시상을 수상할 만큼 수녀들과 교사들이 열심히 가르쳤다. 방 신부는 1955년 10월 7일 본당사제를 사직하고 청파동 수녀원에 상주하게 되었다. 그러나 수녀들은 계속 후암동 성당에 파견되어 본당 발전을 위해 헌신했다.

---

70) 가톨릭교회에서 미사 때 부르는 미사곡. 기리에, 글로리아, 쌍뚜스, 아뉴스데이를 말함.

71) 제기동본당 50년사. p. 115-116. 한국순교복자성직수도회 50년사. p. 61-62

황해도 지방에서 성공적으로 본당의 목자牧者로서의 활동을 하였으나 서울에 온 이후의 본당 생활은 전쟁이 시작되어 자연히 활발하지 못했다. 이런 와중에 방 신부는 회원들을 교육하고 피난시키고, 규합하는 일 등에 몰두하게 되었다. 전시戰時이지만 본격적으로 남자 수도원을 창설하는 준비에 착수하였다. 이로써 일제 점령기와 한국전쟁과 피난생활을 겪으며 25년간의 파란만장한 본당 신부의 생활은 막을 내렸다.

방 신부의 서울 본당 생활만을 보고 방 신부를 무능한 사제로 취급하는 수도자와 사제들이 있었는데, 그 판단은 당치 않은 소리라고 확신한다. 그는 다른 성덕과 거룩한 생활로 감화를 주어 많은 이들을 영세시켰고, 가는 곳마다 젊은이들이 넘쳐나게 했다. 그러나 전쟁 이후에는 수녀들과 수사들에게 집중할 수밖에 없었다. 본당 측에서 본다면 다행히 이때는 전시 중이었던 것이다.

방 신부는 철저하게 본당은 본당 신자들이 주인이라는 의식으로 임했다. 사제가 앞서서 경제적인 문제를 해결해 주는 자세가 아니다. 행정적인 것은 신자들이 자신들의 교회에 대한 책임을 지도록 하는 분명한 태도를 가지고 있었으므로 사제로서의 보다 우선한 직무에 더 충실했다. 이러한 태도는 성경의 가르침이며 원칙적인 것이다.

방 신부는 이런 부분에서는 원칙을 따랐다. 사제들이 성덕과 영적 아버지다운 모습은 잃어버리고 본당의 행정이나 관리자로 전락할 위험이 있는 것이 사실이다. 무아 방유룡 신부가 정치성과는 거리가 있었던 것은 사실이다. 이런 측면에서만 보면 방 신부가 무능력無能力한 사람으로 비춰질 수도 있다. 그렇다고 해서 사제로서 사도직분에 무능無能한 사람은 결코 아니다. 방 신부가 젊음을 불

살랐던 황해도 본당들에서의 사목 활동들을 본다면 말이다. 그는 신자 증가라는 숫자적인 면에 있어서도 큰 성과를 달성했다. 그리고 늘 아이들과 젊은이들을 위한 교육 활동에 역점을 두었으며 본당 분위기를 넘쳐나는 젊은 교회로 만들었던 것이다.

이런 본당 사목 활동에 대한 기록들이 남아 있는 것이 천만다행이다. 방 신부를 평가 절하하는 사람들에게 증거로 제시할 수 있으니 말이다. 방 신부가 개성을 떠나 서울에 온 후로는 본격적인 전란의 시기였다. 방 신부는 그의 열정을 자신의 오랜 숙원과 사명인 남녀 수도회 창설과 기틀을 다지는 쪽으로 기울였던 것이다.

수사원 건축공사장 계단에서. 9시, 3시 종이 울리면 모든 것을 중지하고 '대월자세'로 기도하고 있는 방 신부.

한국순교복자수녀회 창설 (1946)

먼저 하느님의 의덕만을 구하라!

무아 방유룡 안드레아 신부가 한국순교복자수녀회를 창립한 1946년은 김대건 안드레아 신부 순교 100주년을 맞는 뜻 깊은 해였다. 4월 21일은 예수 부활 대축일이었다. 방 신부는 수도회의 명칭대로 한국의 순교자요 첫 사제인 김대건 안드레아 신부와 한국의 순교자들을 주보로 모셨다. 그들의 얼과 신앙의 정신을 기리고 이어받기 위해 수도회의 명칭을 한국순교복자수녀회로 택했다. 무아 방유룡 안드레아 신부는 1946년 4월 21일 개성 동흥동 본당 사제관 사무실에서 공동 창설자 방순경 여사를 대동하고 해주에서부터 수도생활을 갈망하며 10년을 기다려 온 윤병현과 개성에서 약 일년 전에 방 신부를 만나 개신교에서 개종한 홍은순을 첫 수도회 회원으로 받아들여 역사적인 창립식을 거행하였다.

한국 가톨릭교회는 1784년, 교회 창립 이래 길고 긴 박해 속에서도 꺼지지 않고 꾸준히 성장하여 왔다. 1866년 한불 수호 조약으로 잠시 자유를 맛볼 수 있었으나 다시 일본의 폭정에 신음하며 근근이 이어가고 있었던 것이다. 이제 교회는 큰 숨을 쉬며 푸른 하늘

을 마음껏 누릴 수 있게 된 듯했다.

방 신부에게는 해방이 다른 사람들보다도 더 가슴 벅차게 느껴졌을 것이다. 드디어 꿈을 실현할 때가 다가온 것이다. 해방을 맞아 혼란한 주변에 아랑곳하지 않고 서둘러 지붕도 없는 기차, 짐차에 몸을 싣고 노 주교에게 달려가는 방 신부의 모습은 진정 아름답다. 이 당시(1940년 전후) 한국에는 프랑스가 본부인 샬트르 성 바오로 수녀회가 명동에 있었고 함흥 원산에는 독일이 본부인 포교 성 베네딕도 수녀회가 있었을 뿐이다. 그 당시 일을 윤병현 수녀와 홍은순 수녀는 다음과 같이 기록하고 있다.

해방되던 날 해방의 함성에 뒤이어, 감옥에서 풀려나온 사람들처럼 "이제는 때가 왔다. 보복의 때가 왔다." 외치더니 삽시간에 시가지는 수라장으로 변했다. 일본인 집과 파출소에 불을 놓고 파괴하고 몰아내고 때리고 묶어가는 소동! 기쁨은 잠시였고 다시 공포의 때가 한참 계속되었다. 이때도 방 신부님은 이런 모든 일에는 아랑곳없이 가슴에 품고 숨겨두었던 복자회 씨앗을 가지고 그 길로 지붕도 없는 기차(짐 싣는 차)를 타고 서울 노기남 주교님께 복자회 씨앗도 해방을 청하셨다. 구두(口頭)로 주교님께 복자회 창립을 허락받아 달음질쳐 돌아 오셨다. 큰 기쁨과 희망의 깃발을 날리시며……

윤병현 수녀, 중요 기록부.

1945년 8월 15일은 우리 조국에 다시없는 감격의 날이었다. 조국의 해방은 우리 복자회를 이 땅에 빨리 탄생하게 하였다. 10년 가까이 방 신부님과 마뗄께서는 수도회를 창설코자 계획하셨으나 왜정의 탄압으로 뜻을 이루지 못하고 때를 기다리셨다고 한다. 드디어 해방과 함께 복자회의 창설 문제는 움트기 시작하였다. 회원 모집, 규칙 초안, 회원의 생활 방도를 구상하시며 준비하시다가 기왕이면 한국 최초의 수선 탁덕 김대건 안드레아 사제 순교 100주년이 되는 1946년을 생각하신 것이다. 드디어 1946년 4월 21일 한국순교복자

수녀회 창설!! 4월 21일 부활 대축일에 유서 깊은 고장 송도 개성에서 본회의 특별 주보 순교 복자들의 순교 정신을 계승하고 순교자 현양을 목적으로 복자회라 명명하고 우리 조국이 필요로 하는 방인 수도회가 탄생하게 된 것이다. 그날 오후 7시에 개성 성당 사제 사무실에서 교회 유지 20여 분을 모시고 (회원으로는 윤병현 데레사와 홍은순 마리데레사), 창립식이 거행되었다. 식순으로는 복자 노래(무궁무진세에), 복자회 취지 설명, 규칙 초안 낭독, 방순경 루시아 선생님의 축사, 답사(홍은순 마리데레사), 성모 노래(애덕의 모후여) 등으로 본회는 역사의 대단원의 막을 펼친 것이다. 창설 신부님 첫마디 말씀: "목적은 덕이요, 방법은 신덕이요, 도구는 빈주먹으로!" 의덕만 구하라 모든 것은 덤으로 주신다(마태6:33)고 신부님은 역설하셨다.

홍은순 수녀, 중요 기록부.

우리 민족은 신라 시대에 외래 종교인 불교를 받아들였고, 조선 시대에는 유교와 유학을 숭상했으나 이것이 더 이상 민족의식과 삶에 도움을 주지 못하고 오히려 백성들을 고통 속에 신음하도록 만들고 있었다. 이를 자각한 일부 선각자인 남인 학파이며 실학파였던 유학자들이 스스로 학문적 성찰을 통하여 중국에 가서 과학문물과 함께 천주학과 천주교를 들여왔던 것이다. 이런 정신은 우리 민족이 얼마나 우수한 의식의 소유자들인가를 세계만방에 보여 준 사건이다. 이러한 정신적 작업은 세계 선교 역사에서 유일한 예이다. 무아 방유룡 신부는 이러한 조상들의 숭고한 정신의 맥을 다시 잇고자 한 인물이다.

그는 스스로 신학생 초기 시절부터 수도자와 수도원에 대하여 오랜 기간 탐구를 하였다. 외국에서 들어온 수도원을 방문하기도 하면서 한국인의 정신문화에 어울리는 수도 체계를 고심했다. 무아 방유룡 신부는 수도 생활을 하는 데 있어서도 유럽 신학과 수도 정

신에 의존하는 양태에서 벗어나 한국 민족의 정신문화의 유산을 살려내길 원했다. 수도 영성의 체계 안에서도 한국의 고유성과 독립적 정체성의 맥을 이어받기 위한 순수 방인邦人 수도회[72]를 창설했던 것이다. 이는 그동안 한국 천주교회가 초창기의 모습과는 다르게 점점 프랑스인과 외국 사제들에게 의존하게 된 양태에서 다시 본래 정신, 즉 선교사들의 도움 없이 한국적 정신으로 자생적으로 그리스도의 복음을 통합 수용하였던 그 정신을 다시 살려 낸다는 데 큰 정신사적 의의가 있다.

방 신부는 수도 여정의 정점은 '면형무아麵形無我'라고 했다. 면형무아에 이르기 위해서는 점성點性, 침묵沈默, 대월對越의 발달적 체계를 제시했으며, 이 영적 발달을 위해서 완덕오계完德五誡라는 구체적인 길을 제시하였다. 복자수녀회의 특수 목적은 순교정신과 형제애로 복음을 전파할 것을 명시했다. 방 신부가 창안한 수도정신은 나중에 방 신부의 영성을 다루는 장에서 상세하게 다룰 것이다.

방 신부는 수도자의 사명에 대해서 제시했는데, 한국 순교자들을 현양하기 위해 교회사를 연구하고 순교자 유물과 사료 수집을 하는 신앙적 차원에만 국한하지 않았다. 그는 창설 이념에 분명하게 명시하였듯이 한국 민족 문화 발전에 공헌할 것과 한국 고유문화를 보존 연구하는 데 공헌할 것 그리고 토착화된 한국 기독교 정신을 우리 민족에게 전할 것을 천명하였다. 그래서 수도자들을 각자의 소질과 취미, 능력에 따라 미술, 음악, 국문학 등 심지어는 양재 요리 등 각 부에서 연구를 시킬 것을 창설 이념에 명시했다.

---

72) 한국인에 의해 한국 땅에 세워진 한국 수도회를 뜻함.

이는 당시 일본의 지배를 받아 한없이 위축되었던 민족의 얼과 자긍심 그리고 사대주의 사상이 팽배해진 한국 사회를 볼 때, 한국 민족의 드높았던 영적 능력을 되찾고 맥을 잇는다는 의미에서 한국 사상사에 그리고 한국 천주교교회사에 시사해 주는 바가 크다.

마뗄 윤병현 안드레아 수녀

한국순교복자수녀회 창설 협조자

방유룡 신부는 수녀원 인가 신청 서류에 누이 방순경 여사와 첫 번째 수녀회 지원자 윤병현 자매를 공동 창설자로 추대하여 로마 교황청에 보냈다. 방 신부는 생애 말년에 "누님이 없었으면 그 모든 것이 힘들었을 것이야."라고 회상했던 것처럼 누이 방순경 여사는 복자회를 창설하기 이전부터 방 신부를 도왔고 창설된 후 그리고 수녀원이 안정권에 들어가기까지 평생을 바쳐 수녀회를 도왔다. 앞서 가족을 소개하는 장에서 방순경 여사를 비교적 상세하게 기술하였으므로 여기에서는 수녀회 첫 번째 입회자이며 창설 협조자로서 그리고 창설된 수녀원을 젖먹이부터 장성할 때까지 성장시킨 어머니 윤병현 안드레아 수녀에 대하여 잠시 주목하여 본다.

한국순교복자수녀회 창설 협조자 윤병현 안드레아 수녀는 1912년 서울 팔판동에서 출생하였고, 해주 사범학교를 거쳐 방 순경 여사가 주관하는 경성사대 중등 교원 양성 과정을 졸업했다. 1936년 5월 방유룡 신부가 해주 본당으로 부임하게 되면서 둘의 역사적 만남이 이루어졌다. 그 당시 윤병현은 학교 교사로서 있었으며 방 신부에게 감화를 받고 세례를 받았다. 방 신부의 형수 이 루시아가

그녀의 대모가 되어 주었다. 윤병현은 상당히 부유한 집안의 얌전한 처녀였다고 그 당시 본당에 함께 있었던 김예숙 수녀[73]는 기억하고 있다. 방 신부가 해주에 있을 당시를 윤병현은 이렇게 말하고 있다.

> 창설 신부님은 조용한 방 안에서만의 신부님이어서 돈도 모르시는 분이었고 다만 매일 아침 한 번도 빼지 않으시는 강론과 미사를 지내실 때의 경건한 태도, 거룩한 모습에서 많은 사람들이 믿음을 얻게 되었다. 이렇게 무능하게밖에 보이지 않는 분이 엉뚱하게도 큰 계획을 방안에서 조용히 혼자 키우고 계신 것은 하느님만 알고 계셨던 것이다. 하루도 빼놓지 않으시는 강론과 미사성제를 올리시는 기도의 태도에 끌려 수도 생활에 뜻있는 몇몇 처녀들이 황해도 재령 성당, 해주 성당 식간에 모이면 왜정 시대라 일본 형사들의 눈초리가 무서웠다. '왜 시집을 안 가고 모여 있는가?', '무슨 궁리들을 하는가? 집으로 돌아가라.' 는 호령에 모두 헤어졌다가 숨어서 (그때는 반일 사상 문제로 무서운 시대였다.) 다시 모이고 한 것이 자주 있었다. 이때 방인 수녀원은 방 신부님과 몇몇 뜻있는 사람들 마음에 벌써 씨앗이 떨어진 것이다. 이런 왜정의 불안 시대에 숨어 가며 피해 가면서 시간을 보내던 중, 대동아(大東亞) 전쟁을 거치면서도 방 신부님께서는 방인 수도회 씨앗을 사랑에 타는 가슴속에 깊이 품어 싹틔우셨다.
>
> 윤병현 수녀, 중요 기록부.

방 신부는 수녀회를 창설하는 데 있어서 첫 번째 수녀가 되어 장차 수녀원의 장상으로서 수녀들을 지도하고 운영할 수 있는 지도자적인 인물을 찾고 있었을 것이다.

사실 이것처럼 중요한 사안이 또 어디 있겠는가! 방 신부는 치밀하고 섬세한 사람이다.

---

73) 황해도 재령 출신으로 방유룡 신부의 지도로 1938년 연길의 올리베따노 성 베네딕도수녀회에 입회함.

얼마나 오랫동안 준비를 했었는데 이러한 문제를 소홀하게 할 리가 없는 것이다.

김예숙 수녀의 말로 재령이나 해주에는 젊은 처녀들이 많았었고 방 신부는 그들에게 종종 수녀원에 가라고 부추겼다고 한다. 그 많은 젊은이들 중에서 윤병현을 눈여겨보았을 것이다. 방 신부는 윤병현을 신자로 만든 다음 다른 수녀원에 가지 않도록 붙들 수 있었다. 방 신부는 이때 젊은 여성들을 수녀원에 보내고 있었다. 방 신부가 이룬 업적 중에 탁월한 것은 물론 남녀 수도회를 창설한 것이지만 이 수도원을 짊어지고 나아갈 훌륭한 인물을 선택하고 양성했다는 것이다. 방 신부가 윤병현을 만난 것은 1936년 해주에서니까 수녀원을 창설한 해가 1946년이므로 꼭 10년 동안을 데리고 다니면서 양성시키고 교육하여 수녀원 창설을 준비한 것이다.

윤병현의 고향은 서울이지만 그때 아버지가 황해도 도지사였다고 한다. 집안도 안정된 집안이고 더구나 황해도에서 사범학교까지(지금의 사범대학) 나왔으니, 그 시대에는 이런 교육을 받은 사람이 드물었기에, 방 신부는 신자가 아닌 것 빼고는 아주 적당한 사람을 만났던 것이다. 윤병현은 그때 24살, 방 신부가 37살 때였는데, 방 신부를 믿고 따라 다니며 10년 동안을 기다릴 수 있었다는 것이 정말 놀랍다. 또한 그녀가 존경할 만한 굳은 심지의 소유자라는 것을 알 수 있다. 이러한 만남은 진정 하느님의 축복이었으며 어느 한 쪽만의 의지로 이루어지는 것이 아니라 두 인물의 의기투합한 정신과 서로를 수용하는 마음이 없이는 이루어질 수 없는 것이다. 방 신부는 그의 열정과 성덕으로 그만큼 믿음을 주었다고도 볼 수 있다.

방 신부는 수녀원 창설에 있어서 오래 준비를 하기도 했지만 행

운의 사람이다. 뛰어난 두 인물들이 양쪽 날개 노릇을 했기 때문이다. 누이 방순경 여사는 일본의 최고 학교인 동경 사범대를 나온 사람으로서, 윤병현 또한 일제 치하의 신여성으로서 보기 드문 교육을 받았고, 둘 다 교육자로서 민족의 혼을 되찾고 증진시키며 여성 교육에 혼을 불사른 인물들이다.

손색없는 인품과, 창조적인 두뇌, 선구자적인 의식, 개척자다운 기상으로 어두웠던 시대를 밝힌 여명의 빛들이었다. 두 사람의 이러한 인성적 특징은 무아 방유룡 신부와 평생을 동행하며 수녀원 창설이라는 역사적 과업에 동반할 수 있었고, 방 신부의 큰 비전에 의기투합하여 보조를 맞출 수 있는 자질로써 수녀회가 기틀을 잡아가는데 현실적이고도 실제적인 도움을 줄 수 있었다.

특히 방순경 여사와 윤병현 수녀의 교육자로서의 의식은 수녀회 창립 이후 수녀들의 교육과 양성에 지대한 영향을 미쳤다. 방순경 교장은 방 신부와 윤병현 수녀를 도와 한국전쟁 이후 경제적으로 매우 어려웠던 환경 속에서도 회원들을 양성시키기 위해 수녀들을 외국 유학길에 오르게 하였다. 방순경 교장은 입회자들을 수도여고에 진학하게 하였으며 또한 수도여고생들을 수녀회에 입회하도록 추천했다. 수녀회 입회자 모집과 교육 그리고 유학생들에 관한 것은 전부 방순경 여사의 몫이었다.

초창기 때는 윤병현과 홍은순 두 사람은 신문교우인데다 수도 서원[74] 전 매우 활동이 제한된 초기 양성기를 보내고 있었으며, 수녀원 담 안의 사람들이었으므로 외부적인 일은 전부 방순경 교장의 일이었다.

---

74) 초창기 회원들의 종신 서원은 1958년에 이루어졌다. 전쟁 때문에 2년 늦춰진 것이다.

본래 방 신부는 신학교와 수도자들을 위한 학교를 세우겠다고 수녀원 창설을 위한 교황청 인가 서류에 분명하게 명시하였다. 뿐만 아니라 한국 민족의 개화를 위한 교육에 깊은 열정을 가진 사람이었다. 누이 방순경 교장과 마뗄 윤병현은 교육자들이었으므로 이러한 점에서 방 신부와 깊은 공감을 형성할 수 있었을 것이다. 이러한 창립자들의 교육적 정신은 길이 보존되어야 할 필요가 있다.

우선 초창기를 회상해 본다. 그 숱한 어려움을 딛고 넘어서게 한 힘이 어디서 나왔을까를 더듬으면서 우선 하느님께 진정으로 감사드리고 창설 신부님의 가르치심을 떠올려 본다. 분명 창설 신부님의 굳건한 의지력과 그 분의 영성의 뒷받침이 아니었더라면 정말 힘들었을 것만 같았던 지난날의 시간들이다. 악도 선용하시는 전화위복의 길을 일러 주셨기에 끝없이 참을 수 있었고 감사할 수 있었고 기뻐할 수도 있었다. 창설 신부님께서는 또한 인내할 줄 아는 것을 가르치셨기에 인간적인 조급함 속에서도 하느님께 끝없이 신뢰하고 주실 때를 기다리면서 우러러 바라보는 그래서 무상(無償)으로 주실 때는 가슴 터지도록 행복감을 주님께 돌릴 줄 아는 끈기를 훈련시켜 주셨다. 오늘 새롭게 복자회 우리 집을 보면서 넘쳐흐르도록 주신 하느님의 무상의 은혜에 새삼 놀란다.

윤병현 수녀(1985). 순교의 맥, 제176호, p. 8.

무아 방유룡 신부는 회원들에게 윤병현 안드레아 수녀를 마뗄[75] 그리고 두 번째 수녀인 홍은순 라우렌시오 수녀를 뿌로 마뗄이라고 부르도록 하였다. 마뗄이란 어머니라는 라틴어이다. 마뗄 윤병현 수녀는 수녀회가 창설되기까지의 온갖 고난을 다 겪어 냈다. 마치 산모가 산고의 진통을 겪는 것처럼 말이다. 또한 갓 태어난 젖먹이 수녀회가 튼튼하게 성장하기까지 수녀들의 어머니가 되었다. 그녀는 독창성이 강하고 사람을 부드럽게 포섭하는 수용력이 있으며 천

성이 여자다우면서도 활동성이 넘치고 창의적이며 진취적이었다.

특히 방 신부의 큰 뜻인 '순교정신 함양'과 한국의 민족의 얼과 고유 전통 문화를 고양시키고 보존하는 데 열성을 다하였다. 무엇보다도 창설자 방 신부의 뜻에 철저히 따르고 그의 정신과 영성을 받들어 회원들이 창설자의 정신과 가르침을 이어 받도록 심혈을 기울였다.

무아 방유룡 신부는 우리는 한국 민족이며 또 한국 여성임을 역설하였기에 한국 민족의 전통, 역사, 문화를 배우고 익히며 보존하는 여성 교육에 역점을 두었다. 그리고 형제애를 강조하여 창립 기념행사, 각종 축일 기념행사, 어버이 날 행사 등 가족적인 사랑의 따뜻한 나눔의 잔치를 통하여 서로 형제애를 돈독히 하여 복자 가족의 유대를 강화하기를 원했다.

그리고 특기할 만한 것은 한국 가톨릭교회에서 처음으로 방 신부가 시작한 것 중의 하나인데, 그 당시 세례 받을 때는 외국의 성인 이름을 세례명으로 받는 것이 교회의 가르침이었는데, 그는 과감하게 그 시대에 아직 성인품에 오르지도 않은 우리 한국 순교 복자들의 이름으로 신자들에게 세례를 주었다. 예수님께서도 특수한 것을 구상하실 때에는 이름을 바꾸어 주셨음을 말하면서 수녀들도 순교자의 후손이고 순교자들을 현양하는 수도회이기에 한국 순교 복자들의 이름을 차례로 받게 하였다. 103위 순교 복자들이 성인품에 오른[76] 후로는 신자들이 세례를 받을 때 한국 성인의 이름을 받기 시작했다.

---

75) Mater, 라틴어로 어머니라는 뜻. 수녀원 원장을 부를 때 쓴다. Pro Mater는 부원장.

76) 1984년 5월 6일 교황 요한 바오로 2세에 의해 서울에서 성인품에 오름.

— 2. 순교자들 현양
教會史 연구. 순교者 유물과 사료 수집
— 3. 우리나라 민족 문화 발전에 공헌
동양的(토착化) 修道精神 함양
韓國 고유문화를 보존 연구하는데
공헌하며 토착화된 한국 기독교정신을
우리 민족에게 전함
(예): 각자의 소질과 취미, 능력에 따라
음악, 미술, 국문학, 간호학, 양재, 요리,
등 各部에서 연구시킴

— 4. 여성교육
⊙ 여성의 사명(聖母님의 생애를 모범)
⊙ 한국여성 교육의 美德을 개발
⊙ 방인 修女會의 사명교육

— 5. 관상부 (대월의 집)
完德의 絶頂 면형無我에 到達
하기 위하여는 대월생활의 훈련과
체험(잠심)이 절대 必要함
대월의 집은 잠심의 훈련, 체험소다
特히 현시대상으로 보아 참다운 대월
生活에서 올바른 使도직을 할수있다
⊙ 기도와 활동이 협조와 조화를 이룸
⊙ 창설자의 精神 연구 전달
⊙ 시대와 修道生活의 연구
⊙ 잠심의 훈련소, 영신휴양소, 치료소.
⊙ 명사들의 강론 전달
⊙ 영성에 관한 서적 번역

방 신부의 친필.

방 신부는 이렇게 회원들이 순교자들을 현양할 것과 순교정신으로 살 것을 가르쳤다. 이러한 방 신부의 중요한 가르침에 있어서 마뗄 윤병현 수녀는 혼신을 다하여 이를 온전하게 받들었던 것이다.

돌이켜 보건데 39년 전 1946년 4월 21일! 유서 깊은 고려의 서울 개성에서 파종(播種)기와 발아(發芽)기를 1950년 3월 9일 현 수도 서울에서 성장기와 개화기를 그리고 앞으로 끝없는 완숙기를 남겨 놓았다. 그동안 자갈돌 박힌 굳은 땅을 옥토로 만든 어려움, 비바람, 태풍, 폭우, 뇌성벽력 등 숱한 가시밭길은 걱정스럽기만 했다. 그러나 우리 집이 하느님의 집임을 창설자를 통해 믿었기에 참고 기다렸다. 그리고는 주님의 뜻에 맞는 열매되기 위해 열심히 기도하고 열심히 일했다. 오늘 문득 복스러운 어린이처럼 무럭무럭 커가는 복자회 우리 집을 보면서 하느님의 엄청나신 섭리에 새삼 놀란다. 우리 순교 선열들의 피의 값이리라. 103위 성인을 주심에 내 남은 일생을 통해 감사해도 못다 하리!

윤병현 수녀(1985). 순교의 맥, 제176호, p. 8.

마뗄 윤병현 수녀는 순교자 현양을 하는 데 있어서 말로만 전하는 것만으로는 부족하다고 생각하고 순교자들의 유품에 새겨 있는 신앙심과 순교 정신을 보고 배울 수 있도록 전하는 것이 최선의 방법이라고 생각해서 곧바로 유품을 수집하기 시작했다. 우선은 순교자들이 살았을 동네를 찾아 남봉리나 미리내 같은 곳에 회원들을 파견하고, 윤병현 수녀와, 홍은순 수녀도 직접 전국 방방곡곡을 찾아다녔다. 교통 사정이 좋지 않았던 당시에는 정말 어려운 일이 아닐 수 없었다. 1957년부터는 각 분원의 회원들에게 공문을 보내면서 유품 수집을 부탁하여 기도서, 공과책 등을 수집하였다.

그러다가 순교자들은 시골이나 도시에서 살면서 무엇을 가지고 생활했으며 그릇은 어떤 걸 썼고, 어떤 옷을 입었을까 하는 생각에

옷, 그릇, 장롱, 반짇고리, 인두, 다리미 등등 생활용품도 수집하게 되었다. 이렇게 천신만고로 수집된 순교자의 유품들과 민족의 얼을 고취시키고자 모은 한국 고유 민속품이 오늘날 부산 오륜대의 순교자 기념관과 박물관에 자랑스럽게 전시되어 있다. 윤병현 수녀는 순교 정신을 현양하기 위하여 국내에서도 여러 번 전시회를 성황리에 열었으며, 해외에 있는 신자들을 위해서도 일본과 미국에까지 귀중한 사료와 유물들을 비행기로 실어 나르면서까지 순교 정신의 함양과 현양에 헌신을 다했다.

마뗄께서는 이제 우리 신앙이 이렇게 자랐으니까 해외선교를 해야 된다고 특히 복자회에서 해외로 선교를 가고 또 다른 나라에 우리 한국순교자들을 알리고 또 현양해야 된다고 말씀하셔요. 그래서 지난번에 일본에 성체찬양회와 함께 가서 국악으로 성가를 부르고 성화, 순교자 유물, 서적 같은 독특한 물품만 가지고 가서 전시회를 했어요. 그리고 미국 시카고 그리고 독일에 가서 전시회를 할 계획을 가지고 있어요. 우리가 볼 때 마뗄은 정말 끔찍스러운 일만 하시려고 그래서 일본에 전시회를 하러 갈 때도 몇 달 동안 얼마나 고생을 했는지 몰라요. 해외에 나가서 전시회를 하려면 소장품들을 포장하고, 묶고, 옮기고, 관리, 보관, 운반 문제에서부터 어려운데 게다가 전시할 유물들에 대한 설명도 다 그 나라 말로 번역해야 하잖아요?

홍은순(1993). 순교의 맥, 제189호, p. 22.

이처럼 마뗄 윤병현 수녀는 창설 협조자로서 확고한 정체성을 가지고 수녀들의 삶의 터전과 수도 생활의 기틀을 하나하나 다져 나갔다. 방 신부는 아직도 본당에 매여 있을 때, 수녀회의 모든 생활상의 일들은 전적으로 윤병현 수녀의 몫이었고 여성으로서 해 나가야 하는 일들을 책임성 있게 꾸려 나가고 지도하며 수녀를 교육 양성하는 일, 순교자 현양과 순교 정신의 함양을 위해 온 힘을 기울

였다. 윤병현 수녀는 수녀들이 아주 조그마한 소질이나 재능의 싹이라도 보이면 너무나 적극적으로 그것을 발굴하고 키우고자 애를 썼다. 수녀들의 한 명 한 명 개인적 소양과 소질, 재능을 가꾸어 주었기에 그만큼 복자수녀회는 풍성해졌던 것이다. 이 점은 방 신부가 창설 이념에서 강조한 정신이기도 하다.

수녀회의 첫 번째 지도자로서의 이러한 모습은 참으로 존경받을 만한 일이며 참다운 교육자의 모습을 인격의 깊이에서부터 가지고 있었다. 마뗄 윤병현 수녀가 원장으로 있을 때, 경제적으로 가장 어려웠던 시기이지만 가장 많은 회원을 양성하였다. 물론 방순경 여사의 전적인 도움이 있었지만 이러한 회원의 양성은 의식의 문제이지 경제적인 여건이 제일 중요한 관건이 될 수는 없다. 이러한 면에서 무아 방유룡 신부는 "먼저 하느님의 의덕만을 구하라."라는 말을 그야말로 녹음기처럼 마뗄과 윤병현 수녀와 뿌로 마뗄 홍은순 수녀에게 반복하였다. 윤 수녀는 충실하게 그대로 이 정신을 이어받아 신앙하며 수녀원의 모든 경제적 문제를 해결하게 되었다. 이리하여 윤병현 수녀는 은퇴하여 부산 오륜대의 불모지와 같은 땅을 일구어 훌륭한 순교자 기념관과 박물관 그리고 성지로 개발할 수 있었던 것이다. 이들은 방 신부의 신앙과 신념인 먼저 하느님의 의덕을 믿고 기도하고 따르면 안 되는 일이 없다는 것을 실제로 후배 수녀들에게 그리고 한국 교회에 보여 준 산 증인들이다.

또한 윤병현 수녀는 방 신부의 뜻에 따라 한국의 고유문화를 보존하는 일에도 심혈을 기울였다. 일제 강점기를 혹독하게 경험한 그녀였고 남달리 한국 문화에 큰 감각과 관심과 창의력을 갖고 있었기에 수녀로서 할 수 있는 모든 것을 하였다. 다도(茶道)회를 설립하여 수녀들과 신자들에게 가르쳤고, '성체 현양회'라는 국악 성

가대를 조직하여 신앙을 고취시키고, 한국 고유 전통 문화 발전에 기여하였으며 이들도 역시 해외 연주 여행을 함으로써 순교 정신과 문화 선교에 기여하여 왔다.

이러한 의식은 무아 방 신부의 문화 선교 의식의 맥을 이어받는 것이었다. 또한 홍은순 수녀는 "마뗄께서는 우리 수녀회에 문학을 전문으로 하는 연구소, 음악 연구소, 교회사 연구소, 역사 연구소, 음식 연구소 등 각 분야를 전문으로 공부한 수녀들이 전문 서적들이나 자료들을 수집해서 각계각층의 사람들이 필요로 할 때 도와줄 수 있는 그런 전문적인 연구소들이 있어야 된다는 생각을 하고 계시지요."라고 말했듯이 오륜대에 많은 전문 연구소들을 두고자 하였다. 이러한 생각은 무아 방유룡 신부의 원대한 비전이며 숙원이었던 것이다.

그런 생각은 창설 신부님께서 일찍이 하셨고 또 우리들에게 말씀하신 일이에요. 누구든지 자료가 필요하면 "복자회에 가 보라. 거기 연구하는 수녀가 있으니……" 이럴 정도가 되었으면 좋겠다는 말씀을 하셨어요. 저도 하루빨리 우리 회가 창설 신부님께서 말씀하신 것처럼 꼭 그렇게 됐으면 좋겠어요. 그래서 빨리 오륜대에 순교자 연구에 필요한 전문 연구소, 도서관을 세우고 또 하나 이미 시작한 순교자 해외 현양 사업도 활발히 진행되어야 할 텐데 하는 생각을 끊임없이 하고 있지요. 마뗄 윤병현 수녀(1993). 순교의 맥, 제189호, p. 22.

뿐만 아니라 수녀원 창립 이래 수녀회도 마뗄 윤병현 수녀 시대가 가장 문화적으로 풍성하고 왕성한 활동을 벌였다. 마뗄의 시대에는 9월 순교자성월에는 수녀들이 순교극殉敎劇을 만들어 서강대학교와 성심여대 등 여기저기 다니며 연극을 공연하여 순교자 현양과 문화 선교에 앞장을 섰다. 그녀는 수녀들의 문화적 활동에도 적극적이었으며 아낌없는 후원을 해 주었다.

윤병현 수녀의 문화에 대한 사랑은 수녀들의 수도 생활도 풍성하게 했는데 대축일이나 경축일은 그냥 넘어가지 않고 연극이나 창조적인 퍼포먼스나 춤, 노래나 놀이가 반드시 따랐고, 준비할 시간이 없으면 즉석에서 깜짝 이벤트가 벌어지기 일쑤였다. 그래서 수녀원 분위기는 에너지가 넘쳤고, 웃음꽃이 만발하였다. 처음에는 너무 잦은 연극 행사에 귀찮을 때도 있었으나 이런 일들이 정신 건강에 얼마나 큰 도움이 되었는가를 나중에 예술 심리 치료를 공부하고 나서 더 깊이 깨닫게 되었다.

복자회 창설자들은 예술성이 풍부했고 문화 사랑이 대단했던 사람들이었다. 방 신부는 음악, 노래와 영가로 전례음악에 공헌을 남겼고 문화 선교에 선구적 역할을 하는가 하면 손재주가 뛰어났다. 누이 방순경 여사는 음악을 사랑하여 취미로 바이올린을 배웠고, 성악에 뛰어났으며 교장으로서 학생들의 일인일기一人一技를 강력하게 추진하여 공부 이외에 반드시 한 가지씩 자신의 재능을 키우도록 교육하였다. 학교에는 늘 훌륭한 그림이나 조각품들을 설치하였으며, 해방 후 한국에 고전 무용을 전파하고 하여 대통령상까지 받았다.

윤병현 수녀는 가정과 출신이다. 그녀는 방 신부를 도와 해방 이후 교육의 혜택이 없는 곳과 한국전쟁 피난살이 중에도 젊은 여성들을 모아 양재 학원을 설립 운영하였다. 이곳에서 민족의식의 고취와 계몽 교육, 인성, 신앙 교육 등을 함께 하였다. 윤병현 수녀는 창의성이 뛰어나 '아이디어 뱅크'라는 별명까지 얻었다. 수도자들의 생활을 문화적으로 고양시키고 문화 선교에 심혈을 기울였다. 이런 창설자들의 선구적이며, 창조적 예술성, 문화사랑 정신은 앞으로의 시대에 길이길이 이어져야 할 것이다. 하느님으로부터 받

은 창조성을 찬미와 감사의 창조적 표현으로 승화해 내는 것이 수도자들의 사는 보람이며 기쁨이 아닌가?

> 사랑하는 우리 한국순교복자수녀회 수녀님들! 예수 그리스도께서 우리에게 주신 우리들의 사명 '순교 정신으로 복음화'에 창설자의 말씀 따라 '성의 노력'을 다해 매진합시다. '순교 정신으로 복음 전파'에 있어 우리는 또 다시 한 번 새롭게 결심해야 할 목표가 있습니다. 개척 정신으로 극복의 삶을 사십시다. 의욕적이고 젊은 삶을 사십시다. 창의적인 삶을 사십시다. 한국인 수도자로써 사명감과 긍지를 갖고 사십시다. 우리들은 아름다운 금수강산 대한민국의 한국사람, 한국 여성, 한국인 수녀로써 하느님께 받은 사명을 다하도록 '면형무아'[77] 의 삶을 봉헌하십시다. 윤병현 수녀(1991). 순교의 맥, 제186호, p. 8.

한국순교복자회 창설 45주년을 맞이하며 마뗄 윤병현 수녀가 수녀들에게 쓴 글을 보면, 그녀가 얼마나 창설자 무아 방유룡 안드레아 신부의 정신을 받들고 실현하도록 수녀들에게 가르침을 주고 있는가를 알 수 있다. 또한 그녀가 자신의 삶의 모습으로 보여 주었던 중요한 가치들을 표현하고 있는 것을 선명하게 알 수 있다.

그러나 윤병현 수녀가 방 신부를 온전하게 다 이해했던 것은 아니다. 그녀는 창설자 방유룡 신부의 정신에 따라 살고 가르치려고 부단히 노력했다. 그러나 실제로 방 신부의 영적 세계와 면형무아에 대한 가르침을 온전히 이해할 수 없었다고 스스로도 말하고 있다. 윤병현 수녀는 신문교우인데다,[78] 상당히 사업적 기질과 외적 활동을 활발하게 하는 성격이었다.

---

77) 麵形無我. 무아 방유룡 신부가 가르친 수도(修道)의 목표.

78) 무아 방유룡 신부가 1930년대 해주에 있을 때 윤병현에게 세례를 줌. 부모가 천주교 교우였던 것은 아니다.

상대적으로 관상생활과 내면으로만 철저하게 파고드는 방 신부를 한편으로는 부족하고 무능한 사람으로 여겼었다는 것이 자료에 나타난다. 그러나 방 신부가 타계한 이후에 윤병현 수녀가 쓴 글들을 보면 점점 방 신부에 대한 이해가 깊어졌다는 것을 알 수 있다.

마뗄은 현재 90세를 바라보지만 항상 말씀하신 바와 같이 젊음의 기상으로 아모레를 반복하시며 아이디어 뱅크라는 별명이 부끄럽지 않을 만치 새로운 생각이 무진장 쏟아져 나오며 지금도 행사가 있을 때는 젊은이 못지않게 선두에서 총지휘하시고 우리가 지켜볼 때 걸작이로다 할 만큼 창작품이 산출된다. 말씀이 계실 때 당장에는 머뭇거리게 되다가도 지내놓고 보면 잘했다 하였던 사연들이 얼마나 많았든지. 나는 자매들에게 말씀대로 따르자 반드시 그대로 될 것이라고 말할 때도 많았다. 마뗄 의견은 항상 맞았기 때문이다. 마뗄께서는 주저하거나 머뭇거림이 없이 전진하는 분이시다. 아주 당당하게! 나는 창설자라서 저러시지 하고 지금도 느낀다. 나는 그림자, 그분이 안 계시면 맥 빠진 존재다. 내가 생각해서 한 일은 일생동안 없었으니까. 창설 신부님과 똑같이 돈에 대해 모르시는 분, 그러면서도 지금까지 해 온 모든 사업, 행사가 모두 마뗄께서 생각해 내시고 시작하신 것이다. 현재 기도 할머니라고도 하지요. 모두 마뗄께 기도를 부탁하게 되고 또 그대로 이루어지는 것도 사실이니까요. 마뗄께서 일생 가르치신 말씀은 따로 기록이 되겠기에 여기서는 생략한다.

홍은순 수녀(2002).

마뗄 윤병현 수녀는 2003년 6월 29일 선종했다. 그는 개화기에 교육자로서 한국 '가톨릭 여성 교육의 선구자'로서의 삶을 조용히 마감했다(한겨레, 동아일보, 가톨릭신문, 평화신문 2003년 7월 3일, 6일자 참조). 1946년 무아 방유룡 신부가 방인 수도회인 한국순교복자수녀회를 창설하는 것을 도왔고, 초대 원장으로 부임하여 서울 청파동에 머물다가, 1974년 후임자에게 물려주고 부산 오륜대에 내려가 방 신부의 뜻을 따라 한국 전통 문화 보전과 순교자 현양 사업에 전념하였다. 창설 협조자로서, 늘 기도하는 수도자로서, 지도자로서, 여성 교육가로서, 개척자로서, 어머니로서의 삶을 다함없는 열정으로 남김없이 불태운 후 하늘에 올랐다.

수녀회의 두 번째 지원자였던 뿌로 마뗄 홍은순 라우렌시오 수녀는 1921년에 독실한 개신교 목사의 딸로 출생하였다. 1944년 9월 4일 방 신부와 첫 대면을 하게 된다. 그녀는 신학교를 졸업한 후 개성 감리교회 전도사 역할에 열을 올리고 있었다. 어느 날 친구를 만나러 두툼한 성경책을 끼고 고故 박성종 신부[79]의 안내로 성당에 오게 된 것이 우연한 인연이 되어 방 신부와 첫 대면을 한 것이다.[80] 그로부터 방 신부에게 수차례 가톨릭에 대한 교의를 배운 그녀는 드디어 1945년 3월에 개종하여 방 신부에게 세례를 받게 되었다. 이로 인하여 독실한 개신교인 부모와는 생이별을 할 수밖에 없었다. 그녀는 집을 나와 방 신부가 교장으로 있으며 개성 동흥동 성당에서 운영하는 육영 학교 교사를 하게 된다. 이 학교는 가난한 학생들을 위한 학교였다.

이때 같은 선배 교사인 윤병현은 방 신부가 10여 년 동안 수녀회를 창설할 준비를 해 오고 있다는 것과 수녀가 되지 않겠냐는 제안을 한다. 홍은순은 개신교에 있을 때부터 수녀 생활 같은 것을 갈망해 왔기에 기쁨으로 이에 응답을 하였던 것이다. 이는 그녀의 삶에 대단한 변혁이 일어난 것이다.

---

79) 이 당시 개신교 청년이었다. 방 신부에 의해 감화를 받았으며 그로 인해 전 가족이 다 가톨릭으로 개종함. 나중에 방 신부에 의해 프랑스에 있는 신학교에 입학을 해서 거기서 사제가 됨.

80) 순교의 맥(1986). 제178호. p. 31.

개신교 목사의 딸로서 개종 자체가 어려운 결정이었으며 가족과는 교류를 끊게 되는 아픔도 함께 받아들인 대전환이었다.

홍은순은 세례 받은 지 1년도 채 안 되어 수녀회에 입회하게 되었고 수녀회 창설하는 날 윤병현 자매와 나란히 역사적인 순간을 맞이한다. 그리하여 수녀회 초창기의 희로애락을 함께 겪으며 윤병현 수녀를 충실하게 보필하였다. 윤 수녀가 원장 직을 사임하고 부산 오륜대로 내려갈 때에 방 신부가 둘이 떨어져서는 절대 안 된다는 뜻을 밝히므로 원장직을 이어 받지 못하고 윤병현 수녀와 함께 부산으로 내려갔다.

또한 방 신부의 강론을 20여 년 동안 받아 기록하였을 뿐만 아니라 수녀원의 창설 초기의 삶과 오륜대 기념관과 박물관 그리고 성지 개발에 관한 기록들을 남기고 보존하여 후배 수녀들이 방유룡 신부의 정신을 이어가도록 하는 데에 기여를 하였다.

오늘날 한국순교복자수녀회가 이처럼 성장한 데에는 윤병현 수녀와 홍은순 수녀가 바늘과 실처럼 움직여 방 신부의 창설 이념인 '형제애로 복음 전파'를 모범으로 보여 준 덕도 있을 것이다. 뽀로마뗄 홍은순 수녀는 마뗄 윤병현 수녀의 든든한 지지자로서 오른팔 왼팔 역할을 충직히 해 줌으로써 윤병현 수녀가 자신의 기량과 역량을 소신껏 펼칠 수 있도록 헌신적으로 도와주었던 것이다.

이렇게 수녀회의 첫 계승자인 윤병현 수녀는 무아 방유룡 신부가 처음부터 지도하여 직접 세례까지 주었고 10년이라는 긴 세월을 양성하였던 것이다.

방 신부는 그녀를 영적으로 강한 지도자로 양성한 것이다. 과연 위대한 인물은 훌륭한 지도자를 키운다더니 방 신부에게 꼭 맞는 말이다.

홍은순을 개신교로부터 개종시켜서 윤병현 수녀를 보필할 인물까지 마련해 주었던 것이다. 방 신부는 누이 방순경 여사가 평생 훌륭한 동반과 보필을 해 주었듯이 마떼 윤병현은 평생 뿌로 마떼의 보필을 받으며 수녀회의 기틀을 다졌다. 과연 복자수녀회 창설의 주역들은 방 신부가 부르짖었던 '형제애'를 실제로 살아 내고 보여 주었다.

한국전쟁과 피난 생활

방 신부가 해방의 큰 기쁨 속에서 시작한 수도회는 다시 전쟁의 포화 속에서 존립의 위기를 맞이하게 된다. 한국은 이미 해방되기 전에 얄타 협정[81]으로 북쪽 지역은 러시아 공산군의 지배를 받게 되어 있었다. 일제가 물러가기 전에 이미 공산군은 북쪽을 지배하고 있었다. 시대의 먹구름은 점점 더 거세게 몰려오고 드디어 광폭한 마魔가 한반도를 휩쓸기 시작했던 것이다. 피난 시절의 이야기는 윤병현 수녀와 홍은순 수녀가 다행히 기록들을 남겼기에 그 기록물들을 참조했다.

방 신부는 입회자들을 자신이 머물고 있는 개성 동흥동 성당 사택에서 거주하도록 하였다. 그들은 방 신부를 도와 육영 학교, 장미 고등 양재 학원, 야학 등을 운영하였다. 이는 수녀원 경제를 해결하는 동시에 본당 발전에 큰 도움이 되었던 것이다. 이들은 드디어 1949년 6월 26일 개성 자남동에 웅장하고 아름다운 수녀원을 마련하여 이사를 했다. 방 신부와 지원자들은 큰 기쁨을 맛보았다.

---

81) 제2차 세계대전 종반에 소련 흑해 연안의 얄타에서 미국 · 영국 · 소련의 수뇌들이 모여 독일의 패전과 그 관리에 대하여 의견을 나눈 회담(1945. 2. 4~11).

누구의 도움도 없이 3년 만에 멋있는 수녀원을 마련하였던 것이다. 그러나 기쁨도 잠시 인민군의 포화는 심해졌다. 방 신부는 이런 상황에서 여러 가지 이유로 수도회를 서울로 옮기고 싶어 하였다. 이 뜻을 도와 동창 윤형중 신부는 노기남 주교에게 간하여 방 신부와 수녀회가 서울로 오도록 배려하였다(윤형중, 1972, p. 9). 다행히 자남동 수녀원은 쉽게 팔렸다. 드디어 1950년 3월 14일에 현재 복자수녀회 총원이 있는 청파동으로 이사를 감행하게 된다.

1950년 5월 1일 방 신부는 서울 종로구에 있는 가회동 성당으로 이동되었다. 회원들이 청파동에 이사 온 지 약 3달 만에 한국전쟁이 발발하였고 이들은 청파동 수녀원 지하에 숨어 지냈다. 그러다 잠시 효창공원으로 피신했던 사이에 새로 구입한 청파동의 아름다운 수녀원은 폭격을 맞아 파괴되었다. 진정 회원들이 없는 사이에 폭격을 맞았으니! 이들은 하느님의 손길 속에서 목숨을 건질 수 있었던 것이다. 수녀들은 방 신부의 누이 방순경 교장 사택으로 피신하였다가, 방 신부가 있는 가회동 성당으로 모였다.

한국전쟁이 터지자 방 신부에게는 회원들의 안전과 피난과 규합이 큰 문제로 대두되었던 것이다. 회원들은 가회동 성당 지하에 모였다 흩어지는 것을 반복할 수밖에 도리가 없었다. 그러던 중에 가회동 성당 지하에 있던 윤병현과 홍은순 그리고 윤병현의 대모이자 방 신부의 형수인 이 루시아 회장이 인민군에게 붙잡혀 조병옥 박사 작은 마나님 집으로 끌려가 갇혀 있었다. 이들은 이 루시아 회장의 꾀로 극적인 탈출을 시도하여 구사일생으로 살아남게 되었다. 이처럼 이들은 그야말로 하루하루를 생명의 위태함 속에서 살았다.

방 신부는 다른 회원들은 분산시키고 7월 27일 방 신부와 형수 루

시아 회장은 부부로 가장하고 회원 둘은 방 신부를 삼촌으로 꾸미고는 경기도 평택군 회화리 시골로 피난길을 떠났다. 방 신부는 그 와중에도 복자수녀회 간판을 가슴에 품고 3일을 걸어 도착하였다.

그 집은 큰 집으로 전에 국군들의 집이었다. 이곳에서 방 신부는 미국 비행기만 나타나면 하늘에 묵주를 높이 들고 성호를 긋고 큰 소리로 기도하곤 하였다. 윤병현과 홍은순 그리고 루시아 회장은 낮에는 동원되어 길가에 호미도 없이 풀을 뜯어야 했다. 그런데 매일 밤마다 자위대원이 와서 방 신부를 끌어내어 요란한 심문과 질책을 쏟는 상황이 왔다. 이들은 낮에 서로 말을 꾸미고 방 신부가 할 대답을 교육시키곤 하였다. 그러나 아무리 위장하려 해도 방 신부의 고상한 말씨 때문에 자위대원들은 방 신부에게 직업이 도대체 무엇이냐고 소리치며 의심하기 시작했다.

통영 충렬사에서
1951. 9. 26.
6.25 피난시절 통영 분원을 방문한 방 신부와 대구 서씨댁 가족.

그러자 방 신부는 슬그머니 사라져 버렸다. 아마도 만약을 위해 말없이 떠났던 것 같다. 어디로 간다고 목적지를 밝히면 나중에 남은 세 사람이 더욱 고통을 당할 수 있기 때문이었으리라. 이때 방 신부의 조카며느리의 증언에 의하면 방 신부는 새우젓 장사로 가장하였다. 그는 새우젓을 팔며 서울로 숨어 들어와 궁금한 사람들을 만났고 교우 집을 찾아다니며 지냈다고 한다. 방 신부는 새우젓 장사를 하는 데도 역시 그 말씨와 용모가 완벽하게 위장되지 않고 어설퍼서 아는 사람들의 간담을 서늘하게 하였다. 주변 사람들은 방 신부에게 새우젓 장사를 하는 것이 숨어 지내는 것보다 오히려 더 위험하다 하여 장사를 적극 만류할 수밖에 없었다고 한다.

이런 위기 상황에서 용감무쌍하게 환경에 적응하는 모습은 무능無能과는 거리가 먼 모습 중의 하나다. 위신도 체면도 집어 던지고 적극적으로 대처해 나가는, 민첩한 적응력을 발휘하는 이런 모습은 방 신부의 조부가 박해 시대에 박해를 피해 거지 행세를 하며 아이를 안고 밥을 얻어먹고 다니던 모습과 비슷한 모습이다. 할아버지의 기상이 방 신부에게도 흐르는 것이리라.

평택 회화리에 남아 있던 세 여인들은 국군이 들어오니 태극기를 만들어 달라는 동리 사람들의 요청으로 밤마다 기쁨에 차서 태극기를 열심히 그렸다. 그러나 사태는 또 다시 공산군 세상이 되었다. 태극기 문제로 불안하여진 이들은 다시 방 신부를 찾아 서울을 향해 걸었다. 머리에 식량을 이고 논두렁 밭두렁을 수도 없이 넘어지며 지나갔다. 가는 곳마다 전쟁이 쓸고 간 폐허뿐이었다. 서울은 고통에 짓눌린 사람들의 무리와 시가지는 거의 다 파괴되었고, 한강교는 끊어졌으며 거리마다 시체가 즐비하였다. 그들은 가회동 성당으로 다시 찾아갔는데 거기서 방 신부와 헤어졌던 2명의 다른 회원들과 기쁜 상봉을 하였다.

방 신부는 가회동 성당에서 11월 4일 회원들을 모아 다시 공동생활을 하도록 하였다. 이렇게 방 신부는 가회동 성당에서 전부 7개월을 살았다. 1950년 12월 9일 서울 동대문구 제기동 성당으로 다시 발령이 났다. 방 신부는 또다시 회원들을 제기동 성당으로 옮겨오도록 하였다. 그러자 인민군이 다시 침입한다는 소식에 방 신부는 피난을 결심하였다.

누이 방순경 여사의 도움을 받아 12월 17일 회원들을 먼저 대구에 사는 갑부 서정호 씨 집, 서공석 신부의 조부모 집으로 피난시켰다. 방 신부는 본당을 혼자 지키다가 노기남 주교의 명령에 의해 12월 25일 성탄 미사를 마지막으로 하고, 26일 대구로 피난을 내려가 회원들과 합류하여 눈물 어린 상봉을 할 수 있었다. 이들은 사과 상자에 종이를 깔고 깡통 등으로 피난 살림을 시작할 수 있었다. 여기서 한 달 동안 머물다가 다시 더 안전한 부산의 서정호 씨의 형님 댁으로 가서 피난 살림이지만 정착을 하게 된다.

조그만 바깥채를 얻어 동창 윤형중 신부와 방 신부, 누이 방순경 여사 그리고 회원들 6명은 더 이상 포화 소리를 듣지 않으며 오랜만에 평화롭게 지내게 되었다. 일제 강점기에 방 신부는 위험을 무릅쓰고 선견지명으로 영어를 열심히 배웠다. 조선 시대에 최초의 영어 학교를 나온 부친의 영향이었는지 방 신부는 영어에 대한 애착이 있었다. 그는 유창한 영어 실력으로 김해와 구포 지역에 있는 미군 부대에 가서 미사를 드려 주고 회원들은 따라가 라틴어 창미사곡을 노래했다. 이는 살림에 큰 보탬이 되었다. 그들은 역시 생활 수단으로 재봉 일을 시작하였다. 방 신부와 윤형중 신부도 적극 바느질에 동참하였으니 재미도 있었고 든든했다. 두 신부를 모시

고 오붓하게, 오히려 피난 생활답지 않게 편안하고 넉넉한 생활이었다고 말할 정도로 살았다. 너무나도 오랫동안 전쟁의 포화 속에서, 두려움에 떨며 근근이 살아 온 이들에게는 참으로 오래간만에 피난지에서나마 평화를 맛보았던 것이다.

창설 인가의 감격과 초기 회원들의 시련

방 신부는 피난지에서 회원들과 오붓하게 살고 있는데, 통영 성당에서 수녀들을 파견해 줄 것을 요청받았다. 방 신부는 윤병현 자매와 일부 회원들을 통영 성당에 파견하였다. 방 신부가 수녀원을 창설한 이래 회원들을 첫 번째로 파견하게 된 역사적 사건인데, 피난살이 중에 일어났던 것이다. 이들은 그곳에서 양재 학원과 유치원 등을 시작했다.

방 신부는 1951년 여름에 다시 제기동으로 돌아왔으나, 오직 피난하지 못한 20여 명의 신자들과 미사만 하였다. 그는 피난 생활을 하는 회원들을 다시 서울로 불러들였다. 전쟁 중에도 회원은 늘어나 제기동 본당 사택에 12명을 거주시켰다. 전후戰後라 성당의 사목 활동이 미비할 수밖에 없는 틈을 타, 그동안 중단되었던 수도자들을 양성 교육하는 데 몰두하기 시작하였다. 방 신부는 처음에 회원을 많이 모집하고 튼튼한 기반을 세울 때까지는 정식 수녀회 인가를 받지 않으리라고 미루어 왔다. 그러나 회원들의 요청으로 인가 요청을 서둘렀다. 1951년 12월 12일 드디어 꿈에도 그리던 한국순교복자수녀회 창설에 대한 정식 인가를 로마 교황청으로부터 받았다. 방 신부와 회원들의 감격과 기쁨은 말로 표현하기 어려웠을 것이다. 방 신부는 통영에 있는 윤병현 수녀에게 즉시 이 소식

을 전보로 알렸다. 교황청 인가로 인해 수도회의 존립에 대해 불안해했던 회원들은 안심하게 되었고 사기는 더욱 높아졌다. 이는 전쟁 동안 용케 살아남은 회원들과 수도 공동체에 큰 희망의 메시지가 되었던 것이다.

무아 방유룡 신부는 부산에서 회원과 7~8개월 피난살이를 하다가 1951년 여름에 먼저 제기동 본당으로 귀환하였다. 회원들은 그해 가을에 올라온 것으로 보인다. 이들은 성당의 조그만 초가집의 좁은 공간에서 무척 고생하며 있을 수밖에 없었다.

방 신부는 교황청 인가를 받고 1952년 12월 3일, 7명의 자매들을 정식으로 법정 수련자로 받아들이는 대착복식을 노 주교의 참석하에 성대하게 거행한다. 보통 주교는 수녀가 된 후 10년 만에 하는 종신 서원식이나 참석을 하고 대착복 때는 참여하지 않는 것이 보통이다. 그러나 워낙에 어려운 때에 설립을 했으며, 전쟁으로 인한 지연과 수난도 많이 겪었기에 기적처럼 느껴질 수밖에 없는 행사라 주교를 초청했던 것 같다.

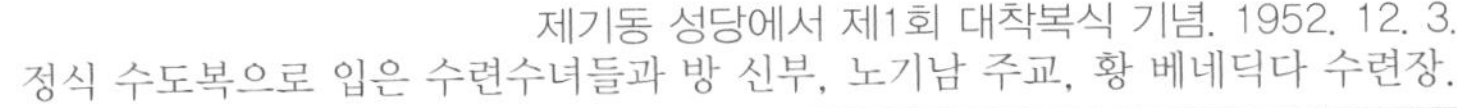

제기동 성당에서 제1회 대착복식 기념. 1952. 12. 3.
정식 수도복으로 입은 수련수녀들과 방 신부, 노기남 주교, 황 베네딕다 수련장.

이 첫 번째 착복식은 마치 지금의 종신 서원을 하는 것과 같이 성대했다. 주교를 초청한 것뿐만 아니라 피정을 하고, 외부 인사들에게 초청장을 내고, 잔치 음식을 준비하며 성가 연습 등을 했다. 요즈음 착복식은 외부 손님들을 전혀 초대하지 않는데 말이다. 방 신부는 너무 기뻐서 아마도 큰 잔치를 벌이고 싶었을 것이다.

이 예식에서 수녀 7명은 세속 복장을 상징하는 뜻으로 순수 한국식 전통 궁중 한복을 화려하게 차려 입은 다음, 세속을 떠난다는 의미로 그 옷을 벗어 버리고, 정식 검정 수도복으로 갈아입는 예식을 한 후 법정 수련기를 시작하게 되는 것이다. 이 예식에서 아주 독특한 한국식 전통 옷을 입게 했다는 것부터가 기존 수녀회들의 착복식 예식과 선명하게 구별되는 것이다. 그야말로 '한국적 방인 수녀회'의 특색을 보여 주는 예식이었다. 물론 수녀들의 노래도 전부 방 신부가 작곡한 곡이니, 한국적일 수밖에 없었다.

방 신부는 살트르 성 바오로 수녀회 소속 황 베네딕다 원장 수녀에게 수련자들을 지도해 주도록 부탁했으며, 베네딕다 수녀는 오직 수련학만 가르치게 하고 나머지는 당신이 직접 지도하였다. 그리고 마침내 1953년 9월 8일 한국전쟁 때 포격당한 수녀원 집수리가 끝나자 수련자들은 오랜 유랑 생활을 뒤로 하고 그리운 청파동 수녀원으로 귀환하여 정착하게 되었다.

6.25 직후 창설 신부님과 함께 어려운 생활을 하던 나와 뽀로 마뗄은 여러 신부님들로부터 유혹의 말씀을 많이 들었습니다. 미국에서 문학 박사 학위를 받고 귀국하셔서 우리들에게 많은 도움을 주셨던 윤을수 신부님, 수도회 창설을 무척 원하셨던 그분 덕분에 우리는 개성에서 지금 청파동 본원 자리로 옮겨 올 수 있었고 또 그 신부님은 뽀로 마뗄과 나를 차에 태워 다니면서 수녀원 자리를 보러 다니기도 했어요. 그때마다 윤 신부님은 '방 신부님은 생활

능력이 전무(全無)하니 빨리 다른 신부를 찾아 수녀회를 발전시키는 것이 좋을 것'이라는 말씀을 자주하셨습니다. …… 사실 노 주교님께서도 정 말구 신부님을 우리 수녀회에 보내 주실까 의견을 주신 적도 있으셨고, 또 정 신부님께서도 교구 수녀회로 해 주겠다는 제의를 해 오기도 했어요. 창설 신부님께서는 본당 사목을 하고 계셨기 때문에 우리는 신부님께 가깝게 지도받을 수 없는 상황이었지요. 그런 기회를 통해서 다른 신부님들은 계속 우리에게 접근해 오셨고 지금도 살아 계신 창설 신부님의 동기 신부님께서는 우리 보고 "늙은 호박 되려고 여기서 이렇게 우물쭈물하고 있느냐? 빨리 갈 길을 찾으라."고 충고하셨어요. 우리 창설 신부님은 무능하고 돈도 벌 줄 모르고 공부도 많이 안 했기 때문이라는 것이 그 이유였지요. …… 능력 있는 많은 신부님들은 계속해서 우리에게 무능력한 방 신부님을 떠날 것을 충고해 오셨지요. …… 어느 날 윤을수 신부님께서 우리들에게 '방 신부님은 창설자로 모셔두고 수녀원 진전은 나와 함께 하자.'는 제의를 해 오셨어요. 그 말씀을 듣고 갈등을 느낀 나와 뿌로 마뗄은 창설 신부님을 찾아가 그런 말씀을 드리니 신부님께서는 아무 말씀도 안 하시고 계시다가 "그러지!" 하고 대답하셨어요. 그러나 다음날 아침에 우리를 다시 부르셔서 "안 된다!"는 말씀을 하시더군요. 혼란한 마음이 된 우리들은 윤형중 신부님을 찾아뵈었어요. 우리 이야기를 들으신 윤형중 신부님께서는 "절대로 방 신부님을 떠나지 마시오! 하느님의 일은 '정신'이 있는 사람만이 이룰 수 있습니다. 다른 능력 있는 신부들은 그 '정신'이 없습니다."라고 말씀하시며 우리에게 힘과 용기를 주셨지요.

윤병현 수녀(1992). 순교의 맥, 제188호, p. 80.

윤병현 수녀의 글을 통해 알 수 있는 것은 주변의 신부들이 방 신부를 바라보는 눈이 얼마나 편파적이었는가이다. 갓 태어난 한국인 수녀회에 도움을 주지는 못할지언정 방 신부의 입장에서 볼 때 수녀들을 빼앗아가거나 수녀원 성장을 방해하고 와해시키는 행동을 한 것이다.

윤병현과 홍은순은 계속적으로 유능한 신부들로부터 방 신부를 떠나라는 제안을 받았다고 하는데, 이들도 잠시 마음이 흔들렸던 것은 사실이다.

방 신부는 일체 외부적 일을 자제하고 관상 생활에 몰두하며 영가를 쓰거나 작곡을 하며 지냈으며, 아무것도 걱정하지 않고 하느님께 의탁하면 다 주신다고 하는 굳은 태도로 일관했기 때문이다. 믿음이 부족한 이들에게는 이해가 안 될 수도 있는 것이다.

신부님께서는 우리 수녀들에게 우리들이 종신 서원할 때쯤이면 수녀원도 크게 짓고 독방도 마련해 주신다고 하시면서 그때를 기다리라면서 아주 자신있어 하시곤 했다. 정말 그 예언이 다 들어맞았다.

김순옥 수녀(1999). 순교의 맥, 제195호, p. 83.

한국전쟁 때 피난살이를 오히려 별 어려움 없이 지내고, 제기동 성당 사택으로 돌아온 회원들은 잠시 비좁은 집에서 경제적 어려움을 겪고 있었다. 이때는 사실 한국 사회 모두가 먹고 살기 어려운 때였다. 초창기 수련자들은 잠시 방 신부에 대해 의심하는 어려움이 생겼던 것이다. 이들은 피난살이에서 올라와 경제를 해결하기 위해 노동을 많이 했다. 그 사이에 유능한 신부들의 제안들이 들어왔던 것이다.

수녀 신부들이 쓰는 '유능'이라는 단어가 너무나 성직자에게 안 어울리는 말이지만, 그들이 유능하다면 경제적으로 보태어 이미 창설한 수도회가 무너지지 않도록 해야 올바른 행동이 아니었겠는가? 더군다나 자랑스럽게도 한국 사람이 최초의 순수 한국 수도회를 세운 것이 아닌가! 냉소적으로 관망하는 태도쯤은 그래도 이해할 수 있다. 적극적으로 나서서 무산시키고 와해시키려는 태도는

결코 올바른 것이 아니다. 이때 한국 사람들은 민족적 자긍심을 잃어버리고 사대주의에 물들어 있을 때였기 때문이기도 하다. 한국 사람이 수도회를 세울 수 있겠는가를 의심했을 것이다. 가난한 시골 목수의 아들 예수를 인정하지 않았던 당대 이스라엘 사람들 그리고 시기 질투를 일삼았던 사람들과 비슷한 현상인 것이다.

문제는 초창기의 회원들도 방 신부를 잘 이해하지 못한 부분이 있었다. 방 신부의 영성과 가르침은 물론 방 신부를 보는 데 있어서도 상당 부분 왜곡된 시선을 유지했었음이 발견된다. 왜냐하면 마뗄 윤병현 수녀는 방 신부와는 달리 상당히 외부 활동을 많이 벌이는 성격이었고 사업적 기질이 풍부한 사람이었다. 그런 사람의 눈으로 방 신부를 볼 때, 아직 그의 영성을 못 알아듣는 상태에서 상대적으로 방 신부를 '무능하고 무식하고 교제술도 없는 사람'[82]으로 판단할 수 있는 것이다. 실제로 그런 판단의 글들이 발견된다.

또한 초창기 수련자들은 아직 내적 생활이라든가 영성 생활이 무엇인지도 모를 때였기도 하거니와 더구나 그들은 다 구교우[83]들이 아니고, 방 신부가 세례를 준 신문교우들이었다. 그들이 방 신부를 존경하고 그 인품에 매료되었으면서도 방 신부의 전체적 인격과 영성을 제대로 보지는 못했던 것이다. 그들은 평생 그 시선으로 방 신부를 바라보았다. 마뗄 윤병현 수녀와 뿌로 마뗄 홍은순 수녀도 열성적으로 방 신부에게 순명하며 따랐지만 무아 방 신부에 대한 총체적 이해는 역시 부족했다.

---

82) 윤병현(1986). 순교의 맥. 제178호 p. 7.

83) 태어나기 전부터 부모들이 신자였던 사람들을 말함.

이들은 가끔 다른 신부들을 모셔와 피정을 하려고 했다. 그런 모습은 자연스럽고 때로는 필요한 것이기도 하다고 이해는 된다. 그러나 방 신부는 그것을 싫어하였다. 피정 지도는 반드시 당신이 하려고 했고 다른 신부들의 말에 수녀들이 헷갈리는 것을 원하지 않았다. 자신이 영적 체험을 깊이 있게 했거니와 자신의 가르침에 대해 너무나도 확고한 태도와 자긍심을 지니고 있었다.

그러나 방 신부의 영성의 깊이에 도달하지 못한 상태에 있는 그들은 똑같은 말을 되풀이하는 방 신부의 가르침에 신물이 났던 것이다. 그래서 어느 날 방 신부에게 "신부님, 왜 매일 똑같은 말만하시나요?"라고 물었다. 방 신부는 "서울서 부산은 어떻게 갑니까? 하고 물으면 대답은 늘 같을 수밖에 없지 않은가! 그리고 우리가 똑같은 밥을 매일 먹어도 질리지 않아요. 또 어느 날은 더 맛있고 어느 날은 맛없어요. 영혼의 양식도 마찬가지 입니다. 매일 잘 소화해야 하는 것이지요."

방 신부는 당신이 묵상을 시키거나 강론을 할 때 졸고 있는 수사 수녀들에게 "깜깜해요!"라고 한탄 섞인 말을 가끔 했다고 한다. 그는 깜깜한 사람들에게 매일 반복법을 써서 골수에 새겨 주고 싶었을 것이다. 그 외에 사실은 다른 도리가 없는 것이다. 나중에라도 내적 준비가 되면 그 말이 무슨 뜻인지 깨달을 날이 올 것을 바랄 뿐이었을 것이다.

이제 초창기 수사나 수녀들이 연세가 많은 노인이 되었다. 대부분의 초창기 수도자들과 인터뷰를 하면서 느낀 것은 그들은 이제야 방 신부의 가르침이 마음 깊이 다가 온다고 한다. 그의 가르침이 얼마나 훌륭한 영성인가를 깨닫는다고 말들 한다. 무아 방유룡 신부가 선종하고 난 후에야 초창기 수녀들은 조금씩 다른 눈으로 방 신부를 바라보기 시작했다. "먼저 주님의 의덕만을 구하라."라고 한 말이 하나도 그른 말이 아니라는 것을 이제는 눈으로 확인하게 됨으로써 하느님의 섭리에 놀라워하는 모습들이 여기 저기 글들이나 말을 통해서 나타나는 것을 볼 수 있다.

저와 뿌로 마뗄은 창설 신부님께 면형무아라는 말을 처음부터 얼마나 많이 들어왔는지 나중에는 면형무아라는 말이 싫어질 정도였습니다. 저녁에 모여 앉아서 묵상할 때 신부님께서 "점성!" 이렇게 외치시면 우리는 그 깊은 뜻을 못 알아들었기 때문에 뭔지도 모르면서 "또 면형무아지!" 그랬는데 지금에 와서 "바로 그거였구나!"라고 알아듣습니다. 그런데 더군다나 주교님들께서 모두 면형무아에 대한 말씀을 하실 때는 하느님께서 우리나라를 위해서 창설 신부님을 보내시고……. 윤병현 수녀(1996). 순교의 맥, 제192호, p. 12.

신부님은 너무 앞서 사셨기 때문에 신부님이 외치신 영성은 우리들 귀에 들어올 수가 없었다. 이해를 못한 것이다. 기성 수도회 신부님들도 코웃음을 치셨지만 신부님은 끄덕도 하지 않으실 뿐만 아니라 착복식이나 서원식 때 강론은 반드시 신부님이 하셨고 '영혼의 빛'에 나타난 복자회 영성을 자신 만만하게 아주 힘 있게 말씀하셨다. 또한 신부님은 당신 나름대로 한국적인 용어를 많이 만들어 쓰셨다. 귀로 들은 사람이 없어지면 누가 해석하겠느냐고 용어 해설을 써 나가는데 신부님은 그 해설까지도 당신이 하신다고 말리셨다. 행여 잘못 해석할까 그러신 것이다……. 새록새록 영감이 떠올라 주체할 수가 없었던 것 같다. 홍은순 수녀(1986). 순교의 맥, 제178호, p. 32.

모든 것을 다 천주님께 맡기고 살겠다고 온 우리들인데 또 그렇게 살면 하느님께서는 덤으로 주실 것인데 그 진리를 깨치지 못했던 우리들의 궁핍함과 신부님의 그 정신적인 풍요함이 아주 대조를 이루었다는 생각이 든다.

윤태순 수녀(2000). 순교의 맥, 제196호, p. 39.

초창기 회원들이 혼란스러워할 때, 윤형중 신부는 절대 방유룡 신부를 떠나서는 안 된다는 말과 함께 "하느님의 일은 유능한 사람이 해내는 것이 아니라 '정신'이 있어야 한다."라고 정곡을 찌르는 충고를 해 주었다. 윤 신부는 그 유능한 신부들은 '정신' 이 없다는 조언을 해 줌으로써 수련자들의 마음을 안정시켰다. 이후부터 윤병현 자매는 절대 흔들림이 없이 굳건하게 마음을 다졌다. 그리고는 다른 회원들이 회의감을 드러낼 때마다 확고한 보루가 되어 주었다. 윤을수 신부는 청파동 수녀원을 살 때 약간의 돈을 보탰다. 나중에 피난에서 돌아와 수리를 해야 할 때 돈을 보탰을 때는 이미 흑심이 있었다는 것이 위의 윤병현 수녀의 글을 보면 나타난다. 왜냐하면 그는 수녀원을 창설하고 싶어 하였다. 아마도 처음부터 그런 흑심이 있었을 가능성도 배제할 수 없다. 윤을수 신부가 청파동 수녀원 집을 살 때 약간의 돈을 보탠 것은 노기남 주교의 제안인 것이었다. 노 주교는 윤형중 신부에게 조언을 구하고 있는 형편이었기 때문에 이기도 하다. 혹은 수녀회 창설을 꿈꾸고 있는 윤을수 신부에게 복자회 회원들을 주고 싶었을 가능성도 배제할 수 없다. 이런 노 주교의 태도는 나중에 모종의 사건으로 명백하게 드러난다. 정규만 신부는 수녀들에게 피정 강의를 해 주었는데, 어느 기간이 지나자 방 신부는 그를 더 이상 부르지 못하게 하였다. 그의 가르침이 당신의 것과 너무 다르다는 이유였다.

이런 신부들과 노기남 주교와 어떤 이야기들이 오갔는지는 하느님만이 아실 일이다. 드러나는 것으로 보면 노 주교가 수녀들에게 방 신부를 떠날 것을 제안한 것과, 윤을수 신부에게 돈을 보태라고 한 것과 정규만 신부를 보내 주겠다는 것, 그리고 정규만 신부가 교구 수녀원으로 해 주겠다는 말을 보면, 노 주교는 방 신부의 수녀원 창설에 관하여 달갑지 않은 시선뿐만 아니라 아예 인정하지 않았던 것 같다. 이러한 태도는 나중에 더욱 확연하게 드러난다. 가깝게 지냈던 동료서 그리고 힘을 가진 주교로서 얼마든지 방 신부를 도와 줄 수도 있으련만 그러한 제안을 하였던 것이다.

벽돌지게를 진 방 신부. 성북동 수사원 건축공사장에서.

8

한국순교복자성직수도회 창설과 수도 사제로서의 삶

수련자들이 청파동으로 돌아가자 무아 방유룡 안드레아 신부는 오랜 숙원인 남자 방인 수도회를 세우는 일을 본격적으로 착수하였다. 방유룡 신부가 제기동에서 사목 활동을 하고 있을 때, 방 신부의 거룩한 모습과 그 성덕 때문에 감화를 받는 사람이 많았다고 하는데, 제기동에서 지원자들이 모여들기 시작했다. 방 신부는 1953년 10월 30일 2명의 지원자와 공동생활을 시작함으로써, 우리나라 최초의 방인 남자 수도회가 그 역사적인 모습을 드러냈다.

남자 수도회 인가 문제로 방 신부는 또 속앓이를 하였다. 방 신부의 조카 손녀 방미령은 노 주교가 남자 수도원 인가 문제에 협조해 주지 않았다고 기억한다. 그래서 어느 날 방 신부는 "노 주교가 인가를 안 해 주면 내가 직접 로마에 갈 것이다!"라고 하는 말을 들었다. 방 신부는 노 주교의 태도에 강한 대응을 할 결심을 했던 것이다. 그런 다음 어떤 경로를 거쳤는지는 모른다. 방 신부가 실제로 비밀리에 교황청에 갔었는지도 모른다. 방미령은 방 신부가 로마에 갔었다고 기억한다. 하여튼 교황청 인가는 1956년 12월 6일에 받았다.

한국에는 조선교구 설정 이후 해방되기까지 남자 수도회는 성베네딕도수도회(1909)와 작은형제회(1937) 두 수도회가 있었다. 선교회는 파리외방전교회(1831), 메리놀외방전교회(1923), 성골롬반외방선교회(1933)가 있었다. 1937년 작은형제회의 진출 이후, 태평양전쟁과 한국전쟁 등으로 수도회의 한국 진출이 전혀 이루어지지 않았으며, 36년 동안의 일제 식민 지배와 3년 동안의 한국 전쟁으로 많은 선교사와 성직자들이 목숨을 잃고, 선교사들은 본국으로 추방당하여 한국 천주교회는 성직자의 큰 부족을 초래하였다.

무아 방유룡 신부는 원대한 '대복자 가족 수도 공동체'를 꿈꾸어 왔다. 수녀회가 어느 정도 안정권으로 들어가자 즉시 남자 수도회를 창설함으로써 한국 가톨릭교회의 어려운 상황에 적극적인 응답을 하였던 것이다. 수도회 창설 이념과 수도 근본정신은 여자 수녀회와 똑같다. 이 땅의 한국 순교자들은 성령의 이끄심에 따라 영원한 생명과 행복의 원천이신 예수 그리스도를 위해서 스스로 '거룩한 산 제물'(로마 12:1)이 되었다.이 숭고한 봉헌의 정신을 이어받고 복음적 권고를 따르는 생활을 하는 것이 수도 생활의 근본정신이다. 방 신부는 남자 수도자들을 자립시키기 위해 명동 성당 구내의 건물을 이용하여 알루미늄 철제 트렁크 가방을 만드는 공장을 운영하도록 하였다. 그리고 지원자들을 명동 성당 구내 건물에 이주시켰다. 그로부터 알루미늄 트렁크 공장은 경제적으로 공동체에 상당한 도움이 되었다. 남자 수도회를 창설한 이후 방 신부가 최초

---

84) 새남터는 한국 교회 역사상 순교한 성직자 14명 중 11명이 순교한 곳이며, 이 11명 중 8명과 교회의 지도급 평신도 3명이 성인품에 오른 한국의 대표 순교 성지이다.

85) 한국순교복자성직수도회 50년사. p. 93-106.

로 벌인 사도적 활동은 1957년 6월, 최초의 한국 신부인 성 김대건 안드레아 신부가 순교한 새남터 성지[84] 관리였다.

당시 한국 가톨릭교회는 순교성지에 관심을 기울이지 못하고 있었다. 복자수도회가 순교자 현양에 앞장서서 활동을 전개하기 시작함으로써 수도원의 정체성을 선명하게 드러내었다.

회원의 증가와 그들의 안정된 수도생활을 위해 수도원 건립이 시급한 문제로 대두되면서, 방 신부는 성북동에 부지를 사들여 1955년 7월부터 임시 숙소를 짓기 시작했다. 그해 7월 26일 지원자들을 명동에서 성북동으로 이사하도록 하였다. 이어서 수도원 건물을 짓기 시작하여 1957년 4월 말경에 완공하였다.

예술성이 뛰어난 방 신부가 직접 건축을 설계하고 구상했다. 건축 양식은 절충식 로마네스크 양식이며 특이한 것은 순교 성인들-그 당시는 복자들-12명의 성상을 제작하여 건물 외벽에 세워 순교자를 현양하는 수도회의 정체성을 살리면서도 아름답고 우아한 건축물을 짓게 되었다.[85] 이 건축은 상당히 의미가 깊은 역사적 건

성북동 수사원 본원의 완공된 모습. 1955. 한국순교복자성직수도회.

축이다. 건축 비용에서부터 구상, 설계, 공사 노동까지 외부의 손을 빌리지 않고 모두 방 신부와 수사들이 직접 건축했기 때문이다. 다행히 회원들 중에 건축 경험자들이 있었던 것이다. 방 신부도 직접 지게를 지고 벽돌을 나르는 고된 노동을 함께하였다.[86] 공사장에서 일하다가 종이 울리면 두 손을 벌리고 대월기도를 하는 방 신부의 사진을 보면 그때의 절실함과 거룩함을 느낄 수 있다.

수사원에서 운영했던 트렁크 공장은 제품의 높은 신용도 때문에 서울 장안에서 무척 인기가 있었다. 그러나 차츰 여러 곳에서 공장이 생기기 시작하여 시장성이 없어져 문을 닫게 되었는데 이런 공장이 있어서 노동자를 고용하고 복음을 전파하는 데까지 발전하지 못한 것이 아쉽게 느껴진다.

방 신부는 본당 사목자로 일할 때 어딜 가나 학교나 유치원, 야학 등을 운영했으며 수도자들도 이러한 교육 사업을 하기를 원했다. 방 신부는 신학교나 대학교를 설립할 계획을 가지고 있었다.

수녀회 인가를 교황청에 신청하면서 사도적使徒的 사업으로 명시한 것은 첫째 남녀 수도자들이 전교사傳敎師 자격을 얻을 수 있는 학교[87]를 세움, 둘째 신학교를 세우거나 신학교의 학비를 부담함, 셋째 학교를 세워 특별 종교 교육에 몰두함, 넷째 공장을 세워 노동자에게 복음을 전파할 것 등을 명시하고 있다.

방 신부와 오랫동안 모임을 함께했던 교수들은 방 신부의 이런 뜻을 미리 알고 있었는지 왜 복자회에서 대학교를 설립하지 않는지 의구심을 표현하면서 창설자의 정신이 계승되지 않고 있음에 대해

---

86) 면형무아(2001). 무아 방유룡 신부 탄생 100주년 기념 화보집. p. 157-160, 219.

87) 전문대학이나 대학교 과정을 하는 학교.

아쉬움을 표현했다. 남자 수도원 2대 총장 이운영 신부도 창설자의 뜻을 받들어 대학을 건립하고 싶어 했으나 건강이 워낙 나빠서 뜻을 이루지 못하고 말았다.

방 신부는 수사원을 세우고 즉시 새남터 성지 주변의 빈민들을 위해 1958년 '복자공민학교'를 설립하여 교육 활동도 시작하였다. 그러나 도시 재개발로 빈민들이 이동하는 바람에 나중에 폐교되었고, 다시 대전교구 라리보 주교의 요청으로 천안 '대건 남자 중학교'를 경영하였다. 1960년 이 학교는 순교복자수녀회가 인수하여 지금의 명문 천안 복자여자중고등학교가 되었다.

현재 수사들은 제주도와 인천, 서울 등지에서 농장과 피정의 집 등을 통해 복음을 전파하고 있으며, 이천에 있는 성 안드레아 신경 정신병원과 사회복지 분야 등 사도적 활동을 확장해 나가고 있다. 현재 수사 신부 30명을 포함하여 100여 명의 수사들이 방 신부의 영성을 이어받고 있다.

노동하는 방 신부. 1954. 수사원 건축 공사장에서.

방 신부는 1957년 5월 6일에 자신이 창설한 한국순교복자성직수도회에서 종신 서원[88]을 하였고 자신의 성을 무아無我, 수도 명을 김대건 안드레아 신부의 이름을 받아 안드레아라고 하였다. 신학교 초기부터 열망한 수도 생활의 꿈을 드디어 완전히 이루게 된 것이다. 교회법적으로 종신 서원을 해야 완전한 수도자로 인정하고 있기 때문이다. 방유룡 신부가 착복식을 하고 종신 서원을 할 때의 모습은 생애의 모든 사진들 중에서 가장 아름다운 모습을 보여 주고 있다.[89]

종신서원식 하는 방 신부. 1957. 5. 6. 노기남 주교 집전.

88) 청빈 · 정결 · 순명의 3대 허원의 수도적 삶을 종신토록 살겠다고 서원하는 것.

88) 면형무아(2001). 무아 방유룡 신부 탄생 100주년 기념 화보집. p. 212.

방 신부의 뒷모습. 1981.

방 신부 특유의 100만불 짜리의 미소. 1970년대.

복자 대가족과 복자 마을

무아 방유룡 안드레아 신부는 루나 띠꾸스로서 꿈꾸는 사람이었다. 드높은 이상과 비전을 품은 사람이었다. 그는 하느님과 합일하는 성인이 되는 꿈을 이루었다. 성당이나 방에 앉아서 관상기도에 빠져 있기를 잘하여 주변 사람들로부터 무능력하다는 소리를 듣기도 했지만, 그가 꿈을 실현하는 방법이 보통 사람들과 달랐을 뿐이었다. 방 신부는 이상을 실현하기 위해 주위 사람들과 자신의 이상理想을 공유하며 주변 사람들을 향상시켜서 그 꿈을 실현하도록 하는 것이다. 물론 그는 영적으로 뛰어난 인물이었기에 마음먹은 대로 다 이루는 신비한 능력을 가진 사람이기도 하다. 하느님과 합일을 얻은 사람이 교제술이나 정치적 능력, 유학 갔다 온 지식 등을 눈곱만큼이라도 추구할까? 참으로 하느님을 충만히 못 만난 사람들이나 좋아하는 것들이 아닌가? 주변 사람들은 세상의 가치로 방 신부를 평가 절하했으나, 그는 세상 사람들이 추구하는 것을 하나도 갖지 않았는데도, 절묘하게 자신이 꿈꾸었던 것은 반드시 하나씩 하나씩 실현해 나갔다.

방 신부는 수도회를 설계할 때 여러 종류의 공동체를 구상하여 다양한 사람들이, 누구든지 수도생활을 할 수 있도록 하였다. 여자 수도 공동체를 선두로 남자 수도회를 창립하였고, 1957년 3월 6일에는 가정생활을 하며 수도 정신을 이어받는 공동체인 외부회를 설립하여 현재에는 미국과 부산 지역을 포함하여 1,300여 명의 회원이 있다. 한국 사회는 전쟁을 겪으며 많은 미망인들이 생겼는데 이들에게도 수도 생활을 할 수 있도록, 1962년 10월 미망인 수도 공동체인 빨마회를 설립하였다. 지금은 한국순교복자빨마수녀회로

명칭을 바꾸었다.

또한 방 신부는 1946년 4월 21일 수녀회 창립을 발표한 규칙 초안 5장에 '시기를 보아 관상부[90]를 둔다.'라고 했다. 그래서 수녀회가 교황청 인가를 받을 때 관상부도 인가를 받았다. 수녀회 최초의 회헌 제2장 수도회 조직에서도 관상부, 활동부, 봉사부로 조직한다고 명시하였다. 이렇게 3부로 한 것은 '만유의 근본이신 하느님의 삼위일체를 본뜬 것'이라 하였다. 이렇게 여러 특징적 수도 공동체를 만들어 다양한 사람들 누구나가 수도 생활을 할 수 있도록 하였다.

자신이 직접 작성한 수녀회 최초의 안내서에도 '1. 관상부, 2. 활동부'라고 하고 관상부는 '준비 중'이라고 설명을 해 놓았다. 방 신부는 처음부터 왜 관상부를 활동부와 같이 시작하지 않았는가라는 물음에 그때는 활동부가 시작하기 더 쉬웠기 때문이라고 하였다. 이리하여 1966년 수녀회 창립 20주년에 수련자 이숙자 수녀가 관상 생활을 지원함으로써 관상부를 위한 구체적인 작업이 시작되었다. 부지 마련과 건축 그리고 회원을 구성하는 데 시간이 오래 걸렸다. 드디어 1982년 7월 23일 입주가 시작되었고 같은 해, 7월 26일 관상부 수도원의 첫 미사가 봉헌되었으며, 지금은 '대월 수도원'으로 명칭을 바꾸었다. 이로써 무아 방유룡 신부는 자신이 구상했던 원대한 수도 가족, 즉 5개의 각자 독특한 형태의 수도 공동체를 이루는 '복자 대가족'의 꿈을 완벽하게 이루었다. 지금 실제로는 7개의 가족 공동체가 있다.

---

90) 3대 허원과 공동체 생활을 하지만 외부 사도적 활동을 하지 않고 보통 수도원보다 기도와 침묵 그리고 관상의 시간을 많이 갖기 위해 더 단순한 형태의 삶을 추구한다.

이들은 서로 고유성을 가진 독립된 공동체이나 수도 정신과 사명에 있어서는 무아 방유룡 안드레아 신부의 정신을 함께 따르며 가족의 연대성을 지니고 있는 것이다. 아마도 그는 지금도 더 많은 수도 공동체가 세계 곳곳으로 뻗어 나가길 원하고 있을 것이다.

윤형중 마태오 신부와 노기남 주교

윤형중 신부는 무아 방유룡 신부와는 단짝 신부로 통하는 절친한 친구였다. 입학할 당시 방유룡은 만 17세, 노기남은 15세, 윤형중은 14세였다. 윤형중 신부와 방 신부는 어릴 때부터 담배를 즐겼기에 신학교에서 똑같이 담배 문제가 걸렸다. 그래서 그런 것은 아니겠지만 둘은 절친한 친구가 되었으며, 어려울 때 서로 도우며 평생 아름다운 신의와 우정을 나누었다. 여기에서 윤형중 신부를 논하는 것은 한국가톨릭교회사에 빛나는 두 뛰어난 인물이 어떻게 서로를 위하며 자신들의 사명에 충실했는가를 주목해 볼 필요가 있기 때문이다. 위에서 본 바와 같이 초창기 회원들이 방 신부를 의심하며 심적으로 혼란스러워할 때, 방 신부의 진가를 분명하게 말해 줌으로써 그 어려움을 극복하고 수녀회의 기틀을 다질 수 있도록 도와준 사람이 바로 윤형중 신부이다.

무엇보다 두 사람은 똑같이 한국 교회의 순교자들을 사랑하고 존경하며, 일찍이 한국 교회는 순교정신을 현양하여 신자들의 신앙을 성장시켜야 한다고 깨달았던 선구자들이다. 이 점에 있어서 두 사람은 서로 깊이 공감적 열정과 비전과 사명감에 불타고 있었다. 무아 방유룡 신부는 그리하여 1946년 4월에 순교자를 기리는 수도

회인 한국순교복자수녀회를 창설하였다. 윤형중 신부는 순교자의 후손이었으므로 순교자들에 대해 남다른 사랑을 가지고 있었던 것이다. 그는 혼신을 다하여 열성적으로 준비해 온 '한국천주교순교자현양회'를 같은 해 9월 16일, 순교복자 대축일 날 성대하게 발족시킨 장본인이다. 이리하여 한국가톨릭교회에 쌍둥이처럼 붙어 다녔던 두 인물에 의해 같은 해에 방유룡 신부는 순교복자수녀원을, 윤형중 신부는 '순교자현양회'를 쌍둥이처럼 탄생시켰던 것이다.

윤 신부는 순교자들의 유물을 수집하는 데에도 헌신했다. 전쟁통에 잘 보관하는 일은 너무나 중대한 일이었기 때문이다. 한때 그는 이 유물들을 복자수녀회에 맡기어 순교자 현양을 위한 전시회를 열 때 도움을 주기도 하였다. 그는 '복자회 수녀들은 순교자 현양에 대하여 골수에 박혀 있다.'고 그의 책에서 말하고 있다. 그래서 순교자 현양에 관한 한 복자회 수녀들을 믿었던 것이다. 한국 가톨릭교회는 한국 순교자의 정신을 현양함에 있어서 방유룡 신부와 윤형중 신부의 공로를 잊어서는 안 될 것이다.

노기남 바오로 주교 서품 기념. 1942. 12. 20. 1917년 9월 15일 함께 신학교에 입학하여 사제가 된 동기동창들과 함께. 앞줄 오른쪽 두 번째가 윤형중 신부.

윤형중 신부는 1903년 4월 29일 충청북도 진천에서 대를 이은 교우 가정에서 태어나 1917년 신학교에 입학했다. 1930년에 사제 서품을 받음. 1933년 가톨릭청년을 창간하고, 경향잡지, 경향신문 편집국장 겸 사장직을 역임하면서 언론 창달과 저술 활동을 활발히 하였으며 가톨릭 언론계의 대부로 통한다. 지성인들을 위한 교리 강좌를 열어 수많은 사회 인사를 천주교에 귀의시키는 데 큰 공을 남겼다. 그리하여 가톨릭을 대표하는 지성으로 인정받았다. 1954년 가톨릭대학 의학부장, 1959년 미리내 본당 신부, 1961년 한국복자수녀회 지도신부 등을 거치면서, '순교자현양회'의 주 발기인으로서 순교 정신 현양에 각별한 관심을 갖고 이를 적극적으로 추진하였고 민주회복국민회의 초대 상임대표위원을 지내며 민족의 민주화를 위한 열정도 남달랐다. 그는 1979년 6월 15일 75세를 일기로 사망하였다. 그는 최초로 사후 안구 기증을 하였고 실명자에게 이식되어 광명을 주었으며 갖고 있었던 돈을 민주화 운동에 써 달라고 유언했다. 그는 수많은 논문과 수필을 남겼다. 저서로는 '상해천주교교리', '사말의 노래', '복자수녀원과 순교자 현양회와 나', '나의 교우록' 등 다수.

가톨릭 대사전, 인터넷 인물 검색에서 발췌.

신학교에서부터 두 사람은 무척 친하기 시작했다. 신학교 때의 사진들을 보면 방유룡, 윤형중, 노기남은 항상 붙어서 사진을 찍고 있다. 또한 노기남 주교의 자서전에도 늘 함께 어울리는 사람들로 나온다. 반에서 비교적 나이가 많은 쪽에 속했던 그들은 반에서 주도적인 인물일 수밖에 없었다. 방 신부는 중학교를 다녔기에 학식에서 제일 나았고 영어, 라틴어에 우수했다. 초기에는 싸움을 잘했으므로 남자들 사이에서 나이로든, 힘으로든, 학식으로든 그리고 서울 토박이 명문가 출신으로 모든 면에 월등했다. 노기남은 시골 출신으로 처음에는 학업 때문에 학교생활이 어려웠지만 성실한 노력파였기에 성적이 좋아졌고, 모범생이었다.

방 신부의 별명이 '종로 깍쟁이'에서부터 '공상당 당수'였을 당시 노기남은 '대촌놈'이었고 윤형중의 별명은 '사이온지'였다. '사이온지'란 '서원사西園寺' 한문의 일본식 발음이다. 서원사라는 사람은 일본의 명치유신 때 큰 업적이 있어 공작의 자리에 올랐고, 나이가 많아 정계에서 은퇴 생활을 하고 있었다. 그러나 정치상 난처한 판국에 빠지면 대개는 사이온지 공작에게 문의하여 그 의견을 따랐다고 한다.

윤형중 신부는 그때를 이렇게 회상한다. "나 윤 마태오를 '사이온지'라고 부른 것은 겉에 드러나지는 않지만 속에서 공작은 그놈이 한다는 뜻이다. 한창 신이 나서 출연을 하고 나서 보면, 각본은 그 놈이 뒤에서 꾸민 것이란다." 이 별명처럼 그는 전체 상황을 빠르게 파악하는 지적 능력을 소유한 사람이다. 예를 들면, 신학교 때 노기남이 어떤 비밀 모임의 회장으로 추대되는 상황이었다. 순진하기만 한 노기남은 거의 받아들일 가능성이 있는 분위기였다. 윤형중은 사태의 심각성을 재빨리 깨닫고, 노기남을 구출할 공작을 꾸며 그 회의가 와해되도록 만들었다는 일화가 나온다. 이런 일들 때문에 퇴학을 당한 사람들이 많았거니와 그들 말대로 따른다면 결과적으로 노기남이 낙오될 것은 뻔한 일이었기 때문이란다. 이런 것이 이른바 '사이온지'가 하는 일인 것이다.

노 교구장은 내 손을 꼭 잡으면서 "나는 자네를 생각하고서 이런 중책을 맡기로 허락했네."한다. 그는 진심으로 하는 말이었다. 나는 "걱정할 것 없네. 생각하고 또 생각하고 회의를 하면서 일을 처리해 나가면 되는 것이지, 불란서 사람들이 하는 일을 우리인들 못 하겠나"하고 격려하였다.

윤형중 (1972), p. 55.

위의 글에서처럼 노 교구장은 본당 주임 신부로서의 경험도 없이 보좌 신부 생활만 12년을 하다가 갑자기 교구장이라는 중책을 받아들였다. 그는 걱정이 되어 윤형중 신부에게 '사이온지' 역할을 해 달라는 요청을 하였던 것이다. 사실 노기남 신부가 명동 성당 보좌로 있을 때, 무슨 문제가 있으면 늘 윤형중 신부한테 와서 문의하는 수가 많았다(윤형중, 1972, p. 53). 윤형중 신부는 기꺼이 도울 마음이 있었던 것이다. 왜냐하면 한국 교회는 프랑스 주교가 물러가야만 하고 새로운 주교가 나와야만 하는 상황에 처해 있었다. 일본인 주교가 이미 대구에 와 있는 상황이기 때문에 일본인 주교가 온다면 큰일인 것이다.

이런 급박한 상황에서 윤형중 신부는 노기남 신부를 제외한 교구 평의원회를 열어 재빠르게 노기남 교구장을 주교 품에 오르는 축성식 청원을 교황청에 제의했다. 이 공작은 성공하여 드디어 노기남 신부는 1942년에 주교직에 오르게 된다. 한국의 첫 주교의 탄생인 것이다. 윤형중 신부는 단순하고 솔직하기만 한 그가 적당한 인물은 아니라고 생각하였지만, 이미 교구장으로 일을 하고 있는 처지이기에 일본인 주교를 막아야 했으므로 그렇게 대처했던 것이다. 또한 자신이 노기남 주교를 도울 수 있기 때문이기도 하다. 이렇듯 그 당시 윤형중 신부는 가톨릭교회의 중대사에 핵심적 역할을 하고 있었다.

나중에 노 주교는 '사이온지' 윤형중 신부를 부주교 자리에 앉히려고 윤 신부에게 요청한다(윤형중, 1972, p. 45). 그러나 당시 윤형중 신부는 지성인 지도자 교리(정부나 사회의 요직에 있는 사람들)를 할 때이고, 언론 · 출판사 업무 때문에 많은 글을 써야 하며, '상해 천주교 요리'를 저술하고 있었을 때였으므로 바쁘게 지내고

있었다. 윤 신부는 미국에서 유학을 마치고 온 동창 양기섭 신부를 추천하면서 건강을 이유로 거절을 했다. 그렇게 한 이유는 교회를 생각하는 깊은 뜻이 있었던 것이다. 당시 가톨릭의과대학을 잃어버릴 위험에 처한 것을 윤형중 신부는 되찾아 왔고, 노기남 주교에게 간하여 양 신부를 병원장 자리에 앉혔던 것이다. 그 병원을 잃지 않게 하려면 그만한 권력이 필요할 것이라고 생각했기에 양 신부를 부주교에 추천했던 것이다.

그러나 양기섭 신부는 부주교 감투를 받아들이고는 노기남 주교와 함께 윤 신부에게 철저하게 등을 돌리는 일을 하였다. 얼마 후 노기남 주교는 윤 신부의 말을 듣지 않겠다는 방침을 세운 것까지는 좋았으나 윤 신부를 교회 모든 중요 직책에서 갑자기 물러나게 한 다음 전깃불도 없는 산골 미리내[91] 본당으로 귀양을 보낸다. 노 주교는 윤 신부에게 오른팔이 되어 달라고 할 때와는 너무나 다르게 돌변하여 극단적으로 권력을 휘둘렀던 것이다. 둘 다 윤 신부의 노력에 의해 권력을 갖게 된 인물들이 아닌가!

이러한 처사는 윤형중 신부의 개인적인 일에 그치는 것이 아니라 교회에 큰 파장을 미쳤던 일이었다. 당시 윤형중 신부는 지성인들 사이에서 교회의 언론, 출판계의 대부로서, 문필가로서, 명 교리 강연가로서, 가톨릭을 전파하는 일에 큰 역할을 하고 있으면서 민주화 운동에도 교회의 목소리를 내고 있었던 사회의 존경 받는 민주화 인사였던 것이다. 그 후 노 대주교는 교회와 한국 사회에서 신용을 잃어버린 것은 당연하다. 물론 노 대주교도 한국 가톨릭을 위해 많은 일을 했을 것이나 다른 일에서도 이런 식의 실책을 하였던 것이다.

---

91) 경기도 안성시 양성면 미산리(美山里)에 소재하고 있다.

위의 이야기를 통해서 느낄 수 있는 것은 주교직을 거절한 무아 방유룡 신부 그리고 부주교직을 거절했던 윤형중 신부, 그 둘은 교회 안에서 자신들의 소명을 잘 알았던 사람들이었다. 자신들이 해야 할 일과 할 수 없는 일을 구분하며, 권력이나 명예에 사심이 없이 가톨릭교회를 진정 아꼈던 진정한 구도자적 사제들이었다.

그러나 중책을 받아들인 '단순하기만 한'[92] 노기남 주교와 부주교직을 받아들인 양 신부는 사심私心에 싸여 한국 교회의 앞을 내다보며 중요한 것이 무엇인가를 아는 눈을 가진 인물 윤형중 신부를 철저하게 배제시키는 옳지 못한 일을 하였을 뿐만 아니라, 이외에도 한국 가톨릭교회사에 오점을 남긴 주교로 남게 되었다.

윤 신부는 노 주교의 처사에 대해 이해할 수 없었고, 답답해했지만 미리내에서 머물다가 서울에 올라오면 늘 복자수녀원에 머물렀다. 수녀원에서는 극진하고 따뜻하게 윤 신부를 대했으며, 방 신부와는 막걸리 한잔하고 선문답 같은 농담을 주고받으며 바둑을 둘 수 있기 때문이었다. 어느 날 윤 신부는 올라와서 다음과 같은 말을 하게 된다.

한 번은 상경하여 성북동 복자수사원에 방 레오 신부를 찾아갔다. 방 신부는 복자수녀원과 복자수사원의 창설자이다. 나의 동기 동창생이요. 옛날 우리의 회장, 당수였음은 위에 말한 바이다. 내가 복자회에 입회하면 어떻겠느냐고 의견을 타진해 보았더니 대찬성이란다. 그렇지만 수도회 규칙상 이러저러해야 된다든가 원장으로서 순명지덕에 의하여 자네에게 명하노니……라든가, 원장에겐 경어를 써야 하며 온갖 예의를 다 갖추어야 된다고 주장하겠냐고 물었더니 그렇지 않고 꼭 지금처럼 자네 마음대로 하라는 것이었다. 나는 즉석에서 나의 설계를 말하였다. 내가 복자수도회에 입회되면 노 주교가 나

---

91) 윤형중 신부의 노기남 주교에 대한 평가.

를 싫어하니, 나는 서울에 있지 않고 지방에로 나돌며, 대구, 부산, 광주 등 도시로 돌면서 지성인 구도자 상대로 순회 교리 강좌나 열겠다고 말했더니 방 신부는 좋아라고 손뼉을 치면서 그 모든 비용은 수도회에서 담당할 것이니 그렇게 나가라고 격려한다. 당시는 지금처럼 젊은 지성인 신부들이 많지 않던 때라 어떤 도시든지 그런 교리 강좌를 연다면 크게 성황을 이룰 것은 틀림없을 판국이었다. 그래서 내가 복자수도회에 들어가겠다고 노 주교에게 청했더니 단번에 거절하는 용단을 내린다. 몇 번 청해 보았지만 매번 아무런 이유도 없이 거절한다.

윤형중(1972), p. 58.

노기남 주교는 윤형중 신부를 견제한 것뿐만 아니라 방 신부도 철저히 견제하였다. 방 신부는 수녀들이 노 주교를 행사 때 청하는 것을 원하지 않았다고 한다. 노 주교가 어떤 인물인지 알고 있기 때문이다. 윤 신부에 대한 부당한 권력을 행사하는 것에 대해 방 신부도 안타까워했을 것이다. 왜 노기남 주교가 두 사람을 싫어했는지 윤 신부는 글로 표현했지만, 방 신부는 전혀 발설을 하지 않았으므로 수녀들은 모른다.

노 주교는 한국 교회의 최고 지도자로서 자랑스럽게도 자생적으로 탄생한 수도회를 적극적으로 도와주어야 할 위치에 있었던 것이다. 그러나 노 주교는 전 가톨릭교회의 발전을 도모하며 어른으로서 전체 교회를 보는 눈을 가지지 못하고 사사로운 자신의 감정 안에 묶여 있었던 것으로 생각된다.

이리하여 윤형중 신부는 수도회 입회의 꿈을 접고 다시 내려갔으나 얼마 후 노 주교는 그에게 복자수녀회의 경당 신부를 하라는 명령을 내렸다. 그리하여 윤 신부는 원치 않았지만 복자수녀회 경당에 머물게 된다. 윤 신부는 미리내는 전깃불 없는 산속이요, 수녀원은 전깃불 있는 산속이라는 표현을 했다. 수녀들 미사만 해 주면 되는 것이고 노 주교의 허락 없이 다른 활동은 전혀 할 수 없는 생활이었다.

무아 방유룡 신부는 노 주교가 초창기 윤병현 수녀와 홍은순 수녀에게 방 신부를 떠나라는 제안을 했던 것을 몰랐을 수도 있다. 방 신부가 들어서 안 좋을 말을 할 수녀들이 아니었기에 말이다. 남자 수도회의 불허 문제와 윤 신부의 남자 수도회 입회 거절 문제도 있었지만 또 하나 방 신부가 가슴앓이를 하지 않으면 안 될 경험을 하게 된다.

방 신부가 개성에 있을 당시 박성종이라는 멋진 청년을 만나게 되는데 그는 개신교 신자였다. 그는 방 신부에게 깊은 감화를 받았다. 이로 인해 그와 가족들, 부모 형제자매까지 모두 개신교에서 천주교로 개종을 하였던 것이다. 박성종은 성격이 밝고 유머러스하며 다재다능한 청년이었다. 그는 자연스럽게 방 신부의 삶을 따라 수도 생활을 원하게 되었다. 방 신부는 그때 남자 수도회를 창설할 계획을 가지고 있었으므로, 장차 수도회를 이끌 지도자적 인물을 양성하는 것은 중대한 사안이었다.

수녀회를 위해서 윤병현 자매를 영세시켜서 10년 동안 데리고 다니며 양성한 그가 아닌가! 방 신부는 마침 남자 수도회를 위해 적당한 인물을 만나게 되었던 것이다. 그리하여 방 신부는 박성종 청년에게 남자 수도회를 창설할 계획을 가지고 있으니 기다리라는 것과 함께 적극적으로 박성종을 수도 사제로 양성하기 위한 계획을 세운다. 누이 방순경 여사는 이런 일에 밝았다. 조카를 프랑스에 이미 유학을 보냈거니와 프랑스 신부를 잘 알고 있었기 때문에 연결이 가능했던 것 같다. 방 신부는 드디어 어려운 유학 절차와 서류, 모든 경비, 학비, 그리고 기숙사 등을 주선하여 1948년에 박성

종을 프랑스 신학교로 유학을 보냈다.

방 신부의 조카 방 수녀는 그때 프랑스에서 병원 근무를 하고 있었기 때문에 박성종을 자주 만날 수 있었다고 한다. 그는 프랑스에서 신학 공부를 마치고 사제 서품을 받았으며, 이어서 로마 그레고리안 대학에서 신학 박사 학위를 받고 한국에 돌아왔다. 방 신부는 오랫동안 공들여 온 그에 대한 기대도 컸다. 그 당시 한국 교회에는 유학생이 거의 없었던 시절임에도 불구하고 장차 자신이 창설할 남자 수도회를 위해 방 신부는 높은 이상을 꿈꾸며 그를 프랑스 신학교에 보냈던 것이다.

남자 수도회가 1953년에 창설되었으니, 방 신부와 수도회 회원들은 그를 몹시 기다렸다. 박성종 신부[93]도 돌아가면 당연히 복자수도원에 들어갈 것으로 준비하고 있었다. 프랑스에서 신학을 공부하고 있을 때에도 그의 신분은 복자회 수사가 될 것이라는 분명한 정체성을 갖고 있었다고 방 수녀는 말한다. 유학을 보낼 때 신학교에서 유학을 보낸 것이 아닌 한, 그러한 것을 방 신부가 프랑스 신학교에 알렸을 것은 자명한 일이다.

그런데 1954년에 박성종 신부가 한국에 돌아오자 문제가 생기기 시작했다. 노기남 주교가 박성종의 입회를 반대하고 나선 것이었다. 방 수녀는 이상하여 왜 수사원에 아직도 들어가지 않는가 하고 직접 박성종 신부에게 물었다. 박 신부는 들어가고 싶은데 노 주교와 방 신부 사이에 문제가 생겨서 못 들어간다고 말했다고 한다.

노 주교는 방 신부가 애써서 모든 노력과 시간을 투자하여 소중하게 키워 놓은 사람을 가로챈 것이다.

---

93) 그는 수사원에 들어오지 못하고, 가톨릭대학교에서 교수로 있으면서 한국에 JOC(가톨릭 노동청년연합회)를 들여와서 한국 노동자들을 위해 일했다.

다만, 수사원이 창설되기 전에 유학을 간 것이기 때문에 교회법적인 문제를 삼을 수도 있을지는 모른다. 물론 교구에도 여기저기 턱없이 신부가 부족한 것은 사실이나 주교로서 방 신부와의 신의와 한국 교회를 생각하여 수도회를 살려야 할 책임을 가져야 하는 관점에서라도 그러한 처사는 올바른 처사가 아니었다.

방 신부도 노기남 주교와의 관계에서 윤형중 신부처럼 많은 속앓이를 겪은 것이다. 또한 수도자들의 모든 종신 서원이나 사제 서품식에는 노 주교가 예절 집전을 해야만 했으니 그 고충이 얼마나 컸었겠는가? 그러나 수녀들은 이런 것을 모르니 노 주교를 청하지 않아도 될 때에도 교회의 어른이니 자주 청하려 했다.

방 신부는 그것을 원하지 않았지만 때로는 받아들일 수밖에 없었던 것이다. 권력이라는 것이 흔히는 눈을 멀게 하거나 사람을 망가뜨리는 것이다.

그럼에도 불구하고 이런 강론을 하기는커녕 나의 요청대로 공지 사항 때 이런 줄을 알려 준 본당 신부는 하나도 없었다. 아니 꼭 하나 있었으니 당시 제기동 본당 방유룡 신부 하나뿐이었다. 이는 복자수녀원과 복자수사원을 창립한 신부이다. 아직까지는 한국인 신부들 중 이 방 신부가 제일 큰 사업을 하였다고 나는 본다.

윤형중(1972). p. 267.

한국 근현대교회사의 뛰어난 두 인물 방유룡 신부와 윤형중 신부는 이렇게 동창 노기남 주교의 어리석음과 인간적 약팍함과 권력의 힘에서 오는 무시와 배신을 함께 겪었다. 신학교 시절과 초기 사제 시절의 그들의 친밀했던 우정은 사라졌다. 그러나 둘의 우정은 아름다웠다. 평생 서로를 깊이 신뢰하고 신임하였으며 윤 신부는 방 신부의 사적 대소사나 수도회 주요 행사에는 언제나 함께했고 서로

어려울 때 돕고 살았다. 6.25 때도 방 신부는 갈 데 없는 윤 신부와 부산에서 함께 피난살이를 했다. 윤 신부는 몸이 워낙에 약했기 때문에 방 신부보다 훨씬 일찍 하늘나라로 갔다. 방 신부는 명동 성당에서 있은 윤형중 신부의 장례 미사에 참석을 할 수 있었던 것이다.

동창이신 윤형중 신부님이 돌아가시기 전 편찮으신 모습을 보고 오셔서는 창설 신부님이 계속 우시는 것이다. 당시에는 지나치게 너무나 우셔서 신부님이 돌아가셨다는 얘기조차 할 수가 없었다.

윤덕현 수녀(1986). 순교의 맥, 제178호, p. 51.

방 신부가 생애를 통해 벅찬 감동과 기쁨의 눈물을 흘린 적은 많았지만 이렇게 슬퍼하면서 눈물을 흘린 것은 아마도 처음 보인 것 같다. 가족이 돌아갔어도 그렇게 울지는 않았으리라. 윤 신부에 대한 애정뿐만 아니라 윤 신부가 겪었던 고통에 대한 연민의 정에 넘쳐 흘린 눈물 같다. 방 신부의 탄생 100주년 기념 화보집에는 방 신부의 얼굴 사진들이 많은데 신학교 초기에만 루나 띠꾸스처럼 나왔고 정말 놀랍게도 대부분 미소 띤 얼굴이다. 그런데 사랑하는 동창 윤형중 신부의 장례 미사를 위한 입당 행렬 사진이 남아 있는데 그 얼굴은 진정 슬픔 서린, 우는 듯한 얼굴이다.[94] 그런 얼굴 표정은 그의 많은 사진 중에서 오로지 한 장이다.

두 사람의 삶의 방식은 너무나 달랐다. 둘 다 한국 백성들의 성장과 자유를 위해 노력했지만, 방 신부는 수도원 담 안에서 수도자로서 고요와 '침묵의 길'을 간 사람이다.

94) 면형무아(2001). 무아 방유룡 안드레아 신부 탄생 100주년 기념 화보집. p. 215.

정반대로 윤 신부는 사회를 향해 소리를 내고 외치는 언론인의 길을 갔다. 방 신부는 사회에 대하여 직접적인 영향을 주는 길이 아닌, 자신의 내면의 길로 몰입함으로써 다른 이와 깊이 접촉하는 길을 택했다면, 윤 신부는 사회의 보다 많은 사람들을 직접적으로 접촉하여 많은 글을 쓰고 때로는 필설로 공개 논쟁도 불사하였다. 또한 지성인 강좌를 열기도 하며, 한국 사회의 민주화와 성장을 위해, 올바른 눈과 귀와 입이 되어 주려고 노력했다. 방 신부도 한민족의 얼을 살려 내기 위하여 한국적 수도회를 세웠던 것이다.

두 사람은 삶의 방식에 있어서 양극의 관점에 있으면서 자신들이 택한 삶의 길을 충실하게 걸으면서도 반대의 극에 있는 서로를 깊이 수용하고 인정하였다. 마치 두 극을 연결하는 하나의 막대처럼 존재했다. 진정 이러한 모습은 무아 방 신부가 그토록 강조한 '형제애'를 깊이 나누는 모습인 것이다. 두 사람은 서로 다른 길을 걷는 사람들이 얼마나 아름답게 형제애를 나누며 예수 그리스도의 다양한 모습 안에서 하나가 될 수 있는가를 보여 주고 있는 것이다.

두 사람은 한국 가톨릭이 가야 할 선명한 두 방향을 제시하고 있다. 교회는 '침묵과 외침'이라는 대극의 중요성을 날카롭게 인식하고 자각해야 할 것이다. 현대 교회는 양대 맥을 동시에 수용 통합해야 하는 긴박한 도전을 받고 있다. 관상과 활동이라는 전통적 갈등 구도에서 벗어나 둘을 통합함과 동시에 교회 안에서 공동체적인 역할을 분담하는 것도 중요한 부분이라고 본다. 두 인물은 한국 사회가 절실히 요구하는 '영성의 부활'이라는 측면과 동시에 '언론 민주화'라는 측면에서 큰 비전을 제시하고 있다.

교회는 이 시대에 갈수록 점점 더 그 중요성이 증가하는 언론, 출판, 미디어에 지대한 관심을 가져야 한다. 또한 인터넷과 디지털

문화의 확산으로 인한 사회의 흐름의 역동들을 빠르게 이해할 필요가 있다. 언론은 신앙인들의 예언자적 소명을 살려내는 데 중요한 역할을 하기 때문이다.

지금 언론이 부와 권력의 시녀로 전락함으로 해서 국민들이 겪고 있는 고통과 혼란한 사태를 본다면 교회는 윤형중 신부의 혜안에 진작부터 귀를 기울였어야 했다. 윤 신부는 교회도 사회를 향하여 예언자적 목소리를 낼 수 있어야 한다고 주장했다. 그는 언론을 통하여 민주화 운동을 하였다. 현재 가톨릭은 학교, 병원, 사회복지 등 여러 분야에서 사회를 향해 응답하고 있으면서도 민주사회의 건설을 위하여 가장 중요한 언론, 방송매체는 가지고 있지 않다. 있어도 신자들을 위한 신문과 방송에만 국한하고 있는 실정이다.

'영성의 부활'이라는 측면을 본다면, 한국 교회는 폭발하는 영적 갈증을 해결해 주지 못하고 전통적 의식의 틀만 고집하고 있다. 현대 사회를 이해하고 적응하는 데 느리며 시대의 욕구와 시대의 고통에 응답하는 데 둔하다. 시대를 이끌어 주지 못하며 막연히 시대를 쫓아가고 있다는 느낌이다. 한국 가톨릭은 일시적이고 상업적인 영성 프로그램이나 뿌리 없는 사이비성 종교에 여기저기 기웃거리는 신자들이 증가하고 있는 사태의 심각성을 하루 빨리 자각하고 대비해야 할 것이다. 그런 곳으로 떠다니는 사람들 중에는 가톨릭 신자가 가장 많다고들 말한다. 그것은 가톨릭 신자들이 그만큼 개방적이기도 하다는 면과 영적 갈망이 타 종교인들보다 강하다는 좋은 의미가 포함되어 있는 것이다. 단순히 그런 곳에 빠지지 말라는 말로는 부족한 것이다. 이러한 영적 갈망을 가진 신자들에게 대영성가를 모델로서 제시할 필요가 있다. 마치 한국 순교자들이 한국 가톨릭교회에 힘을 주고 있는 것처럼 영성 생활에서도 영적 힘

을 줄 한국적 영성 모델이 필요한 것이다.

방 신부는 개개인의 인간성과 영성을 동시에 성장 발달시키는 영성 체계를 창안 했으며 성인聖人은 평범한 사람들 누구나 될 수 있다고 하는 '영성의 대중화' 혹은 '영성의 민주화'를 이루려고 노력하였다. 윤 신부는 한국 사회의 민주화를 위해 언론에 많은 노력과 힘을 기울였다. 두 인물은 한국 가톨릭의 성장뿐만 아니라 온 세계를 위해 가톨릭이 해야 할 큰 몫의 방향을 제시해 주고 있는 것이다. 교회는 이 두 인물에게 새로운 시선을 보내고 배워야 할 빚을 졌다고 생각한다. 서방 세계의 신학만을 숭상하다가 함께 함몰당하는 일 없이 우리 민족 안에 있는 보화의 광맥, 즉 순교 정신과 그 맥을 이어 성장시킨 방유룡 신부의 통합적 신비 영성인 면형무아 영성으로 한국 가톨릭은 전 세계에 생명의 빵을 제공해 줄 수 있을 것으로 생각한다.

수사원 재속회 입회식 강론. 1958. 7. 5.
새남터에서 한국순교복자성직수도회의 재속회 첫 입회식 미사 강론하는 방 신부.

제3장

성령 칠은이 영롱한 황홀경에 황금대로 오르는 면형제사

9

신비神秘체험 : 하느님과의 합일

이렇게 대월(對越)할 적마다 좋아하시는 얼굴이 이 심중(心中)에 비치네.
성용(聖容)의 광채가 이 마음에 사무치니 아, 참 좋아라!
어려움은 지나가고 신나고 재미있네.
이제는 괴로워도 즐거워라, 괴로움이 나는 좋아
주의 짐은 가벼워라, 그 멍에는 달고 달아라.
전화위복(轉禍爲福)이요 만사형통(萬事亨通)일세 『영혼의 빛』[95] p. 180.

한 마디로 하느님께 도취되어 여념 없이 신나게 사신 분이다.

서공석 신부(1986). 순교의 맥, 제178호, p. 28.

이렇게 좋은 신비계(神秘界)의 맛을 몰라보고 그저 살다가 가다니!
이 세상에 태어난 인생의 보람을 반은 모르고 지나가는 걸! p. 712.

빛이 이 밤을 비추면 낮과 같이 밝아,
육신은 자도 마음은 깨어, 이 빛을 즐기나이다.
이 빛이 생명이오니 자도, 임은 떠나지 않나이다.
이 몸은 잘지라도, 임의 빛이 비치어,
임은 졸지도 않으시고 주무시지도 아니 하시며
밤새도록 나를 보호하시고, 강복하시며,
새 날을 준비하시면서, 밤을 새시나이다 p. 70.

방유룡 신부는 자신이 설립한 한국순교복자성직수도회에서 1957년 5월 6일 노기남 주교의 집전 하에 대착복식과 종신 서원을 함께 하였다. 이날 그는 수도 성을 무아無我라 하고 수도명은 김대건 신부의 본명을 따서 안드레아라고 지었다. 정결과 순명과 청빈의 복음삼덕을 종신토록 지킬 것을 서원한 방 신부는 이후부터 서울 교구 사제에서 수도 사제로 소속을 옮겨 자신이 창설한 남녀 수도회 수도자들의 영적 지도에만 전념하게 되었다.

이날 외부 인사들을 초청하여 성대하게 예식을 마치고 찍은 사진이 있는데 그 많은 사람들 중에서 유난히 환하게 빛나는 두 얼굴이 있다. 빛바랜 사진이지만 그런 행복한 미소가 어디 있을까 싶을 정도로 눈에 띄는 두 얼굴이다. 이 얼굴의 주인공들은 무아 방유룡 안드레아 신부와 누이 방순경 여사다. 다른 사람들은 다 무표정한 얼굴인데 유독 두 사람만은 행복이 넘친다. 방순경 여사는 방 신부를 바라보며 웃고 있는 것 같다. 신학교 초기에 대회심을 통하여 성인이 되겠다는 입지立志를 세우고 수도자처럼 살아온 지 39년 만에 그리던 수도원 생활에 몰입할 수 있게 된 것이다.

수도회 창설의 사명을 다 마치고, 이제 교구 사제로서의 짐을 벗고 온전히 자신의 고유한 길을 걷기 시작했으니 얼마나 기뻤을까? 세상에서 누구보다도 사랑을 쏟아 주며 온갖 어려움과 시련에 동고동락했던 누이가 다른 누구보다도 마음 깊숙한 곳으로부터 기뻐했을 것이다. 참으로 사진은 신기하게도 이들에 대한 느낌을 풍부하게 전해 준다.

---

95) 김옥희 편집(1991). 초판 발행 1980년. 방유룡 신부의 영가, 노래, 강론 등을 담음. (앞으로 영혼의 빛에 나와 있는 방유룡 신부의 글을 인용할 때는 페이지만 표기할 것임.)

방 신부의 얼굴 사진 중에서 이날 찍은 독사진이 가장 아름답게 느껴짐은 우연한 것이 아닌 것 같다.

인터뷰를 위해 방 신부의 영적 지도 모임에 오랫동안 참석했던 이은봉 교수와 변규백 교수를 함께 만났다. 그들은 옛날의 감회를 회상하며 기쁘게 인터뷰에 응해 주었다. 변규백 교수는 목판에 새긴 방 신부의 붓글씨와 오랫동안 간직해서 빛바랜 방 신부의 얼굴 사진을 소중한 듯 가슴에서 꺼내 보였다. 거의 노오랗게 된 사진의 얼굴을 보며 필자는 "물방울 같다!"는 느낌에 깊은 감동을 받았다. 아니 물방울보다 더 아름답고 영롱했다. 사진은 방 신부가 종신 서원을 하고 찍은 바로 그 사진이었다. 무아 방유룡 신부는 수도 생활은 한마디로 '하느님의 성화 사업에 전문적으로 협조하는 생활'(p.315)이라고 하였다. 하느님의 성화 사업이란 하느님의 빛을 받아 성화聖化, 즉 성인聖人이 되는 것이다. 방 신부는 구약성경 창

방 신부의 종신서원 기념. 1957. 5. 6. 가운데 줄 왼쪽에서 여섯 번째가 방유룡 신부. 가운데 줄 우측에서 네 번째가 방순경 여사.

세기 1장에 나오는 창조 설화를 하느님의 창조와 실낙원失樂園 그리고 구원이라는 도식으로 이해하기보다는 모든 창조는 계속되고 있으며 지금도 하느님은 인간을 창조 성화聖化하는 사업을 하고 있다는 것이다. 이것이 방 신부가 이해하는 창조론이다.

하느님의 사업이 둘인데 첫째 육신(肉身) 사업, 둘째 성화 사업이다. 육신 사업은 천지 만물 창조인데 얼마나 광대한 것이고 놀랄 만한 것인지 모르나, 이것도 결코 준비 사업에 지나지 않는다. 그러나 하느님의 영혼 사업, 성화 사업이야 얼마나 황홀할 것인가! 당신이 천지 창조 시에도 빛을 먼저 내셨다……. 이와 같이 영혼 사업에 있어서도 먼저 빛이 필요한 것이다……. 빛이 중대한 관계를 가진 것만큼 연중 제일 큰 첨례가 불을 축성하는 부활이다. 하느님께서는 빛을 통해서 하느님 사람(성인)을 만드시는 것이 마지막 목적이요, 일대 성공하신 것이다. 하느님께서는 영혼을 위하여 항상 영원히 창조하신다. 순간 순간 창조하신다. 곧 거룩하게 성화하는 것이 창조(創造)이시다. p. 323.

무아 방유룡 신부의 창조론은 하느님의 창조는 끝난 것이 아니라 지금도 계속 창조하시는 것이며, 하느님(성부)의 물질계 창조에서 예수 그리스도(성자)의 구원 창조를 거쳐, 성령의 성화聖化 창조로 넘어간다고 보는 것이다. 성화 창조를 위해서는 세상 창조에서와 마찬가지로 하느님의 빛이 있어야 한다고 말한다. 이 성화 창조의 사업은 교회법을 초월해서 세운 세상, 사랑의 법을 지키는 초자연적超自然的 세상이며 초성세계超性世界를 일컫는데 이 세계로 나아가는 것이 수도 생활이라고 가르친다(p. 322). 첫 단계의 창조에서 다음 단계인 초성세계, 초월적 세계를 향해서 가는 것이 인간이 가는 길의 목표이며 이 성화 사업에서는 인간이 주체가 아니라 하느님이 주체이며 인간은 그 하느님의 성화 사업에 협조만 하면 된다는 것이다. 협조하느냐 안 하느냐는 인간의 자유의지의 몫이다. 여기서 잠시 무아 방 신부의 인간론을 살펴볼 필요가 있다.

동물성과 이성이 결합하여 사람이 되었도다.
육신의 사지백체(四肢百體)와 모든 기관은 신경계(神經系)로 통일하고
동물성과 이지(理志)는 신력(神力)으로 한 사람이 되었도다.
신경으로 하나가 된 것은 세상이 알고,
신(神)으로 하나가 된 것은 신덕(信德)이 알거니. p. 82.

………………………

세상에 잘 사는 길이 있을지니 그 길을 누가 아느뇨?
그 길은 하늘 위도 아니요, 바다 건너도 아니요,
바로 우리 안에 있을 지니 천성(天性)을 따르는 길이로다.
화복을 좌우하는 천성은 이성과 양심과 의지, 자유로다.
양심은 천성이요, 천성은 천명(天命)이니,
사람을 내신 하느님은 만선만복(萬善萬福)이시로다.
사람이 난 목적은 만선만복을 위함이로다.
만선만복이 목적이면 그 천생(天生)이 만선만복을 누리기 마련이로다. p. 80.

무아 방유룡 신부는 인간을 동물성과 이지理智가 신력神力으로 한 사람이 되었다고 말한다. 인간 안에는 천성이 있으며 그 천성은 천명이라고 한다. 이러한 인간관은 성경의 전통적 가르침인 인간은 하느님의 얼을 받았다는 가르침과 다른 것이 아니다. 다만 방 신부는 동양적 개념을 수용하여 하느님을 하늘이라고 표현하거나 천天 혹은 천성天性, 천명天命이라고 말한다. 다만 방 신부의 고유하고 독특한 부분은 '양심良心은 천성이요 천명이다'라고 한 것이다. 인간 안에 내재하는 신성神性의 의미를 천명과 천성 그리고 양심까지 수용 확대해서 사용한다.

그래서 방 신부는 사람과 동물을 구별하는 경계는 양심과 자유라고 가르친다. 이 양심은 인간 안에 그 '양심 불'을 갖고 있지만 꺼질 수 있는 것이며, 발달하지 않을 수도 있다. 그는 양심 불의 촉수를 점점 더 높여야 한다고 가르친다. 중요한 것은 인간 안에 본래적으로 신적 세계에로의 초월할 수 있는 원천이 내재하고 있다는 것이다. 결국 인간은 하느님과 합일하여 신神이 된다고 외친다. 이러한 인간관은 인간의 실존적 궁극성을 강조하고 있는 것이다.

이렇게 본성(本性)은 초성(超性)이 되고 사람은 신(神)이 되었도다.
침묵이 본성을 바로잡고, 대월(對越)은 초성을 불렀도다.
본성과 초성이 동성(同性)이 되었으니
이것이 하느님과 사람과의 일치로다. p. 141.

방 신부는 수도 생활을 '성인되는 학교'라고 하기도 하고 초성 세계로 건너가는 길을 배우고 훈련하는 '전문 기관'이라는 말을 한다. 수도 생활은 구체적으로 훈련하는 방법을 제시하고 그 방법에 우리는 '협조'만 하면 되는 것이니 어려울 것이 없다고 했다. 협조의 형태는 '성의와 노력'이라는 수행修行 혹은 수도修道의 여정이 요구되는 것이다. 인간 안에 있는 천명天命인, 하느님의 소리에 협조하며 이 협조를 잘하기 위해서는 하늘로부터의 빛, 성령의 빛을 받아야 한다고 강조한다. 육신의 눈이 빛이 있어야 만물을 보는 것과 같이 영혼의 눈도 영혼의 빛, 즉 성령의 빛이 있어야 하느님을 알아본다는 것이다. 그리고 인간 안에는 이미 천명에 접속할 수 있는 안테나, 즉 양심을 가지고 있다고 가르친다. 그러므로 성인이 된다는 것은 인간과 신의 공동 작업에 의해서 이루어지며 성인은 둘의 작품이다. 신의 뜻만이 아니라 인간의 뜻만도 아니라 합일의 과정이 필요한 것이다.

무아 방유룡 신부는 성인이 되기 위해 끊임없이 하느님을 만나고 접촉하는 삶, 성령의 소리에 귀를 기울이며 하느님이 자신을 성화시키려는 의지에 순명하며 협조하는 삶, 즉 하느님과의 신비적 접촉의 삶을 살았기에 모든 난관을 뚫고 나왔다. 뿐만 아니라 그 합일의 기쁨에 넘치고 넘쳐 흥에 겨운 삶을 살았다. 때로는 오랜 시간 면벽하며 관상에 몰입하며 감격의 눈물을 글썽이는 때가 자주 있었다. 방 신부가 쓴 수많은 영가는 이 영적 체험을 바탕으로, 자신이 체험한 끓고 타는 하느님에 대한 사랑과 신비적 합일에서 쏟아져 나온 노래라는 것을 알 수 있다.

방 신부의 신비가로서의 특징은 그가 몇 번의 신비체험을 한 것이 아니라 그는 청소년기가 지난 후부터는 계속적으로 관상적 몰입과 신비체험 속에서 살았다는 것이다. 그는 밤이나 낮이나 자신의 몸에서 쏟아지는 빛을 체험했으며 그러기에 그는 모든 인사물人事物 현상을 경이와 신비에 찬 눈으로 바라보았다.

신부님은 책 보고 기도하는 걸 한 번도 못 봤어. 항상 앉으면 벽을 보고 앉아 계셔, 밥을 해 가지고 가져가서 "신부님!" 하고 부르면 대답을 안 해. …… 그때 기도서를 많이 썼거든 내내 앉아서 명상하고 나면 글을 썼어. …… 옛날에 사과 궤짝 있잖아 날마다 한 궤짝 씩 갖다가 태우는 거야. 지금 생각하면 모아 놨으면 얼마나 좋았겠어. 그걸 날마다 태웠는데 엄청 많이 쓰시고 마음에 안 든다고 하나도 남기지 말고 다 태우라고…… 우리는 모르니까 갖다 태우고 갖다 태우고…….

인터뷰 자료; 이영숙 수녀. 2008. 2. 23.

머리꼬리 입회 시절부터 분원에서 달랑달랑 본원 뜰을 찾으면 으레 봄의 따뜻함 그리고 평화함과 함께 미소로 답례하시는 신부님이 거기 계셨습니다.

침묵 그리고 평화가 바로 신부님의 모습이셨던 것입니다. 끓고 타는 영성적 강론, 영가는 우리 수녀님 누구라도 저와 같은 추억을 가지셨을 것입니다. 제 마음 속에 남아 있는 뼈에 박힌 수많은 단어들, 신부님은 주님 사랑으로 타셨다는 믿음입니다. …… 당신은 성체[96] 안에 끓고 타시는 근본 마음을 실천코자 평생을 다듬으신 분이셨습니다. 온 생을 감실[97]을 향한 본질적인 물음과 답을 기다리시며 실제 그러한 삶으로 제 마음속 깊은 흔적을 남기신 신부님. "나 이 세상에 불을 놓으러 왔으니 타는 것 외에 무엇을 원하리오. 나는 이 불을 보았으니 지성소에서 항시 타고 있도다."[98] 우리 모두 타기를 갈망하시던 신부님. 정명자 수녀(1986). 순교의 맥, 제178호, p. 46.

뽀스뜨랑 때[99] 사제관 청소 담당이었기에 사제관을 청소하러 가면 가끔 신부님께서는 조용히 기도하고, 또 어떤 때는 눈가에 눈물이 맺힌 채로 조용히 앉아 계시기도 하고 또 미소를 지으면서 창밖을 내다보고 계시기도 하셨다. 그래서 나는 가끔 신부님께 "신부님 뭐하세요?"라고 여쭙곤 하였는데 신부님께서는 말하지 말고 가만히 있으라고 하시면서 더 조용히 눈을 감으시고 하셨다. 그때 어린 내가 생각하기에도 신부님께서는 깊은 고요와 침묵 속에서 하느님과 대화를 하시는 것 같았다. ……
신부님께서는 아주 편안한 모습으로 앉으셔서 창밖을 내다보시면서 눈물을 글썽글썽하고 계셨다. 그래서 "신부님 뭘 보고 계세요?" 하였더니 신부님께서 "하느님을 보지." 그래서 내가 "하느님이 보여요?" 하니까 신부님께서는 "그럼! 보이지."라고 대답하셨다. 나는 그 대답에 더 이상 여쭤볼 수가 없었는데 그것은 그 옛날 내가 뽀스뜨랑 때 침묵 중에 기도하시던 신부님의 모습이 교차되어 떠올랐기 때문이다. 윤태순 수녀(2000). 순교의 맥, 제196호, p. 41.

---

96) 예수의 몸이라는 뜻. 사제가 미사 때 밀떡을 축성하고 난 후 형태는 변하지 않지만 실체가 변함.

97) 성체를 모신 함. 보통 성당 제대에 모셔 둠. 옆에는 작은 성체불이 켜져 있음.

98) 예수님이 한 말인데 방유룡 신부가 늘 인용. 나중에 이 논문에 설명이 나옴.

99) 라틴어. 영어로는 postulate. 청원기로서 입회한 후 보통 2년째. 지원기를 지낸 다음의 단계가 청원기이다.

신부님께서는 기도 중이나 조용히 묵상 하실 때 눈물을 아주 자주 흘리셨는데 어느 수녀님이 왜 우시냐고 여쭤보니 “너는 몰라”라시며 조용히 미소를 띠셨다 한다. 미사 중에도 눈물을 잘 흘리셨는데 당신이 굳이 그 눈물의 의미를 말씀하지 않으셔도 우리들은 느낄 수가 있었다. 그 눈물이 예수님의 사랑에 대한 환희와 기쁨의 눈물이라는 것을.

이영숙 수녀(2000). 순교의 맥, 제196호, p. 51.

생각할수록 우리들의 영혼 밑바닥까지 그분의 숨결과 가르치심으로 가득 채워져 있음을 느끼며 우리에게 이토록 좋으신 창설 신부님을 선사해 주신 하느님께 마음 뜨겁게 느껴오는 감사를 드리지 않을 수 없게 됩니다. …… 신부님의 삶과 영적 가르치심을 묵상하고 있노라면 이는 마치 땅 속 깊이 묻혀있는 풍성한 그리고 끝을 모르고 달려간 광맥을 보는 것과 같습니다.

김옥희 수녀(1991). 영혼의 빛, p. 23.

10

인생의 맛과 멋을 즐기는 수도자

혹자는 방 신부가 철저한 금욕주의자라서 인간적인 밝고 따뜻한 분위기는 없고, 침침하고, 경직되고, 인생의 즐거움과 욕구를 과도하게 억압하는 회색빛의 인물이라고 평가하는 사람이 있을 수 있다. 실제로 그런 곡해를 하는 사람들도 있다. 필자는 이러한 이유 때문에 방 신부의 정신이나 영성보다 우선적으로 그의 실제의 삶에 초점을 맞추려고 하는 것이다. 가능한 한 어느 한 사람의 시각이 아닌 여러 사람들의 생각들을 드러내려고 시도하고 있다. 삶과 분리된 영성과 정신, 이론이 판치는 세상에 무아의 방유룡 신부의 삶의 진면목을 보여 주는 작업이 우선되어야 한다고 생각했다.

당신은 단순한 분이 아니십니다. 당신께서 말씀하실 때는 올라갈수록 단순화된다고 하셨는데 여기서 단순한 분이 아니라는 것은 무엇을 말하는 거냐? 외골수로 나가는 사람, 세상일도 모르고 사람 사는 그런데 관심도 없는 그런 사람을 단순하다고 표현을 하는데 그런 의미에서 그런 분이 아니시라는 말입니다. 당신의 취미 생활은 보통이 아니었습니다. 당신이 누리는 취미 생활, 여기서 취미라는 것은 '맛' 아닙니까? 우리가 어떤 말을 들었느냐 하면 "천주를 사랑하는 맛"을 들여야 한다는 것입니다. 천주를 사랑한다는 것이 어떤 것인지도 모르는 사람이 어떻게 천주를 사랑하는 '맛'을 알겠는가?

김규영 박사(1996). 순교의 맥, 제192호, p. 102.

내가 처음 존경하옵는 방 신부님을 처음 뵌 것은 아마 1960년 전후하여 대신학교 학생 시절 이었을 것이다. 하루는 사제의 정장을 갖추신 늠름하시고 멋들어지신 신부님 한 분이 신학교를 들르셨던 것이다. …… 특히 인상적이었던 것은 테가 대단히 넓은 성직자용 모자였는데 그렇게 멋들어진 복장은 난생 처음 구경하는 것이었다. 아마 그다음에 다시 한 번 어디선가 만나 뵈었기에 “로마에 가서 라틴말을 하니까 다 알아 듣더구만.” 하고 말씀하신 기억이 새롭다. 김승훈 신부(1986). 세상에서 천국을. 순교의 맥, 제178호, p. 27.

내가 처음으로 방유룡 레오 안드레아 신부님을 뵐 수 있었던 것은 32년 전이라고 기억된다. 소신학생 때였는데 서울교구 본당 대항 체육 대회 때 동성고등학교 운동장에서 힘차게 뛰는 젊은이들을 그윽이 바라보시는 신부님의 모습은 인상적이었다. 약간 단신이었지만 검은 수단에, 어깨를 완전히 덮고 가슴 중간까지 내려오는 케이프를 입으셨으며 머리에는 위가 동그랗고 테가 크며 술까지 달린 검은 모자를 단정하게 쓰신 채 시종일관 잔잔한 미소를 짓고 계시는 신부님을 뵙고는, ‘우리나라에도 저렇게 미남이요 멋있는 신부님이 계시던가!’ 하고 내심으로 감탄하였다. 물론 존함도 근무처도 모르던 상태에서였는데 나중에 안 일이지만 당시 그분은 제기동 주임 신부님[100)]이셨다.

송광섭 신부(1986). 순교의 맥, 제178호, p. 29.

신부님께서 1959년 로마에 가셨는데 그때 신부님께서는 모자와 수단의 옷단 전부에다 홍선을 달고 또 허리에다 띠를 하고 그 끝을 빨간 술을 단 복장을 입고 가셨다. 우리 수녀들이 신부님을 배웅하는데 신부님의 얼굴이 동안(童顏)이신데다가 또 차분차분 걸어가시는 모습과 그 복장이 얼마나 잘 어울리던지 우리 모두가 놀랄 정도였다. 그리고 그런 모습으로 로마에 가니까 모든 분들이 다 주교님인 줄 알았다고 한다.

조연이 수녀(2000). 순교의 맥, 제196호, p. 30

---

100) 방 신부는 1950년 12월부터 1953년까지 제기동 본당 주임 신부로 있었다.

그는 중세나 근세의 성인들과는 다른 현대의 성인이라는 점에 주목해야 한다. 시대마다 성인의 모습도 진화한다고 생각한다. 방 신부는 영성 생활도 시대에 따라 해야 한다고 말했다. 방 신부가 친필로 작성한 복자수녀회 창설이념에서 그는 관상부의 설립 취지에 대해 논한 다음 관상부에서 해야 할 사명을 열거했다. 전부 6가지를 밝혔는데 그중 하나는 놀랍게도 "시대와 수도생활의 연구를 할 것"을 명시했다는 것이다.

우리는 아직도 고대와 중세로부터 내려오는 유럽의 수도생활 전통을 고수하고 신봉하고 있다. 우리는 이 시대에 적응하면서 복음적 가치와 진리를 전파해야 할 사명을 지녔다. 유럽의 수도원들은 이제 거의 망했다. 왜 우리가 망한 수도 개념과 수도 신학을 오늘에 와서도 맹목적으로 따라야 하는가?

필자는 이 점에 있어서 통탄을 금치 못한다. 수도 전통은 예수님의 본래 말씀과는 많은 차이가 나는 부분이 있다. 예수님의 말씀을 현대인들이 수용할 수 없는 옷을 입혀서 전파한다면 그 옷이 싫어서 예수님 말씀에 가까이 다가가지 않을 수 있다. 우리의 수도생활은 공자 왈 맹자 왈 하던 시대의 옷과 로마와 유럽 전제 군주 시대의 옷을 아직도 입고 있다. 변화하지 않으면 유럽의 수도회들과 같은 전철을 밟을 것은 자명한 일이다.

무아 방유룡 신부는 이 점을 진작부터 통찰한 사람이다. 시대를 연구하고 이 시대의 영성 생활과 수도생활이 어떠해야 하는지 연구할 것을 촉구하고 있다. 같은 맥락에서 우리는 방유룡 신부의 영성에다 시대에 뒤떨어진 구닥다리 옷을 입혀놓고 해석하고 가르쳐서는 안 된다. 우리는 시대가 알아듣는 언어로 예수의 정신을 가르쳐야 한다. 그것을 지금 라틴어와 라틴 문화로 해석해서 가르친다면 어떤 일이 일어날지 상상해 볼 일이다. 방유룡 신부가 살던 시대와 지금은 또 다른 시대이다. 방유룡 신부는 일찍부터 이 문제에 대한 심각한 우려의 마음이 있었기에 창설 근본이념에 이를 명시했던 것이라고 생각한다.

방 신부는 다른 성인들과 같이 하느님과의 신비적 합일이라는 공통의 부분을 갖고 있지만 생활방식은 같은 수도자라도 상당히 다르며 독특하다. 나름대로 자신의 시대를 뛰어 넘어 방 신부만이 풍기는 생활의 멋과 고유한 빛깔과 향기를 지니고 있다. 시대에 함몰당하거나 어쩔 수 없이 뒤따라가는 것이 아니라 오히려 시대를 앞서 갔다. 지금 우리의 수도생활을 보면 변화하지 못하고 과거와 현대가 분열된 상태로 존재하고 있다.

그는 보통 평범한 사람들이 누리지 못하는 지복직관至福直觀을 누리면서 산 사람이다. 하느님과 합일하는 신비체험에서 오는 황홀의 기쁨뿐만 아니라 일상의 모든 것, 무엇보다 삶의 맛과 멋을 즐겼다. 그는 아름다움을 추구하는 사람이었으며 특히 미의식美意識과 미적 감각이 뛰어났다. 그의 입에서는 감사와 찬미의 노래가 끊이지 않았던 사람이다. 어떻게 이러한 복락을 누리며 흥겹고도 신나게 인생을 살 수 있는가 라는 질문이 우선 제기되어야 한다. 그는 영가靈歌에서 "인생의 목적은 지복직관을 누리는 것이다."라고 말하고 있다. 이것을 모르고 사는 인생에 대해 매우 안타까워하면서 말이다.

그는 시대적으로 가장 힘들고 소란한 시대를 살았던 사람이나 그처럼 고요를 누리며 동시에 신명나게 산 사람도 없을 것이다. 방 신부가 어떻게 삶을 즐기며 살았는가를 보여 주는 다양한 모습을 여러 사람의 눈을 통해 보여 주고자 한다.

그는 전쟁의 폭음 속에서 고요와 침묵을 즐겼으며, 관상을 통해 하느님과 신비적 합일을 즐겼음은 물론 음악과 노래를 즐겼고, 자연과의 합일을 즐겼으며, 영가靈歌와 시를 짓는 일을 즐기고, 유머를 즐겼으며, 커피는 마귀처럼 까맣게 먹어야 좋다고 하며 커피를 즐겼고, 술과 담배, 육식, 스포츠를 즐겼고, 성당과 감실, 성광을 제작하고 꾸미는 것, 기계 뜯어보고 맞춰 놓는 것, 묵주 만드는 것, 무엇보다 돈이 안 드는 바둑을 즐겼으며 또한 휴식 시간에는 자연을 즐기고 특히 나무와 대화하며 전정하는 일을 무척 즐겼다.

그분은 평생 흥에 겨워 사셨어요. 정말 흥에 겨워 사셨던 양반이에요. 흥얼흥얼 어깨를 들썩거리던 그 모습이 …… 평소에도 늘 그랬지요. 신부님 방에 가면 신부님은 글을 쓰시다가 담배도 맛있게 피시고 마냥 흥얼흥얼 노래도 하시다가 커피를 맛있게 드시며 또 쓰다가 혼자 뭐 흥이 나셔서…… 어떤 땐 3, 40분을 가서 앉아 있었는데도 부르지 않으면 누가 온지도 모르고 얼마나 흥에 겨워 계시는지 몰라요. …… 누가 보면 술에 취한 게 아닌가 할지 몰라요. 그렇게 흥에 겨워 사셨어요. "신부님!" 부르면 그때야 깜짝 놀라 언제 왔냐고 그러세요. 정말 흥에 겨워 사셨습니다. …… 미사 때 이렇게 보면 기쁨이 터져 나와 그냥 하! 하시고 어쩔 줄 모르는 그 모습…… 그러시다가도 또 옷 단추를 끼다가도 종이 울리면 즉시 멈춰서 팔을 벌리고 대월기도를 하셨었지요. …… 대월기도는 하느님의 속삭이는 소리를 듣는 때라고 하시면서……

인터뷰 자료; 방학길 신부[101] 2008. 1. 25.

집에 머 연탄이 머 어떻게 되는지 쌀이 어떻게 되는지 학생들 학비가 어떻게 되는지 전혀 돈에 대해선 몰라. 돈 생기면 우리 그냥 사 주고프고 사 먹이고프고. 이제 좀 많은 돈 들어오면 뿌로 마뗼 다 갔다 드리고……

인터뷰 자료; 김복남 수녀. 2008. 1. 17.

---

101) 한국순교복자성직수도회 소속 신부. 제5대, 6대 총장.

이렇게 즐기면서 어떻게 수도 생활을 하고 성인이 될 수 있는가? 무아 방유룡 신부가 수도 사제가 아닌 보통 사람들처럼 다른 길로 나갔으면 그 길에서도 그는 크게 될 사람이라고 김규영 교수와 성찬경 교수는 말한다. 만약 방 신부가 수도자가 아니었으면, 즐기는 것이 더 많았으리라. 방 신부는 중세 성인들과 같은 금욕주의자로 보는 시각은 진정 왜곡된 시각이다. 그는 수녀원에 들어온 어린 수녀들이 잘 먹고 잠을 충분이 자는 것을 좋아했다.[102] 수녀들에게 늘 잘 먹이고 싶어 했다. 만약 마뗄 윤병현이 주문한 일의 약속 때문에 어쩔 수 없이 몰래 수녀들을 재우지 않고 일을 시키는 것을 발견하면, 방 신부는 다 공장에나 가서 살라고 호되게 야단을 쳤다.[103] 수녀들을 일찍 재우기를 원했던 것이다.

한 번은 수녀들이 연극 연습을 해야 하는데 날짜는 다가오고 시간이 없다고 지나가는 방 신부한테 말했다고 한다. 그는 "내가 눈 감아 주고 누구에게 말을 안 할 테니까 여기서 하라구. 그러나 잠은 제 시간에 자야 합니다." 이와 같이 잠 시간은 줄이면 안 되었던 것이다. 옛날에 수녀원은 어려운 상황에서도 일 년에 최소한 평균 4~5번은 연극을 하였다. 그중 연례적으로 순교자들을 기리는 순교극을 2번은 했던 것이다. 때로는 연습이 부족하여 몰래 하기도 한다. 어느 날의 기록이 남아 있다.

하루는 수녀들이 몰래 문을 잠그고 연극 연습을 하고 있었다. 왜냐하면 마뗄을 기쁘게 하기 위한 깜짝 이벤트였기 때문에 몰래 한 것이다. 그런데 방 신부가 잠근 문을 두드리는 것이었다. 당연히 문을 따 주지 않았는데 "나는 너희 편이야. 너희 편이라고, 그러니 문 따! 문 좀 따 줘." 하고 들어와 함께 연습을 하며, 조명 담당 기사가 되어 연극을 함께 하기도 했던 사람이다.[104] 해마다 연초가 되면

복자수녀회 수련자들과 함께. 1982.

복자수녀회 수녀들과 함께. 1980.

102) 순교의 맥. 제178호. p. 34.
103) 순교의 맥. 제196호. p. 39.
104) 박순일 수녀. 순교의 맥. 제196호. p. 35-36. 윤태순 수녀. 같은 호. p. 39.

수사 수녀들과 윷놀이 시합을 하는가 하면 탁구 대회를 열어 수녀들이 어떻게든 활기차고 즐겁게 수도 생활하기를 바랐다(p. 98).

자연 사랑, 만물萬物 사랑

방 신부는 자연계를 초자연계의 암시로 보고 있다. 그러므로 이 자연계의 신비를 관찰하고 접촉하는 것을 통하여 보이지 않는 초자연계를 이해할 수 있다고 했다.(p. 98) 이는 마치 우리가 예술 작품들을 통해서, 사용한 상징들을 통해서 저자의 내면과 의식을 짐작해 볼 수 있는 것과 같은 이치라고 본다. 방 신부는 자연을 사랑하고 즐기면서 초자연 세계에 접근하고 그 깊은 신비와 아름다움에 대한 경험을 확대했던 것이다. 자연계만 보더라도 그 신비가 불가사의한데 하물며 초자연 세계는 어떠할 것인가? 방 신부가 자주 비유적으로 말한 애벌레가 땅에서 기어 다니며 경험하는 세계도 놀랍지만 죽음이라는 고치의 차원을 넘어가면 나비가 되어 경험하는 차원의 세상은 또 다른, 보다 광활하고 보다 자유로운 현실이 펼쳐지는 것이다. 이런 자연의 현상들은 보다 더 큰 영적 현실의 상징인 것이기에 인간은 이 자연의 세계에 시선을 머물게 하여 관조하고, 자연이 반영하고 있는 그 너머의 세계에 대한 메시지를 해득하려고 노력해야 하는 것이다. 방 신부는 마음의 골방을 만들고 점성정신으로 자연을 대하였고 그것을 또한 이론화하여 가르쳤다.

> 자연계로 들어가면 들어갈수록
> 모두가 신비(神秘)요 불가사의(不可思議)로세.
> 거름이 오곡백과의 풍미가 되면 탄질소는 산천초목의 풍경이네. p. 79.

필자는 1975년에 복자수녀회에 입회하였다. 방 신부에 관하여 잊을 수 없는 소중한 추억들이 있다. 방 신부의 존재를 알고 수녀원에 들어온 것은 아니었다. 그때 방 신부는 수사원에 거주하고 있었기에 어쩌다 볼 수 있었다. 수녀원에서 1년 동안 생활하다가 반성기[105]를 한 달 동안 가졌다. 필자는 동기인 제주도 자매의 집에서 관광을 즐기고 있었다. 방 신부가 수사원 농장에 오셨다는 말을 듣고, 우리는 할아버지와 놀아드릴 겸 수사원을 방문했다.

마침 백발의 노인이 수사원 앞뜰에 있는 연못에서 무엇을 들여다보고 왔다 갔다 하고 있었다. 우리의 그때 복장은 수녀복이 아니라 일반 복장이었다. 아마 수녀였더라면 방 신부가 다른 태도를 보였을 수도 있으리라. 지금 생각하면 우리는 다행히 일반 복장이었다. 우리가 방 신부에게 인사를 하자, 언제나처럼 그 백만 불짜리 미소를 지었다. 우리들은 할아버지에게 함께 놀자고 요청했다. 그런데 방 신부는 미안해하면서 "나 바쁜데!?" 우리는 의외라는 뜻에서 "왜 바쁘신데요?" 하였다. 방 신부는 아주 진지하게 "나, 여기 애네들하고 놀아야 되는데……" 우리는 방 신부가 가리키는 연못을 잠시 들여다보았다. 물고기가 왔다 갔다 하고 있었다. "……!" 필자는 속으로 큰 느낌을 받았다. 그때부터 방 신부를 '보통 분이 아니구나!'라고 느끼기 시작했다. 그 모습은 자연과 합일하는 모습으로 느껴졌다. 나중에 수사들을 만났는데 신부님은 물고기만 좋아하는 것이 아니라 나무를 무척 좋아한다는 말에 무조건 더 좋아하게 되었다. 필자에게는 나무를 좋아한다는 그 한마디 말만으로도 방 신부를 좋아할 이유가 되었던 것이다.

---

105) 휴가이면서, 수도 생활을 정말 할 것인지 다시 사회에 나가 살면서 숙고해 보라는 기간.

3년 수련기를 마치고 우리 복자 수녀원에서 운영하는 부평 성모자애병원 수녀원 주방에서 실습을 하게 되었다. 마침 방 신부가 병원에 머물렀을 때였다. 매일 오후 4시에 방 신부에게 커피를 타 드리는 것이 필자의 부소임이었다. 매일 방 신부 방에 갈 수 있었다. 커피가 귀할 때, 방 신부와 함께 커피를 마실 수 있는 특혜가 주어졌던 것이다. 그때 인상 깊었던 것은 방 신부는 그 시간에 늘 미국 방송인 AFKN채널 TV를 보고 있었다. 백발이 하얀 노인이 영어로 방송을 보니 참 멋있게 느껴졌다. 그래서 대화가 많이 있을 수는 없었다. 한번은 담배를 피우고 있길래 "신부님, 저도 담배 좀 피우고 싶은데요?" 하니까 "피워라." 하시는 것이었다. 그 대답에 화통함을 느꼈다.

이 시절 가장 신기한 것은 방 신부가 필자를 볼 때마다 고개를 갸웃거리며 웃음 띤 얼굴로 매우 신기해하며 바라본다는 것이다. 방 신부가 식탁에 나오면 필자는 쟁반에 음식을 담아 갖다 놓는 일을 했다. 매일 보는데도 매일 처음 본 듯이[106] 신기해하며 보는 것이다. 마치 '요 조그만 것이 수녀복을 입었네?' 뭐 그런 것이었는지 모르겠다. 나는 키가 작기도 했지만 그때는 무척 어리게 보이기도 하였으니 말이다. 매일 이렇게 사물을 경이에 차서 바라본다는 것은 어떤 경지를 넘어간 사람에게만 있는 일인 것이다. 방 신부와 20년 동안 모임을 했던 학자들 중에도 필자가 느꼈던 것을 그대로 느낀 사람들이 있다.

특히 박희진 시인은 그러한 방 신부의 모습을 시로 남겼다.

---

106) 김규영. 순교의 맥. 제192호. p. 101.

107) 정 안나 수녀(1986). 순교의 맥. 제178호. p. 47.

오오, 그분에겐 나날이 새로워라
타다 남은 어제의 재도 없거니와
다가올 내일의 그늘도 안지는
영원한 핵심 속에 사는 그분이라.
늘 새롭게 샘솟은 부드러움
그분의 있음이여 목마른 영혼에겐
물처럼 흘러들고 캄캄한 영혼에겐
촛불처럼 켜지어서 어둠을 비치네.
그분이 그리워 우리가 모여들면
번번이 처음으로 맞이해 주듯
손을 내미시는 그분의 따사로움 이윽고 시간 속에 사는 우리기에
자리를 일어서면 또한 처음으로
작별하듯 우리를 쫓는 그분의 눈빛.

박희진(1980). 方 안드레아 신부. 소네트 Ⅱ 중에서.

방 신부는 나중에 백발노인이 되었을 때에도 별 외로움이라는 것도 없었다. 모든 활동을 중지하고 병원에 있을 때, 그때는 기억력도 떨어지고 종일 방에만 있을 때었다. 오랜만에 방문한 수녀가 "심심하시죠?" 하고 물으면 "아니, 자미(재미)있어요. 나는 바빠요." 하였다. "(무엇이 바쁘셨을까……?) 저는 살기 싫은데요." 하면 "왜 살기 싫은가! 하느님은 우리 인간을 향해 안 주는 것이 없이 주시고 모든 것을 신비하게 만드셨는데. 이 집만 해도 그래요. 사람이 집을 짓고 사는 것도 신비예요. 세상은 자미있게 되어 있고, 삼라만상은 참으로 신비에 차 있어요. 불행한 것은 내 마음 때문이에요. 이것을 깨닫는 자, 매 순간 얼마나 자미있을까!"107)라고 방 신부는 대답했다. 주님과 하나 되어 우주만물과 합일하였으며, 시간을 넘어 신비에 빠져 있었으니, 그 옛날 물고기와 노느라고 바쁘다고 한 말과 같은 차원의 말이다.

방 신부는 방 안에서 앉아 있지만 창 밖에서 짹짹거리는 참새들과도 만났고 심지어 방바닥의 카펫의 그림과도 노는 사람이었다. 그래서 매일 바빴고 매일 새로운 눈으로 세상을 바라보니 신기하고 신비해서 외롭거나 지루할 겨를이 없이, 아니 그것들을 즐기기에 바쁘고 흥에 겨운 삶을 살 수밖에 없는 사람이었다.

하루는 수녀님들이 신부님이랑 소풍을 갖다 오라고 했다. 신부님과 나를 병원에서 그리 멀지 않은 인천 만수동 수사원 넓은 농장에다 데려다 주었다. 신부님은 아이들이 소풍 온 것처럼 좋아했다. 신부님은 차에서 내리자마자 장갑을 끼고 전지할 태세를 갖추고 백만 불짜리 미소로 "일해야지 일 안 하면 밥 못 얻어먹는다!" 나는 종일 돌아다니며 여기저기 농장 구경을 했고, 신부님은 종일 나무에 붙어서 전지를 했다. 나에게는 자유의 날이며 소풍이었고, 신부님에게는 전지에 푹 빠지는 날이었다. 신부님은 그렇게 전지를 좋아했다. 어떤 수녀가 왜 그리 전지를 좋아하느냐고 물으면 "나무와 이야기하지요."라고 하였단다. 어스름한 저녁이 되자 우리는 갈 채비를 차리고 길에 나와서 차가 데리러 오기를 기다리고 있었다. 드디어 차가 왔다. 이 차는 병원에서 나오는 음식물 쓰레기를 날라다 돼지에게 주는 차였다. 운전석 옆에 한 자리만 있을 뿐인 차였기에 신부님만 타도 나는 얼마든지 버스를 탈 수 있으니 문제는 없었다. 신부님이 자리에 오르더니 몹시 미안해하면서 "우리 애기는 어따 태워?"라고 하는 것이었다. 그 순간 나는 옆에 있는 수사님들 앞에서 심히 부끄러움을 느꼈다. 나보고 '애기'라고 하는 말에. 그때는 수녀이고 싶었나 보다. 방 신부님은 집에 오셔서 식사하시는데, 계속 나를 걱정했다고 한다. 지금 생각하면 얼마나 가슴 따뜻하고 소중한 추억인지 모른다. 그때 신부님은 그냥 순진무구한 자연인의 모습이었다.

김춘희 수녀(필자) 2008. 5.

이영숙 수녀가 기억하는 이야기 중에 방 신부가 얼마나 자연과 어우러지며 합일의 경지에 이르렀는가를 말해 주는 일화가 있다.

방 신부가 제주도에 왔는데 그때가 1968년 정도쯤이라고 한다. 5월 아주 따뜻한 날이었는데, 방 신부는 아침 9시부터 오후 3시까지 식사도 안 한 채 무려 6시간 동안 돌담을 바라보고 있었다고 한다. 제주도의 정원의 돌담 앞에 멈춰 서서 돌담을 계속 시간도 잊은 채 바라보았다는 것이다. 수녀와 수사가 가서 점심 식사를 하라고 일러도 그 돌담에 서서 떠나려 하지 않았다. "가만히 있어요, 가만히 있어요. 아주 자미(재미)가 있어요." 이 수녀가 식사하고 오고, 빨래하고 오고, 심부름 하고 다시 오고 하였는데, 방 신부는 여전히 돌담을 바라보고 있었다는 것이다. 그때 나눈 대화 중 일부는 다음과 같다.

> "아주 자미가 있어요!" "뭐가요? 신부님." 저 돌들의 얼굴이 너무나 재미가 있다는 거야. "돌에 무슨 얼굴요?" 돌에는 형상이 있다는 거야. 무슨 느낌을 주는…… 형상이라는 것은 보이지는 않지만 느낌으로 보는 거라는 거야. 그게 영의 눈이 라는 거야. 느낌으로 안다는 거지. …… 그래서 자기만 알고 있지. 표현을 해도 상대가 내가 아는 것만큼 알아듣지 못한다는 거야. 그러니까 그거는 하느님이 주는 형상이라는 거야. 돌에는 하느님의 형상이 있다는 거야.
>
> 인터뷰 자료; 이영숙 수녀. 2008.2.23. 순교의 맥. 제196호. p.52.

오래 전 방 신부와 수녀들이 높은 산에 올라갔다고 한다. 정상에 올라서 다들 발아래 펼쳐지는 산 굽이굽이를 바라보며 있는데 방 신부는 너무나 긴 시간 동안 움직이지 않았다고 한다. 마침내 해가 뉘엿뉘엿 넘어가는 시간이 되었던 것이다. 그 수녀는 아마도 이때 수도자들이 하루를 마치고 잠자리에 들기 전에 모여서 하는 기도인 종과경 "서산 넘어 서해 건너~"의 노래와 시가 나오지 않았을까라고 그때를 매우 인상 깊어 했다.

윤태순 수녀는 방 신부가 성북동에 살 때, 비둘기와 새들이 신부님 방에 많이 놀러 왔다고 한다. 저녁이면 새들이 들어오게 하느라고 문을 모두 열고, 아침이면 새들이 나가 놀도록 하느라고 문을 열어 주는 것이 그분의 계속되는 일과 중의 하나였다고 한다. 방 신부가 연로하여 병원에 있을 때에도 빵조각이나 당신이 먹던 음식을 조금씩 떼어 놓아 귀찮았던 수녀들이 의아하게 여겨 방 신부에게 이것이 무엇이냐고 물으니 방 신부가 하는 말 "어떻게 새들이 짹짹거리는데 밥을 안 주나?"라고 말했다고 한다.

나무전지를 좋아하는 것도 유명한데 나무를 다듬으면서 방 신부는 누가 옆에 와도 모를 지경으로 거의 무아지경이 된다고 한다. 아주 행복한 모습으로 정성껏 가지 하나하나를 다듬는 것이다. 어느 날 수녀가 방 신부에게 왜 그렇게 나무 다듬는 일을 좋아하느냐고 물으니까 이렇게 잘라지는 아픔을 겪으면 더 싱싱해지고 아름다워진다고 말하며, 우리 인생도 마찬가지라고 친절하게 설명을 해주었다고 한다.

이것은 방 신부의 자기 경영의 원리이고 방 신부가 영적 생활을 가르칠 때 그렇게도 많이 강조한 '사욕'과 '분심'을 잘라 버려야 더 튼튼하고 아름다워진다는 가르침과 공명하는 것이다. 이처럼 방 신부는 자연과 어우러져 깊이 교류하며 명상을 즐겼고 그로부터 영성 생활의 보화를 뽑아내었던 것이다. 그는 모든 인사물人事物 현상에서 주님을 만나라고 가르쳤는데, 자신이 그렇게 모든 인·사·물 현상 안에서 하느님의 신비를 체험했기 때문이다.

신부님께서는 정원을 가꾸시고 나무를 가지치기 하는 일을 정말 즐겨하셨다. 그런데 가끔은 나무를 단발을 만들어 놓으셨다. 그래서 한 번은 왜 나무를 다

자르냐고 여쭙자 신부님께서는 "나는 나무를 자르고 있는 것이 아니라 나무를 다듬는 것이야."라고 하시면서 "나무 하나 하나에서 예수님의 얼굴이 보여. 그래서 예수님의 얼굴을 만져 드리는 것이야."라고 말씀하셨다.

김정자 수녀(2000). 순교의 맥, 제196호, p. 57.

여기는 뱀이 많았거든요, 뱀이 빨간 색을 싫어한대요. 그래서 신부님은 소매에도 빨간 천, 다리에도 주렁주렁 매달고는 산에 올라가셔서 소나무 전정을 하셨어요. 그러나 한 번은 큰일 날 뻔 했었지요. 전정을 하시다가 그만 가파른 산에서 굴러 떨어지신 거예요. 수녀들이 모두 놀라서 아이구 어떻게 되셨나? 하고 뛰어가 보니까, 신부님께서 턱턱 털고 일어나시면서 "호수천신은 뭘 하려고?" 그러시는 거예요. 그러니까 호수천신(護守天神)이 도와주시는데 뭘 걱정을 하느냐 그 말씀이지요.

홍은순 수녀(1993). 순교의 맥, 제189호, p. 7.

하루는 그분이 졸지에 쓰러졌다/ 우리를 보고 반색을 하시다가/ 아주 납작하게 시멘트 복도 위에/ 그분은 전혀 다치지 않았거니/ 빛보다도 재빠르게 천사가 날아와서/ 투명한 융단을 바닥에 깔았기에

박희진 시인(1980). 소네트 중에서.

어느 날 방 신부는 정원에서 김정자 수녀에게 우리 수도자들은 자연도 잘 보고 관찰할 줄 알아야 한다고 했다. 그러나 "저희에게 자연을 관찰하고 즐길 수 있는 그런 시간의 여유가 어디 있나요?"라고 응답하니, 방 신부는 그것은 관심만 있으면 다 볼 수 있다는 것, 관심을 가지고 '점성정신'으로 자연을 대하면 세밀하게 관찰할 수 있다고 했다. 또 다른 날 정원의 방 신부가 돌을 얼마나 정성껏 꾸미던지, 그렇게 꾸며 놓은 뒤에도 또 지나가다가 다르게 바꾸곤 하였다. "신부님! 이미 예쁘게 다 꾸며 놓으시고선 왜 또 바꾸셔요?" 하니까 "놔 둬. 나는 거기서 무엇을 찾았어." "저는 아무것도

안 보이는데요." 하니까 "마음에다가 골방을 안 만들어 놨기 때문이야. 항상 마음에 골방을 만들어 놓아야지!" 했다고 한다.[108] '마음의 골방'이란 마음의 신성한 자리, 자아의 시끄러움과 세상 것들이 들어와 있지 않은 고요가 머무는 자리를 말하는 것이리라. 마음이 여기에 머물지 못하고 분심잡념으로 번잡하고 시끄러우면 우리는 모든 것을 놓치고 스치며 사물의 진수와 정수를 보지 못하고 마는 것이다.

심리학적으로 말하면 인간이 심리적으로 어떤 정서에 점유당하고 있으면 지금 여기에서 경험하고 있는 모든 것을 제대로 보고 듣고 느끼고 판단할 수 없다고 말하는 이치와도 통하는 말이다. 방 신부는 '마음의 골방'을 가지고 '점성 정신'으로 자연을 관찰하며 그 신비에 접촉했다. 방 신부가 자연을 찬미하는 영가는 수없이 많은데 자연을 찬미함은 하느님에 대한 찬미요, 자연을 통해서 초월세계를 만났다.

영가 43.

애벌레는 번데기가 되었고, 그는 나비가 되어
봄빛이 화창한 화시(花時)에 화령수(花靈水)에 꿀만 먹고,
꽃밭에서 꽃놀이 하면서 꽃천지를 이루도다.
낟알은 흙에서 싹이 터서 꽃 피고 열매 맺어
창생의 먹이가 되어 먹는 이의 몸으로 가니
아하! 그 난 보람 장하여라.

---

108) 순교의 맥. 제196호. p. 59.

그는 사람의 몸이 되었네.
한낱 낟알로서 이런 비결을 어디서 배웠을까!
견문은 지식이 되고 지식은 정신(精神)이 되고
정신은 영혼으로 가서 영혼과 하나가 되었으니,
하찮은 견문으로서도 이렇듯이 놀라운 보람을 내었구나!
아하! 오곡백과의 풍미는 거름이 주네.
질소는 정원에 풍경을 주네.
인과연분(因果緣分)의 불가사의, 이런 데도 신비(神秘)가 비쳤네.
사람을 위하여 생긴 삼라만상에도,
저마다 그 난 보람이 놀랍거든,
유독 영장은 세상에서 비극으로 살고 말쏘냐.
영장된 보람은 무엇이며 그 난 보람은 어디 있느냐!
성인 몸은 성신(聖神)의 궁전이요, 그 마음은 애덕(愛德)의 성좌(聖座)요
임을 모시던 사지백체는 백골난망(白骨難忘)의 성구(聖具)이니
등한히 여겨 파상하거나 썩혀 버린다면,
신인(神人)을 촉노하는 패륜이요 천지원기(天地元氣)에 역행이요
정기(精氣)가 용납할 수 없는 죄악이로다. p. 143.

스포츠와 바둑

송광섭 신부는 방 신부가 스포츠를 무척 즐겼다고 말한다. 그 당시 레슬링과 권투를 즐겨 TV도 함께 보았는데, 유명한 김일이 나오는 스포츠 중계는 열일을 제치고 보았다고 한다. 윤태순 수녀는 방 신부가 TV를 볼 때면 얼마나 소리를 지르고 이래라저래라 하며 열광적으로 보는지, 마치 TV 속으로 빨려 들어갈 것 같기도 하고, 주먹으로 TV 화면을 때려 부술 것 같아 함께 시청하던 수녀들이 조

마조마했다고 한다. 일본과 싸워 김일이 이겼는데, 수녀들이 "일본이 져서 좋지요?"라는 말에 "나는 그런 것 안 봐." 하면서 "누가 얼마나 연습을 해 가지고 나와서 어떤 방법으로 잘하느냐 하는 데에 관심이 있지, 민족적인 그런 얕은 거를 떠나서 '성의와 노력'을 봐." 라고 대답했다고 한다.[109)]

또한 방 신부는 바둑 두는 것을 무척 좋아했는데, 방 신부의 이 바둑은 너무나 유명한 취미이다. 방 신부가 바둑을 두면, 이길 때까지 둔다는 말을 가끔 들었다. 그래서 두다가 상대가 너무 장시간이라 힘이 들어 그만 두려면 일부러 져준 적도 있다는 말도 있다.

아마도 자신의 집중과 인내심과 수법手法을 시험하는 듯 끝까지 해 내려는 자세다. 사실 이런 포기하지 않고 끝까지 원하는 것을 하려는 태도와 힘이 그 어려운 시기에 수도회를 창설하는 데 일조를 한 것이리라.

복자가족 탁구대회. 1966. 7. 5.
수사원 측 선수의 자격으로 출전하여 수녀와 한판 대결의 하는 멋진 폼의 방 신부.

구정 설날 수사 수녀들과 척사 대회에서 말을 두는 방 신부 (우측)
1971. 2. 10

신부님과 바둑은 유명한 주지의 사실이다. 시간적으로 성직 생활은 걱정과 수난을 면치 못하는 것이다. 그러나 반대로 수도자의 수업 도구로 바둑은 필요한 것 같다. 잘 주석하면 바둑은 기도(棋道)이다. 도는 길Logos로 상통한다. 哲理, 윤리(倫理), 수법이 담아 있다. 철리로는 바둑판의 4각이 지(地), 바둑 알의 원형은 천(天), 판의 중심은 천(天)이요, 극(極)이다. 여기서 361수로 나열 사통(四通), 팔달(八達), 4성점(星占)은 춘(春), 하(夏), 추(秋), 동(冬)의 천(天)과 지(地)로, 절기적 움직임이다. 윤리로는 인(仁), 의(義), 예(禮), 지(智)이며 어질게 즉 화기(和氣)로움으로 바르게 살며 동작에는 예절을 지켜야 한다. 즉 신사적으로 지혜를 총동원하여 싸워서 승리로 이끄는 것이다. …… 수를 읽고 보시고 하는 자세는 무아(無我)의 경지이시다. 죽고 사는 기로에서 극기(克己)로 무제한 인내로 조화를 이루시는 경지다. 극기의 인내력은 무아(無我)의 수업(修業)이다. 그래서 극치에 이르는 조화가 이루어지며, 최선을 다하는 피안(彼岸)을 보게 되고 도달(到達)의 경지를 맛보는 것이다. 원칙을 밟은 바둑의 수업은 도(道)이다.

고계일 회장(1980).[110] 『영혼의 빛』 p. 725.

109) 인터뷰 자료; 윤태순 수녀. 2008. 1. 11. 송광섭 신부. 2008. 1. 24.
110) 전 제기동 성당 사목회장. 무아 방 신부와 교수들 모임에 함께 참석 함.

고계일 회장은 방 신부의 바둑에 깊은 인상을 받으며 나름대로 바둑의 내적 의미를 들어 방 신부가 몰입하는 모습은 도의 경지라고 말하고 있다. 그러한 측면이 있는 것이 사실이라고 생각한다. 그는 모든 순간에서 하느님과 접촉하기를 원했던 사람이다. 매 순간 하느님과 접촉하므로 즐겁고 행복에 겨웠던 사람이다. 심리학적 측면은 방 신부가 내면에 있는 승부욕을 마음껏 발휘하는 모습은 심리적으로 아주 건강한 모습이라고 본다. 인간 내면에 있는 승부욕을 마음껏 발산하도록 장을 펼치는 것이 스포츠요, 각종 게임이나 놀이가 아닌가? 타인에게 피해를 주지 않으면서 서로가 인정하는 장 속에서 자신의 욕구를 인정하고 그것을 마음껏 발산하는 것이다.

이런 에너지의 발산은 자아가 그러한 속성과 동일시하는 자신에게서 탈동일시 되도록 도와준다. 이러한 과정들은 섬세하게 자기 자신의 무의식을 의식화하여 통찰을 얻어내면서 참 인간이 되어가는 것이다. 여기서 참 인간이란 자신의 무의식적 동물적 욕구를 인정 수용하고 관리하는 차원을 거치며 초월해 가는 것이다. 그래서 마침내 신성과의 통합을 성취하는 것이다. 그 결과 자유로움과 지혜와 창조성 그리고 사랑을 유감없이 발휘하는 인간을 의미한다.

술과 담배

당신께서는 담배를 피우십니다. 하루는 이렇게 물으십니다. "토마스는 담배를 피우지 않는가?" "저는 술은 조금 하지만 학생 때부터 담배는 배우려 하지 않았습니다." "그래? 인생의 반은 모르고 사는 사람이구만!" 아하! 담배를 피우면 피울 줄 모르는 사람이 맛들일 수 없고 누릴 수 없는 인생의 맛이라는

것이 있다는 말씀이지요. 당신은 담배를 좋아하셨을 뿐만 아니라 바둑 또한 좋아하셨습니다. 저는 바둑도 안 배웠다 이 말이지요. "아하! 바둑도 둘 줄 몰라! 원 사람이 그렇게 여유가 없어서야……." 당신은 약주도 안 좋아하신 축은 아니었다고 저는 알고 있습니다. 그런가 보면 책상에는 웬 원고가 그렇게도 많은지? 악보도 보이고. "아하, 작곡까지 하시는군요!" 작곡. 작사! 저희들 소감을 들어보자고 하시며 당신이 읽어주면 그게 작시(作詩)오. 당신이 흥얼거리시면 그게 영가(靈歌). 김규영 교수(1996). 순교의 맥, 제192호, p. 102.

그러나 내 생각에는 아무리 봐도 방 신부가 수녀회를 창설할 것 같지가 않았다. 수도회 창설자라면 '경제력'과 '탁월한 성덕'이 있어야 하는데, 호강만 하고 살아왔으며 바둑이나 두고 담배 피우고 술 마시는 그가…….

동창 신익현 신부(1987). 순교의 맥, 제179호, p. 13.

윷을 던지는 방 신부.

개성을 방문하는 동안 나는 방 신부님에 관해 한 가지 흥미 있는 일화를 들었다. 즉 방 신부님이 자신의 주량을 확인하기 위해 문을 잠그고 밤새 혼자서 술을 마셨으나 술에 취하지 않아 결국 자신의 주량을 확인하지 못했다는 것이다. 이 일화에서 우리는 방 신부님의 다양했던 성품을 엿볼 수 있을 것이다. 우선 그분의 명랑하고 멋있고 낭만적이고 유머적인 면이다.

최석우 신부(1986). 순교의 맥, 제178호, p. 17.

방 신부는 평소 술을 마시지는 않았다. 또한 술 때문에 문제가 생겼다는 말을 들어본 적도 없다. 다만 즐길 때 그는 즐겼다. 도를 닦는 사람은 술을 마시면 안 된다는 통념이 있는 것도 사실이다. 어떤 사람들은 술이나 담배를 하는 사람을 향하여 윤리 도덕적인 판단을 한다. 심지어 영적인 면까지도 판단하는 것을 볼 수 있다.

이는 마치 예수께서 먹고 마시자 "보라 저자는 먹보요 술꾼이며 세리와 죄인들의 친구다."(마태 11:18)라고 비난을 퍼 부었던 유대 사회의 중산층들과 비슷한 시각이다. 수행자는 마시면 안 되는 것처럼 생각한다. 병폐가 많은 것도 사실이니까. 그러나 즐길 때 즐기고 자제할 때 자제할 수 있는, 자유자재가 더 도의 경지에 간 사람이 아닌가? 마시면 안 된다는 관념에 매이는 것은 자유인의 모습은 아니다. 다만 자신이 제어할 수 있는지 없는지 자각할 수 있는가 하는 것이 어려운 문제라고 본다.

수도자나 성직자들이 알코올 문제 빠져 있는 모습은 진정 보기 싫은 모습인 것만은 사실이다. 자유롭기 위해서 많은 것을 포기한 사람들이 기껏 술이나 담배에 자신을 묶는 모습이다.

수도하는 사람은 이런 부분에 세심한 절제가 필요하다는 데에 동

의한다. 그러나 방 신부에 대한 판단은 그릇된 것이다. 그러거나 말거나 방 신부는 값싼 진 한잔에도 무척 즐거워했다. 방 신부는 윤형중 신부와 만나면 막걸리를 옆에 놓고 선문답 같은 것을 주고받으며 바둑을 즐기곤 했다.

가꾸고 제작하고 만들고 꾸미는 일을 즐김

방유룡 신부가 즐기는 일이 또 있으니 바로 기계 부품들을 뜯어보고 다시 맞추는 일었다. 김순옥 수녀는 그런 방 신부를 이렇게 말한다. “또 무엇이든지 뜯어 보셔야만 직성이 풀리시는 연구심이 대단하시고 손재주가 많으셔서 우리는 고장만 나면 다 신부님께로 가져간다. 예를 들면 새로 사온 시계도 다 뜯어 속을 살피신 다음 납득이 가야만 다시 조립을 하신다.” 방 신부는 이런 호기심과 탐구심 많은 소년 같은 모습을 평생 유지하였다. 그의 방에는 늘 기계 뜯어 놓은 것들이 즐비하게 있었다는 말들을 많이 한다.

필자의 개구지고 영리한 남동생도 어렸을 때, 집에 있는 기계란 기계는 모조리 뜯어보고 맞추려 했었다. 나중에 뜯어 볼 것이 없으니 부엌에 있는 냄비 뚜껑 꼭지까지 다 뜯어 놨던 기억이 있다. 방 신부는 노인이 되어서도 새 시계, TV, 냉장고, 라디오 등 손에 닿는 기계들을 뜯어보고 맞추는 취미를 유지하였다.

문제는 젊을 때는 뜯어서 다시 잘 맞추어 놓았으나 팔십이 훨씬 넘은 노인이 되어서는 잘 맞추어 놓지 못했다. 수녀들이 자꾸 고치러 가야 하니까 짜증스러워하였던 것이다. 내 생각 같아서는 그것이 취미라고 생각한다면 고물상에 가서 헌 라디오나 헌 기계들을 일부러라도 사다 드려서 즐길 수 있게 해야 도리일 것 같은데…….

그러던 중 방 신부는 기발한 생각을 하였다. 어느 날 갑자기 혼자 외출을 하였다. 외출이란 거의 없던 시절에 말이다. 그는 어디선가 색색 구슬들을 사가지고 와서는 묵주를 만들기 시작했다. 윤덕현 수녀[111]는 누구의 제안이 있었던 것도 아니라고 한다. 더구나 병원에서 나오는 주사 바늘을 구부려서 만드는 이 작업은 상당히 섬세함을 요구하는 작업인데도 워낙에 손재주가 좋고 집중력이 있어서 잘 만들었던 것이다. 이때가 80세가 훨씬 넘었던 때였다. 당신 스스로 기계에 대한 취미를 대안적으로 해결한 셈이다. 아마도 수녀들이 불편해하는 것을 헤아렸던 것 같다. 그래서 묵주 만드는 일에 흠뻑 빠지는 취미로 옮아갔던 것이다.

> 창설 신부님은 그 당시에도 이미 영성적으로 깊이 들어가셔서 항상 기도하시고 성당을 꾸미는 것에 열중하셨다. 개성에서도 감실 뒤를 장식하고 또 전구를 동그랗게 엮어 성모상 뒤를 아치형으로 만들어 놓는 등 그런 일들을 참 즐겨하셨다. …… 우리들이 어려 보이고 특히 내가 막내이니까 장난이나 농담 등을 잘하셨다. 신부님께서는 정말 유머가 많으시고 장난이 많으신 분이라는 것을 그때 깨달았다. 비로소 나는 신부님께 내 마음을 열게 되었고 의문 나는 것이나 궁금한 것이 있으면 신부님께 주저 없이 질문도 하게 되었다.
>
> 우인숙 수녀(2001). 순교의 맥. 제198호. p. 85.

방 신부가 젊은 때에 또 몰두했던 일은 성모상을 꾸미는 것과 감실 그리고 성광[112]을 아름답게 제작하는 일을 즐겨하였다.

---

111) 인터뷰 자료; 윤덕현 수녀. 2008. 4. 8.

112) 성체를 현시하기 위해 만든 화려한 도구.

방 신부는 정말 성체 신심이 대단했기도 하거니와 늘 감실 주변에서 맴돌았다. 신학교 초기 청소년기의 자신의 모습을 꾸미고 멋부리는 취미에서 이제 거룩한 사제가 되어 거룩한 성광과 감실을 제작하는 취미로 옮겨 간 것이다. 방 신부가 만든 감실은 수사원에 아직도 있다. 이런 모습은 방 신부가 넘치는 자신의 창조성을 표현하려는 강한 욕구를 가지고 있었다는 것을 말해 주고 있고 그것을 표현할 방도를 적극적으로 찾았다는 것이다.

그는 수녀들 수사들 수도복을 직접 디자인하느라고 한참을 고심하며 연구하였다. 로마에 갈 때는 자신이 직접 디자인한 수도복을 입고 갔는데 그 아름다움에 모두들 감탄을 하였다. 방 신부는 까만 수도복에 자주색 홍선을 둘렀는데, 이는 순교자들의 피를 상징하는 것으로 한국순교복자수도회의 상징성을 충분히 살리려고 하였던 것이다. 나중에 한국 주교단은 수사들이 주교처럼 보인다는 이유로 그 홍선을 쓰지 말도록 권유를 해서 그 의미를 살리지 못했다. 이 점은 다시 고려해야 할 문제인 것 같다. 주교처럼 보이지 않으면서도 상징을 살리는 방향으로 갈 수 있기 때문이다. 그러나 수녀들의 머리 수건에는 홍선을 칠 수 있었다.

또한 한국순교복자성직수도회의 본원 건축설계를 직접 하였으며 복자회 로고 디자인도 방 신부가 고안하였다. 아름다움을 추구하는 그의 마음을 볼 수 있으며. 신이 인간에게 부여한 창조성에 대해 열려 있는 마음을 가진 모습이다. 흔히 수도자는 그런 욕구를 포기해야만 한다는 생각을 가지고 있는 사람들이 많다.

그러나 방 신부는 그렇게 가르치지 않았다. 그는 창조적 욕구를 포기한 것이 아니라 건전하게 표현하는 태도로 일관했다. 수도자들에게도 각자의 취미와 능력에 맞는 일과 연구를 하도록 제안했

다. 방 신부는 수도자이기에 주어진 상황에서 허락하는 한도 내에서 자신의 취미 생활을 즐기며 인생을 즐겼다.

유럽의 문명은 수도원에서 나왔다고 해도 과언이 아니다. 고대 수도자들은 일반인들이 글을 읽을 줄 모를 때, 일찍부터 글을 읽고 쓰고 성경과 학문의 연구는 물론 학교를 시작했다. 무엇보다 시, 음악, 건축, 미술, 의학, 과학, 예술 등에 있어서도 활발한 활동을 하여 유럽 사회에 나누어 주었던 것이다.

수도 생활에서 수도자들이 신앙과 영성을 이런 창조적 활동으로 표현하지 않으면 영혼은 체제와 규칙의 노예가 되어 버릴 큰 위험 요소를 안고 있는 것이다. 다행히 복자 수녀원의 창설자 방유룡 신부와 방순경 여사, 윤병현 수녀 이 세 사람은 모두 문화와 예술에 남다른 감각과 의식을 갖고 있었고, 이 창조성을 영성과 복음전파에 활발히 이용했던 사람들이었다. 후대에 오면서 이런 창설자들의 정신이 점점 희석되고 시들어 가고 있는 것 같다. 유럽 수도자들의 그 드높았던 문화적 의식은 한국 수도자들이 물려받지 못했고 그들을 피폐하게 만들었던 체제와 관습은 그대로 유입되어 경직성을 더욱 견고히 하고 있는 듯하다.

영가靈歌를 쓰고 전례 곡을 작곡하며 노래하는 방 신부

부활시기의 '알렐루야'는 꼭 창으로 하였다. 주일 미사 때의 사도신경도 음악을 써서 창으로 하도록 방 신부님 자신이 손수 가르쳐 주셨다. …… 미사 끝의 합동 기도도 음저(音低)의 고저, 일정한 템포, 소리 맞춤, 즉 호흡의 조절을

가르쳐 준 셈이다. 음악이 따르지 않는 종교는 없다더니 방 신부님은 작사 작곡을 겸전하신 음악통(音樂通)이시었다. 그러니 도취하여 신비계(神秘界)에 들어갈 수밖에.

김규영 교수(1980). 영혼의 빛, p. 712.

그래요. 정말 사부님께서는 그레고리오 성가를 매우 사랑하셨지요. 그래서 우리에게도 밤늦도록 가르쳐 주곤 하셨는데 우리가 잘못할 때면 "노래를 못하면 천당에 못 갑니다. 우리가 천당에서 할 일이 무엇이겠어요? 항상 노래로 하느님을 찬송하는 일입니다."라고 말씀하시고는 했지요.

윤병현 수녀(1991). 순교의 맥, 제186호, p. 23.

그레고리오 성가 '두몽 작(作), 기리에'를 그토록 벅찬 감격으로 노래하시던 성스런 모습, 서문경을 목 메인 음성으로 봉송하시면서 하느님 사랑으로 흐느끼실 때마다, 그 당시 아직 십대 소녀였던 나의 영상엔 마치도 수천의 장미 송이들이 우수수 쏟아져서 나를 감싸 안아 주는 느낌이었다. 라틴어의 뜻도 모르고 읽을 수도 없었지만 사부님과 마뗄, 뿌로 마뗄 그리고 다른 수녀님들이 서로 화답하시던 그때의 그레고리오 성가 중심의 미사전례는 신비하고도 성스러운 기도, 그 자체였다고 생각된다.

송난순 수녀. '창설자와 그레고리오 성가'에서 발췌.

필자는 어렸을 때부터 개신교를 다녔다. 그것도 우리 집에서는 처음으로 혼자 다니기 시작했다. 그러나 사춘기 때부터는 종교에 대하여 심한 저항과 비판을 하기 시작했다. 종교는 아편과 같아 나는 세뇌 당했다고 생각하며 신앙을 거부하는 태도로 변했다. 몇몇 이유로 하느님을 향해 분노하고 거부하고 있을 무렵, 현재 한국순교복자수녀회에서 운영하는 천안 복자여중고교로 전학을 가게 되었다. 건물 중앙 운동장에 마리아 상이 있다는 것 자체가 나의 비판의 대상이었다. 그때가 중학교 2학년 말 때였는데, 수녀들도 답답해 보이고 학교가 전혀 맘에 들지 않았다. 그러나 수녀들이 성모 마리아상 앞에 늘 꽃꽂이를 해 놓았다. 학교에서 유일하게 맘에 드는 것은 오로지 그 꽃꽂이였다. 매일 꽃꽂이를 보러 그 마리아상 앞에 갔다.

어둠이 깊게 내려온 어느 날이었다. 홀로 학교 운동장에 있었다. 인생 고민을 하던 시절이었기에, 그날도 빈 운동장을 바라보며 앉아 있었다. 그런데 학교 건물 안에서 아련한 듯 신비스러운 노래 소리가 들려서 얼른 교실 쪽으로 다가갔다. 수녀들이 한 줄로 서서 노래를 부르며 긴 복도를 지나가고 있었다. 이때 나는 일종의 문화적 충격이라고 해야 하나? 나는 그 음조에 홀리고 압도되었다. 그 노래 소리를 무어라 말로 표현하기는 어렵다. 말하자면 태어나서 처음 접하는 음조로 이상하면서 거룩하고 신비스런 세상을 접한 것이었다. 나중에 수녀원에 입회하고 나서야 이 곡이 바로 무아 방유룡 안드레아 신부의 곡이라는 것을 알게 되었다. 정확히 어떤 곡인지는 모르지만 음률 풍이 그랬다. 이것을 일종의 문화적 쇼크라고 하는 이유는 전혀 경험하지 못한 어떤 다른 신비한 세계의 무엇이 느껴졌기 때문이다.

방 신부는 그레고리안 풍의 곡에다가 자신의 한국적 얼이 담긴 멜로디를 통합하여 곡을 만들었고 자신의 영적 체험에서 나온 것이기에 독특하면서도 성스러우며, 신비한 세계에로 이끌어 주는 듯한 음률이 나왔던 것이다. 방 신부의 노래는 아주 단순하고 쉬우면서도 깊이가 있는 것이다. 그런데 이런 느낌은 나만이 느낀 것이 아니라는 것이다. 복자수녀회에서 예식 때는 거의 방유룡 신부의 곡을 부른다. 이때마다 전례 예식에 참석했던 외부 손님들은 깊은 감명을 받는다.

맨 처음 수녀님들의 서원식을 하는데, 그때 나뿐이 아니라 같이 갔던, 들은 사람들의 소감인데 맨 처음 입당할 때 부른 노래가, 그 창(唱)은 가락과 가사가 듣는 이로 하여금 마치 비겨 말하면, 동양에서 세속을 끊고 삭발 입산하는, 구도(求道)의 길을 가는 자가 넘어가는 단발령 고개를 연상케 하는 듯, 구도자의 발심과 수도자의 서원의 심정을 아로새기는 듯 모두의 심금을 울리는 것이었다.
인터뷰 자료; 김규영 박사. 2008. 1. 24. 영혼의 빛(1980). p. 712.

방 신부가 미사 때에 강론 중에 영가를 부른다든지, 미사 경문經文을 즉석에서 곡을 붙여 노래로 하는 일은 수녀들에게는 예사로운 것이었다. '신부님이 또 흥이 나셨나 보다. …… 하느님께 대한 사랑이 또 끓고 타고 있구나.' 하였다. 그것이 일상이었기 때문이다. 자신의 금경축 미사를 주례하는 날 주교들, 신부들과 외부 수많은 손님들이 참석한 자리에서 아랑곳없이 미사 경문을 즉흥적으로 그레고리안 찬트 식의 노래로 하였다. 또한 방 신부는 철학자들과 20년 이상을 매달 한 번씩 영성 지도 모임을 가졌는데 이 자리에는 젊은 교수들이 대부분이고, 시인, 작곡가도 있었다. 이들은 모두 방 신부의 이런 모습에 매료되고 도취되고 빨려든다는 표현을 쓴다. 그러나 이런 부분을 이해하지 못하는 사람들도 있었다.

신부님은 영가를 좋아하셔서 우리가 지금까지 전례 때마다 부르는 곡들을 다 작사 작곡하셨는데, 언제나 중얼 중얼 읊으셨는데 하느님께 미치지 않고는 어떻게 그렇게 살 수 있었겠는가! 제주 분원의 복자 회관 축성식(1976년) 때의 일이다. 교황 대사를 비롯해서 제주 교구의 신부님들 그리고 교우들 앞에서 그 특유의 표정으로 강론 중에 이렇게 노래를 부르셨다. "여러분 행복하게 살기가 원이시면 죄를 멀리하고 하느님만 사랑하시오. 하느님께만 행복이 있습니다." 신부님께서 그레고리안 찬트에 곡을 붙여 이렇게 즉흥곡으로 노래를 하자 "76세의 노인네가 망령을 부리신다."라고 이야기하는 신부님들도 계셨다. 그때의 내 심정을 솔직히 고백하자면 너무 창피해서 많은 사람들과 교우들 앞에서 머리를 들 수가 없었다. 이 얼마나 아둔하고 세속적인 판단이었던가. 세상이 다 아는 프란치스코 성인이 많은 대중 앞에서 발가벗고 노래 부르는 것은 거룩한 용기요 거룩한 가난이라고 칭송하면서 신부님께서 강론 때 영가를 부르신 것이 어떻게 노망이고, 망령이며 부끄러움인지 지금 생각하면 나 자신이 부끄럽고 한심하기까지 하다.

이팔종 수사[113](1997). 순교의 맥, 제193호, p. 41.

1970년 4월의 어느 따뜻한 봄날에 있었던 방 신부님과의 첫 번째 만남은 지금도 생생하다. …… "잊지 맙시다." 여기서 억양에 힘을 주셨다. 그리고는 노래를 하시기 시작하셨다. 내심 당황했다. 대담 중에 노래를 하시는 분을 처음 뵈었기 때문이다. 노래가 꽤 길게 이어졌다. "보고 듣고 느꼈네, 벅찬 가슴 고동 하네. 땅 끝까지 전파하세, 하늘 신비 외치네." 약 칠 팔 분에 걸친 긴 영가(靈歌)가 끝나면서 잠시 침묵으로 이어졌다. 그 침묵은 태초의 고요였다. 고요 속에서 유영을 하였다. 오늘 말씀은 그것으로 끝내실 줄 알았다. 아니었다. 또 노래를 계속하셨다. "무시(無始)무종(無終)하신 천주(天主)는……" 아주 긴 노래였으나 조금도 주의를 의식치 않으시고 노래를 이어 나가셨다. 나는 노래를 그치지 아니하시는 신부님을 눈을 크게 뜨고 바라보았다. 노래가 다 끝날 때까지 그분의 얼굴에서 나의 시선을 떼지 않았다. 당시의 그분의 얼굴은 마음에 하나의 인장(印章)이 되어 박혔다. 그래서 그런지 자주 꾸지 않는 꿈을 어쩌다 꾸게 되면 노래하시는 방 신부님을 뵙는다. 그런데 꿈에서 노래하시는 방 신부님은 회중 앞에서처럼 앉아서 하시지 않고 춤을 추시면서. 그러시다가는 노래를 그치시고 춤만 추신다. 그러시다가는 차츰 멀리 사라지신다. "별을 부르시면 별이 빛을 내고 / 땅을 부르시면 태산이 용약하고 바다가 환호하네. / 우리 근본이신 천주를 어서와 흠숭하세. / 사랑은 그 본질이 일치 극치니 / 사랑 자체이신 천주는 삼위일체 시로다. / 사랑은 사랑을 위하여 사랑으로 우리를 내셨으니 / 우리의 근본도 목적도 사명도 사랑일세. / 우리 모두 하나 되어 사랑으로 가세 / 삼라만상이 지상의 명안이요, 억조창생이 그

걸작 일세. / 자주권이 있는 위격으로……." 그 곡조는 왠지 되는 대로 부르시는 듯하였으나, 가사 전달은 정확했다. 한 말씀 한 말씀이 별이 되어 가슴에 박혔다. 길게 노래하시는 중에 내가 더욱더욱 변해 가고 있음을 느꼈다. 이쪽을 노래로 변화시키려고 길게 노래를 하시는 것이리라 여겨졌다. "칠색이 영롱한 황홀경에 그 나라는 임하셨네……. 주검도 사라졌네, 이제는 죽지 않고 길이길이 사네."

이재성 수사[114](2000). 순교의 맥, 제196호, p. 64.

이재성 수사는 평생 무아 방유룡 신부의 영성에 심취했다. 그는 프란치스코 작은형제회 수도원에 입회하여 신학교에 다니고 있었는데, 친척 성찬경 교수의 권유로 교수들과의 모임에서 방 신부를 첫 대면하게 되었다. 그 첫날 방 신부의 모습과 가르침 그리고 영가를 부르는 모습에서 커다란 내적 체험을 했다고 고백하는 글을 썼다.

우리가 방 안드레아 신부님의 정신세계를 이해하려면 시(詩)가 본질적으로 하느님을 찬미하는 것이라는 이 말을 이해할 필요가 있다는 것입니다. 수도자가 왜 성무일도(聖務日禱)를 바칩니까? '우리가 현존한다는 것은 노래를 부르는 것이다. 시를 읊조리는 것이다.'라고 표현한 철학자도 있습니다만 수도자가 왜 성무일도를 바치는지를 생각해 보면 방 신부님께서 왜 그토록 즐겨 시작(詩作)을 하고 영가(靈歌)를 작곡하셨는지를 알게 될 겁니다. 방 신부님께서는 성북동 수도원에서 저희들에게 말씀하실 때 신바람이 나게 되시면 자작시와 영가를 부르셨습니다. 태암[115] 선생님께서도 제기동 본당 시절에

113) 한국순교복자성직수도회 소속 수사.

114) 성프란치스코 영성을 따르는 수도회인 작은 형제회 소속 수사.
로마에서 영성 신학 전공.

115) 김규영 박사. 전 서울대, 서강대학교 철학과 교수.

신부님께서 미사 집전하시는 모습을 우리에게 감동적으로 전해 주셨는데 그 때의 거동. 그 모습을 저도 다른 때 자주 뵈었었습니다. 저는 그 모습에 "아! 저건 춤이로구나." 신부님께서 미사 집전을 하실 때, 저희들에게 영성생활에 대해 수도생활에 대해 말씀을 전해 주실 때 저는 춤을 추시는 방 신부님을 볼 수 있었습니다. 아니 일상생활에 있어 걸음걸이조차 춤의 연장이라고 보기도 했습니다. 박희진[116] 시인께서도 그것이 다 침묵이 아니더냐. 그래서 '행동 침묵'이라는 말씀을 하셨는데 이러한 신부님의 모습이 다 어우러졌을 때 우리는 신부님의 정신세계를 이해할 수 있을 것이라는 생각을 해 봅니다. 한마디로 신부님의 영성에 관한 모든 표현은 그 자체가 시(詩)이자 노래입니다. 그러기에 함부로 그것을 분석하거나 따져서는 터득할 수 없는 것입니다.

진교훈 교수(1996). 순교의 맥. 제192호. p. 112.

위의 글들을 비교하면 무아 방유룡 안드레아 신부의 그런 모습에 전혀 상반된 생각을 한다는 것을 알 수 있다. 복자 수도원 수사 수녀들은 방 신부의 그런 면모들이 일상이기에 그것을 그냥 대수롭지 않게 여기며 진가를 축소해 버리는 경향이 있었던 것도 사실이요. 왜곡된 생각을 하는 사람도 있었던 것이다.

인류 역사에 예언자적인 사람들과 예수가 자신의 주변 사람들에게서 이해는커녕 박해를 받았던 것과 비슷한 현상이다. 등잔 밑이 어두워서일까? 방유룡 신부는 의식이 깊고 넓은 사람이었다. 당대의 사람보다 늘 앞서는 생각을 했다. 음악에 있어서도 마찬가지이다. 방 신부는 한국말을 사용하지 못했던 일제 강점기를 산 사람이다. 세계 가톨릭교회는 미국이든 유럽이든 아프리카든 미사는 라틴어로 했고 당연히 성가도 라틴어 성가를 불렀다.

116) 고려대학교 영문과 졸업. 2007년 7월 대한민국 예술원 회원 수상: 1976년 월탄 문학상 수상.

그러나 방 신부는 자신이 수도원 예절 노래를 전부 작곡을 했고 우리말 가사로 불렀다는 사실이다. 성가를 한국 사람이 작곡한 것도 앞서가는 것이었지만 한국적 정서와 멜로디를 성가에 담았다는 것은 전례 음악사에도 빛나는 업적이며 그레고리안 성가와의 통합을 시도한 것 또한 획기적인 시도이며 독보적인 것이다.

성령 강림송

1. 임하소서 성령이여 주의 모상 이 영혼은 주를 고대하나이다.
2. 이 영혼의 천명은 성령 모심이오니, 임하소서 성령이여.
3. 성령 아니 모시면 이 인생은 허무해, 아무 희망 없나이다.
4. 뿌리 없는 나무요, 물이 없는 고기요, 빛이 없는 마음이여.
5. 성령모신 영혼은 천지사리 형통해, 바다에도 길이 나네.
6. 성령(聖靈)묵시(默示) 따라가 완덕오계((完德五戒) 실천은 하늘가는 길이요
7. 누룩 없는 제병(祭餠)은 사욕(邪慾)없는 無我니 면형(麵形) 가는 길일세.
8. 점성(點性)에서 싹 트네 침묵(沈默)으로 길나네, 관상(觀想)으로 빛나네.
9. 밤이 낮과 같아라. 분심(分心) 잡념(雜念) 없는 맘, 아! 참 찬란하여라.
10. 불로 오신 성령은 진정 사랑이시니 형제애(兄弟愛)가 모시네.
11. 노력에서 열나네, 열에서는 불나네, 불이 사랑이라네. 아멘. p. 261.

이 성령 강림송은 수도자들이 이른 아침에 일어나 성당에 와서 제일 첫 번째로 부르는 노래다. 묵상黙想에 들어가기 전에 성령의 오심을 청하며 부르는 노래이다. 이 노래에서 보는 것처럼 대부분의 주요 가르침이 이 한 노래에 거의 다 들어가 있다. 이와 같이 방 신부의 영가나 노래의 특징은 모두 자신의 철학과 신학, 영성 그리

고 가르침을 구구절절 노래 말에 담았다.

수도자들이 노래 하나만 불러도 그 안에서 중요한 가르침을 거의 다 상기할 수 있도록 만들어 놓은 것이다. 매일 불러 몸에 새기도록 노래에 담았다. 그래서 방 신부의 강론 등을 못들은 사람들도 다만 노래만 불러도 그의 주요 영성을 꿰뚫을 수 있도록 했다. 자신이 죽은 다음에라도 수도자들이 쉽게 부르며 영성을 배울 수 있게 말이다. 이런 작업은 실로 대단한 작업이다. 단순히 하느님의 사랑을 노래하고 자연과 삶을 찬미하는 노래와는 확연히 구별되는 것이다. 이러한 배려와 창조성은 참으로 놀랍고 경탄스러운 지혜의 소산이다.

다만 지금 이런 방 신부의 음악적 작업이 맥을 이어나가지 못하고 있다는 것이다. 수사원에 서울대학교 음대를 졸업한 수사 신부가 작곡한 곡들이 있지만 이런 식의 작업은 하지 않았다. 다만 국악풍의 성가가 요즈음 활발히 나오고 있어서 다행이긴 하다. 사람들의 정서 깊은 곳을 건드리는 문화적 토착화 작업은 필수적인 것이다. 방 신부는 일찍부터 이런 생각을 가지고 있었다는 것을 말해주는 일화가 있다.

창설 신부님께서는 '갑돌이와 갑순이' '아리랑' 등의 노래를 좋아하셨다. 우리 수련자들이 몰려가서 신부님께 갑돌이와 갑순이 노래를 불러 드렸더니 너무 좋아하시면서 자꾸 그 노래를 부르라는 것이다. 노래가 끝나면 또 다시, 다 부르고 나면 다시 계속 그 노래를 부르라고 하셨다. 얼마나 좋아하시던지 우리가 노래 부르는 중 "음~음~음~"하는 부분이 나오면 얼른 "스톱!" 하시면서 그 부분만 다시 하라고 하셨다. 그러시면서 "우리나라 성가도 우리 민족에 맞게 만들어야 해요. '음~음~음~'과 같은 그런 부분은 아무리 나이 많은 노인이라도 다 흥겹게 부를 수 있는 음이야. 우리나라 성가도 그렇게 되어야

해."라고 몇 번이나 반복해서 말씀하셨다.

김정자 수녀(2000). 순교의 맥, 제196호, p. 6.

그 당시에는 평일 미사도 창미사로 봉헌하였는데 오늘은 천사 기리에, 내일은 성모 기리에……이렇게 계속 다른 곡들을 부르고, 연습하고 정말 정신이 없었다. 그런 데다 신부님께서는 음악에 조예가 있으시고 특히 성가에 관심이 많으셨기에 우리들에게 직접 성가도 가르치고 또 당신께서 직접 작곡한 곡들을 연습시켰으므로 그러다 보니 자연히 신부님과 자주 연결이 되고…… 신부님께서는 거의 매번 미사 때마다 내가 선창한 창미사곡의 강약이 전혀 살아있지 않다고 다시 불러 보라고 하셨다. 그리고 미사곡의 강약이 살지 않는 것은 내가 노래를 못하는 사람이래서가 아니라 점성 정신으로 하지 않고, 또 성의가 부족해서 그렇게 틀리는 것이라고 계속 연습시키곤 하셨다.

오근영 수녀(2000). 침묵은 사자훌세. 순교의 맥, 제196호, p. 32.

방유룡 신부의 영성, 특히 점성정신을 가장 잘 수련할 수 있는 기회는 음악을 하는 순간이다. 점 하나가 극히 소중한 세계가 음악의 세계이다. 점 하나라도 어긋나면 안 되는 것이 음악을 하는 순간이기 때문이다. 순간순간을 챙기는 점성정신이 없다면 전례의 노래나 성무일도 찬트를 잘할 수 없다. 이러한 이유에서 서양의 전통 수도원 생활에서 전례음악과 찬트가 커다란 비중을 차지했던 것이 아닌가 한다.

유럽 문화에 큰 영향을 준 베네딕도 수도원에서는 전례와 음악이 아주 중요한 수자의 생활로 간주되었다는 것에는 깊은 수행적 의미가 있다고 본다. 성무일도에 곡을 부치는 이유는 곡이 없다면 사람들은 분심 잡념에 쉽게 빠져들 수 있기 때문이다. 전례 음악을 하는 동안에는 수도자들이 자신의 정신을 깨여 있게 유지하고 지금 여기에 집중하는 명상적 차원을 수행할 수 있다.

또한 음악 활동은 심리적 에너지를 방출하는 심리학적 차원과 창조성의 욕구와 미적 욕구를 충족하고 표현하는 할 수 있는 통합적 도구이다. 특이 노래는 호흡을 사용하기 때문에 노래하는 동안 심리적 에너지의 분출이 일어나는 것이다. 현대에 와서 음악이 심리치료의 도구로 사용되고 있음에 주목해야 할 것이다.

수도자들의 신분에 가장 어울리는 순간은 전례 음악을 노래하는 순간이다. 개개의 수도자들이 맑게 깨여서 지금 여기에 머물며 공동체의 일체감 속에 존재할 수 있는 순간이 성가나 성무일도 찬트를 하는 순간이다. 개인적 시간이 아니라 공동체 전체가 한마음으로 거의 완벽에 가깝게 일치하는 순간이기 때문에 가장 의미가 있고 아름다운 순간인 것이다.

수도자의 생활에서 이처럼 공동체 전체가 극명하게 혼연일체가 되는 순간은 어디에도 없다. 더구나 수도자의 정체성 깊은 곳에서 울리는 감사와 찬미의 혼을 사르는 순간이기 때문이다. 이 성가에는 작곡자의 혼과 가사를 지은이의 얼과, 악기 연주자의 혼과 노래하는 사람들의 혼들이 혼연일체가 되는, 공동체 전체가 하나가 되어 일치를 이루는 때이다. 그러므로 가장 아름다우며 질이 높은 기도의 순간이며 수행의 순간이다.

방유룡 신부는 분명 이 점을 통찰하고 있었을 것이다. 전례음악의 중요성을 표현하는 식의 '노래 못 하면 천당에 못 갑니다. 천당에는 항상 찬미의 노래가 울려 퍼지는 곳'이라고 말했던 것이 아닌가 생각한다. 방 신부가 단지 개인적으로 음악을 좋아하고 조애가 있어서 수도자들에게 전례음악을 그렇게도 강조한 것은 아니다. 보다 깊은 뜻이 있다.

전례음악은 앞서 말한 점성정신을 함양하는 깊은 '수행적' 의미와 '심리 치료적' 요소가 크기 때문이다. 음악은 가난한 사람들이 혜택을 받을 수 있는 예술로서 인류를 먹여 살리고 있다. 라디오 하나만 있으면 세계의 모든 음악을 들을 수 있기 때문이다. 필자는 어렸을 때, 음악이 있기 때문에 인생을 살 수 있다고 생각한 적이 있었다. 정신적으로 어려웠을 때 음악이 필자를 위로했던 부분이 컸던 것이다. 요즈음 젊은이들에게서 음악을 빼앗아 버리면 모두 미쳐버릴 것이다. 그만큼 음악이 갖는 치유력이 크기 때문이다. 수도자들도 마찬가지로 음악으로 쌓이는 정서를 표현하고 정서적 표출을 통해 보다 건강해져야 된다고 생각한다.

수도원은 이 점에서 다시 옛 전통들을 되찾아야 한다. 방 신부가 살아 있을 때, 수녀들은 인원도 몇 명 되지 않았던 때인데도, 매일 창미사를 했다. 더군다나 라틴어 성가도 많이 했다. 수도원에서 감사와 찬미의 음악이 사라진다면 수도원의 얼은 죽었다고 보아야 한다. 전례는 공동체가 한마음 한 몸이 되어 하느님께 드리는 봉헌과 감사와 찬미를 하는 행위이다. 전례 때 일어나는 상징적 모든 행위는 수도자의 일상을 축소하여 극명하게 보여 주는 시간이다. 말씀을 듣고, 감사와 찬미를 하는 행위, 봉헌의 행위, 공동체의 일치가 들어나는 때인 것이다. 이런 상징적 행위들은 본인이 의식하든지 못하든지 무엇보다 우리 자신을 위한 은총을 경험하는 순간이며 공동체가 축복을 경험하는 때이다.

방 신부의 제자들이라면 이 점을 명심해야 할 것이다. 공동체 전례 동안 개인 기도를 하기 위해 찬미를 소홀히 한다면 이것은 교회의 가르침은 아니다. 일찍이 공자님은 "나라가 망하려면 소리가 먼저 망한다."라고 말했다. 노래를 잘하는 것이 문제가 아니라 전례 음악은 수도자의 정체성과 수도 생활의 본질을 강하게 드러내기 때문이다. 전례 음악은 방 신부가 누차 강조한 '점성 정신'과 '성의와 노력'이 바탕이 되어야 한다. 방 신부 같은 지도자를 잃어버린 후손들은 점점 집단 반수면 의식 상태에서 혹은 집단최면 상태에서 전례를 할 때가 있다. 그래서 방유룡 신부의 호통이 몹시 그리울 때가 있다.

사부師父로서의 수도 가족들에 대한 사랑

사부(師父)님! 어찌 당신에 관한 사랑의 이야기를 글로서 모두 적을 수 있겠습니까. 또한 당신의 그 평화하신 모습과 그 미소를 글로서 모두 표현할 수 있겠습니까. 가슴속에 고이고이 간직하고 후배들에게 들려주겠습니다.

정위교 수녀(1986). 수도 생활은 점(點)에서부터……! 순교의 맥. 제178호, p. 48.

방 신부는 수녀들에 대해서 각별한 애정을 가지고 있었다. 수녀들에 대한 부성父性적 연민이 가득하였던 것이다. 수녀원은 늘 음식이 소박했고 한국전쟁 이후에는 우리나라 어디에나 다 어려웠겠지만 청빈 서원을 사는 수녀원은 더 어려웠다. 그래서 누이 방순경 여사는 일주일에 한 번씩 꼭 방 신부에게 그리고 수녀들에게 고기를 먹이려고 노력했다. 방 신부는 자신에게 조금이라도 더 잘하려고 주방 수녀가 특별 음식을 마련해 주면, 주방 수녀 눈치를 슬금슬금 보면서 당신 국에서 얼른 고기를 건져서, 몰래 약한 수녀들에게 주곤 하였다.[117)]

117) 김순옥 수녀(1986). 순교의 맥. 제178호, p. 40.

사람이 사랑을 느끼고 나누는 것은 어떤 큰 행위에서라기보다는 이렇게 사소한 생활 안에서 그 사람의 잔잔한 사랑이 배어 나오는 것이다

안나 수녀님이 그 일을 맡기 전, 내가 그 일을 잠시 했는데 그 당시에는 쌀에 돌도 많았고, 밥하는 일이 서투르다 보니 매일 밥에 돌이 들어갔다. 그래도 신부님께서는 인상 한 번 찡그리지 않으시고 또 당신께서 직접 밥을 할 테니 걱정 말라고 하시기도 했다.

지금 생각해 보면 반찬도 왜 그렇게 못 했던지…… 그때마다 신부님께서는 내가 직접 하면 되니까 걱정 말라시면서 오히려 나를 격려해 주시곤 하셨으며, 가끔 직접 음식을 하셔서 우리에게 주시곤 하셨다. 그리고 음식을 만드시면 항상 제일 먼저 우리 수녀들 것을 챙기셨다. 그리고 개를 아주 사랑하셔서 개한테도 먹고 남은 음식을 주는 것이 아니라 먼저 개가 먹을 것을 덜어 놓으신 후 식사를 하셨다.

식사를 마치신 후의 그릇도 설거지를 한 것처럼 깨끗했다. 또 삐걱거리는 마루 복도를 걸어가실 때에는 소리가 나지 않는 곳으로 조용히 걸으셨고, 옆 사람과 이야기를 나누실 때도 그 사람에게만 들릴 정도로 조용히 말씀하시곤 하셨는데 이렇게 신부님의 모든 행동이나 말씀은 언제나 점잖고 인자하셨다.

…… 또 신부님께서는 우리들에게 매일 영적 일기장을 써 오라고 하셨다. 일기장에 그 날의 성서독서나 복음, 그리고 강론 내용을 쓰고 느낌도 쓰곤 했는데 '침묵' '대월' 에 관해 내가 쓴 내용을 보시고 칭찬을 아주 많이 해주시곤 하셨다.

지금도 생각나는 것은 내가 "침묵을 지키는 것은 자기를 지키는 것이라고 생각합니다."라고 쓴 부분에다 빨간 색연필로 100점이라고 써 놓으셨고, "나를 지키기 위해 노력해야겠다."는 부분에는 빨간 줄을 두 줄, 세 줄 그어 놓으시고 칭찬을 해 주시곤 하셨는데……

김순옥 수녀(1999). 면형 가는 길. 순교의 맥, 제195호, p. 83.

방 신부는 수녀들이 실수할 때 사람을 가려서 혼을 냈다. 즉 잘할 수 있는 사람인데 성의 노력과 점성 정신이 부족한 경우에는 나무라시고 보속을 많이 주었다. 예를 들면 주방 전문 담당 수녀가 무엇을 실수하면 혼이 나는데, 다른 수녀가 성의 노력을 했는데도 잘 못하는 경우에는 너무나 너그러웠다.

신부님이 한동안 자신이 먹을 음식을 손수 했다는 이야기가 나온다. 못하면 당신이 하면 된다는 아주 편리하고 자유로운 사고방식인 것이다.

그 시대 남자는 부엌에 들어오면 안 된다는 생각이 만연되어 있는 때, 더구나 원장의 신분으로 그런 태도를 지닌다는 것은 진정 흔하지 않은 일이다. 철저하게 수도자적인 모습과 자유로운 모습을 보여 주는 것이다. 또한 못해서 쩔쩔 매는 수녀를 이해하고 아끼는 마음에서 그렇게 한 것이다.

미사 때 성가를 부를 때도 잘할 수 있는데, 성의와 노력이 부족해서 못하는 경우 방 신부는 단호하게 야단을 치거나 미사를 못 하도록 나가라고 한 적이 있다. 만약 나가지 않으면 미사를 계속하지 않았다.

그렇게 해서라도 정신 차리게 하고 다음부터는 잘하도록 교육자적인 관점에서 그렇게 하였다. 그러나 그 시대가 지나니 성의 노력이 없이 미사를 하는 것이 보통이고 10년, 20년 틀린 것을 반복하고 있는 지금의 상황을 보면 그런 태도를 지녔던 방 신부가 몹시 그리운 것은 말할 나위도 없다. 아마도 죽을 때까지 틀린 것을 반복하다 죽을 것이다. 방 신부 같은 애정과 명료한 태도의 지도자가 없어서 그런 것 같다.

복자수녀회 수녀들에게 라틴어를 지도하는 방 신부. 1956.4.

복자수녀회 지원자들과 함께.

그리고 신부님께서는 준비해 드린 간식을 당신이 드시지 않고 뽀스뜨랑[118] 자매들을 데려다가 다 나눠 주는 것이다. 그래서 나는 다음날 또 퇴근 후에 시장에 들려 신부님의 간식을 사왔는데 신부님께서는 또 드시지도 않고 뽀스뜨랑 자매들에게 다 나눠 주시고, 그 다음 날도 또 …… 그렇게 20일 정도 머무시고 서울로 올라가셨다.

박순일 수녀(2000). 신부님은 조명 담당 기사. 순교의 맥, 제196호, p.37.

한번은 내가 맛있는 잡채를 식사 메뉴로 준비했고 모든 식구들이 맛있게 먹었는데 신부님은 가난한 딸, 못 먹고 사는 딸들이 생각나셨는지 "우리 수녀들은 이런 것도 못 해 먹어……."하시며 일어나는 것이었다. …… 나는 철이 없던 때라 괜히 심술이 나서 "신부님은 또 수녀님들만 생각하세요."라고 버릇없는 손자처럼 말을 막하였다. 그러자 신부님은 "어휴, 저 철딱서니 없는 것." 하시며 식당을 나가셨다.

이팔종 수사(1997) 순교의 맥, 제193호, p.42.

방 신부는 수녀들에 대한 애정은 물론 수녀들이 제대로 못 먹는 것에 대해 늘 마음 짠함을 가지고 있었다. 한국전쟁 이후 진정 수녀들은 세 끼 밥을 먹을 수는 없었다. 한 끼는 대체 음식으로 때웠다. 그리고 60년대 70년대에도 아직 우리나라는 먹는 것이 풍족하지 않던 시대였다.

그 시대 서민들은 다 그랬다. 방 신부가 수사원으로 들어간 후, 수사원은 알루미늄 트렁크 공장이 무척 잘 되어 돈을 많이 벌었다. 그래서 수사들의 식단과 수녀들의 식단은 자연 차이가 날 수밖에 없었다.

---

118) 수녀원에 입회하여 첫해 일 년은 지원기(aspirans), 2년째는 청원기(postulante)를 말한다. 3년째는 법정 수련기(novitia)이다. 4년째 수련 2기는(secunda novitia)이다. 괄호는 라틴어.

119) 인터뷰 자료; 방학길 신부. 한국순교복자성직수도회 소속. 2008. 1. 25.

어느 날 밤 갑자기 추워지는 날씨에 밖에 쌓아 놓은 무가 얼어붙을까봐 방 신부는 노인의 몸임에도 불구하고 수사들과 함께 무를 나른 적이 있었다. 그 후 방 신부는 손에 동상이 걸려서 한참 고생을 하였다고 하는 연민 어린 어느 수사의 글이 나온다.

방학길 신부는 수녀들이 매년 수사원의 김장 일을 도와주러 오면, 방 신부는 늘 주방 담당 수사에게 "수녀님들 고생스럽지 않게 해, 손 얼지 않게 해 줘."라고 몇 번이고 와서 부탁하였다는 것이다. 또한 잘 먹여서 보내라고 늘 부탁했기 때문에 잘 대접해서 보냈다고 기억한다. 그래서 젊은 수녀들은 수사원에 가는 것을 좋아했다는 말들을 한다.

어느 날 주방 수사가 수녀들을 대충 먹여서 보냈다. 신경을 미처 못 썼던 것이다. 어쩌다 그럴 수 있겠다고는 하나 방 신부 쪽에서는 그게 아니었던가 보다. 그것을 안 방 신부는 성당에 들어가 서너 시간 동안 나오지 않았다고 한다. 드디어 식사 시간이 왔는데, 방 신부는 자신 앞에 놓여있는 음식을 바라보고는 식사 전 기도를 해 주지 않고 그대로 한참 서 있었다. 어느 수사가 "신부님, 기도 좀……" 그러자 방 신부는 당신 앞에 이것저것 차려 놓은 그릇들을 손바닥으로 싹 쓸어 와장창 바닥으로 내동댕이쳤다. 그리고 "수사가 이렇게 잘 먹으면 뭐하나? 우리 수사들을 위해서 매일 기도해 주는 우리 수녀님들은 지금 꽁보리밥에 새우젓 하고만 먹고 있다구!" 하였다. 주방 담당 수사는 죄송해하며 다시 상을 차렸다. 그때는 방 신부가 참는 모습이 역력했다고 한다.[119] 그리고 나서는 또 수사들을 달래 주느라고 자신의 접시에 있는 맛있는 것을 안 먹고 주방 수사 갖다 주라고 하고, 당가 수사 갖다 주라고 이렇게 하여 마음을 풀어 주려고 애를 썼다고 한다.

이처럼 늘 수녀들을 생각해 주었기에 곡해를 하는 수사들도 있었다. '원장 신부님은 수녀들에게만 애정이 있고 우리에게는 없다.'라는 것이다. 이런 판단은 사실 방 신부를 잘 모르는 데서 오는 편견이기도 하거니와 질투심을 갖게 되는 사람 자체에도 문제의 요소는 있는 것이다. 하여튼 이런 분위기에서 수사들이 오해를 할만도 했던 것이다. 수녀들은 어쩌다 방 신부를 보면 좋아서 화기애애한 분위기를 만들었는데, 수사들은 방 신부의 영성을 잘 이해하지 못하는 상태에서 무덤덤하게 느끼며 평가 절하하는 일이 있는데다, 방 신부의 그런 태도 때문에 더욱 그랬다.

신부님으로부터 영적 지도를 받을 때 나의 생각이나 묵상을 제대로 표현하기가 어려워 가끔 영혼의 일기를 써서 보여 드리면 신부님께서는 그 일기 밑에 꼭 붉은 펜으로 답을 주셨다. 그런데 군대를 제대하고 그 일기를 다시 보니 나 자신이 너무 유치하고 창피스럽고 부끄러워 모두 태워 버렸다. 지금 생각하면 후회막심이지만 유치하고 질문 같지도 않은 그 많은 질문들에 대해 꼬박 꼬박 답을 써 주신 신부님, 좋은 가정에 태어나 자라시고 공부도 많이 하시고 또 수도회를 창설하신 신부님은 내게 있어 참으로 거룩하기까지 보였는데 그런 분께서 무식하고도 촌스런 나를 수사 면형 사제[120] 만드시겠다고 영혼의 일기에 사랑을 쏟으신 것을 생각하면 가슴이 뭉클해짐과 동시에 그 가르치심을 항구히 실행치 못하고 불평불만만을 일삼아 지금의 땡땡이가 되었음이 가슴 아프기만 하다. 사실 그때는 신부님의 가르침에 따라 힘든 주방 소임을 하면서도 순직하고 열심히 살려고 노력했었다.

이팔종 수사(1997). 면형 사제가 되는 길. 순교의 맥, 제193호, p. 42.

---

120) 무아 방유룡 신부의 독특한 가르침 남녀노소 식자(識者) 무식자 누구나 사제가 될 수 있다고 하며 시시각각 하느님께 영적 제사인 면형(麵形) 제사(祭祠)를 드릴 수 있다고 가르침.

무아 방유룡 신부는 남녀 수도자들의 영적 지도를 위해 영적 일기를 쓰도록 하였다. 그래서 초창기 수도자들은 영적 일기를 썼는데, 방 신부는 친절하게 일일이 세세하게 밑줄을 그어서 의견이나 칭찬의 글을 달아 주었던 것이다. 어떤 때는 본인들 글보다 더 많은 글을 적어 주기도 하였다고 박순옥 수녀는 말하는데, 이렇게 개인 한 사람 한 사람의 영성 지도를 위해 영적 일기를 적게 한 것과 꼼꼼하게 의견을 달아 주는 것은, 방 신부가 회원들과 진정 소통을 원했던 모습이며 섬세하고도 자상한 아버지, 수도자들의 영혼 사정을 일일이 챙기는 사랑의 모습이다.

방 신부는 용돈이 조금 생기면 그저 어린 수녀들 먹을 것을 사 주는 것을 큰 기쁨으로 여겼다. 그리고 자주 자신의 간식을 안 먹고 수녀들에게 주었다. 이러한 잔잔한 행동들은 방 신부가 할 수 있는 사랑의 표현인 것이다. 그 외에 자신을 위해 돈을 쓰는 일은 거의 없었다.[121] 차비도 일일이 타서 썼고, 젊을 때에는 성북동 수사원에서 청파동 수녀원까지 걸어 다녔다. 그 거리가 얼마나 되는지 상상조차 할 수 없다. 왜냐하면 지금 버스를 타고 가도 1시간 정도는 가니까 말이다.

어느 날 나와 친구 수녀는 저녁 식사를 마치고 산책을 하고 있었다. 우리는 수녀원에 들어와서 첫 해인 지원기를 보내고 있었다. 때는 어둑어둑한 시간이었다. 한 여름이라 몹시 더웠던 그날, 방 신부님의 방 창문이 열려 있었는데, 지나가다가 우리는 너무나도 희극적인 장면을 목격했다.
신부님이 흰 셔츠를 확 걷어 올리고 의자에 앉아서 주무시고 계셨는데, 정말 그때는 허연 배만 동산같이 크게 확대되어 보였고, 배꼽이 만화에 나오는 x자로 보인 것이다.

---

121) 인터뷰 자료; 오근영 요한 수녀. 2008. 5. 4.

우리 둘은 그 모습이 너무 웃겨서 배를 쥐고 웃다가, 달려가 우리끼리 보기에는 너무 아까워서 동창들을 다 몰고 왔다. 우리 부대는 결국 창문에 모두 붙어서 폭소를 터트리며 깔깔거렸다. 그 바람에 할아버지가 깨셨다. 그리고는 그 백만 불짜리 미소를 지으며 들어오라고 손짓하는 것이다. 신부님도 어린 우리들이 몰려와 창문에 모두 얼굴을 들이밀고 웃고 있었으니, 우리가 더 재미있게 보였을 것이다. 우리는 우루루 방으로 들어갔다.

10명 남짓한 지원자들이 몰려 들어가서 깔깔거리고 재잘거리니 할아버지의 혼을 빼놓을 만하였다. 우리 모두는 신부님과 장난기 반 진담 반 협상을 하면서 종이에다 문서를 작성하기 시작했다.

앞으로 지원자에게 간식을 사 줄 것을 약속한다는 식의 내용을 타협하고 방 신부의 도장을 받아 찍으면서 즐거워했다. 창설 신부님의 도장이 찍힌 문서를 다음 날 마뗄에게 제출하려고 했던 것이다. 그 당시 우리의 간식은 소다 냄새가 나는 시커먼 밀가루 빵이었다. 밀가루가 썩었기 때문에. 우리 모두는 먹기 싫어했지만 수녀가 되기 위한 훈련이라고 생각하고 똑같이 금을 그어 할당량을 나누어 놓고는, 얼른 각자 자기 몫을 꾸역꾸역 먹어 치워버렸다. 그러니까 우리 윗반 자매들은 우리가 잘 먹는다고 자기들은 안 먹고 우리에게 넘겨주는 것이었다.

우리는 그럴 때마다 정말 거절도 못하고 끙끙거리고 있었다. 우리 지원자는 하루 종일 모였다 하면 노래를 즐겨 불러 본원장 수녀님은 우리들의 입을 막기 위해 사탕을 올려 보냈다. 사탕을 먹을 때는 조용하였던 것이다. 그러니 수녀원에 온 지 얼마 안 되는 우리는 간식이 그리웠던 것이다. 우리는 이때다 싶어서 그 당시 유행하던 빨간색 얼음을 비닐에 담은 쭈쭈바가 먹고 싶다고 했다.

신부님이 쌈지 돈을 얼른 내 놓으시니, 우리는 달려가 잔뜩 사 가지고 왔다. 할아버지와 우리는 한바탕 재미있는 시간을 가지며 맛있게 먹었다. 워낙에 날씨가 더운 밤이었던지라 할아버지도 "맛있다. 맛있다!" 하면서 쭈쭈바를 맛있게 드셨다. 그러면서 자꾸 "내가 야곱[122]이 된 기분이야!"라고 말씀하시면서 무척 흐뭇해 하셨다.

우리는 재미있게 놀다가 대침묵이 시작되는 밤 9시가 되어서야 돌아와 취침을 했다. 그 이튿날 묵상과 성무일도가 끝나고 미사 시간이 되었는데 영 신부님이 나타나지 않으시는 것이다. 어른 수녀님이 웬일인가 하고 갔다 오더니, 신부님이 배탈이 나셔서 미사에 못 나오신다는 것이다. 생전 편찮은 것을 모르는 분인데 탈이 나셨다는 것이다. 수녀님들 전체는 미사를 굶었고, 우리 지원자들은 모두 죄책감을 느껴야 했다. 연로한 어른을 보살피지 못한 것에 대해 당연히 꾸중을 들었다. 그래서 그 신나는 간식 문서는 제출할 수 없게 되었다.

김춘희 수녀(필자). 2008. 5.

---

122) 구약 성경 창세기에 나오는 이스라엘 12지파의 조상이 된 12아들들의 아버지.

11

무아 방유룡 신부가 좋아한 성인聖人들

무아 방유룡 신부가 친필로 1946년 4월 21일이라고 써 놓은, 자신이 제작한 복자회[123)] 로고를 보면 깊이 영향 받은 성인들을 알 수 있다. 자신이 영향을 받고 좋아한 정신과 성인들의 이름을 알파벳 첫 글자에 포함하여 그 이름을 적어 놓았다. 그는 처음에 복자회 로고를 만들 때 중앙에는 십자가를 넣었고, 순교자들을 상징하는 빨마 가지로 가장자리를 두르고, 한문 복福 자와 영문 글자의 수도회 이름과 본받아야 하는 성인들을 도안에 반영하려고 했다. 그 초본이 지금 그대로 수녀원에 남아 있는데, 방 신부는 도안에 일일이 그 상징의 의미를 적어 놓았다. 자신이 좋아하고 수도자들이 본받았으면 하는 성인들의 이름을 나열하였는데, 방 신부가 적어 놓은 것을 보면 예수님, 한국 순교자인 복자福者 105명, 김대건 안드레아 신부, 예수님의 12제자, 성 프란치스코, 성녀 소화 데레사 그리고 상징을 나타내는 글자에 삼위일체이신 하느님, 예수 성심聖心, 마리아 성聖心, 3대 허원 그리고 복자회福者會 회원會員들을 적어 놓았다. 1957년 5월 6일 확정된 디자인은 기본 틀은 그대로 유지하고 영문 글자만 뺐다.

---

123) 면형무아(2001). 무아 방유룡 신부 탄생 100주년 기념 화보집. p. 334.

조금 더 단순화하였던 것이다. 특이한 것은 복자福者들을 105명으로 기입하였는데 방 신부가 이것을 만들 당시 이들은 성인품에 오르지 않았었지만 방 신부는 확고하게 이들이 성인 반열에 들 것이라고 믿었음에 틀림없다.

현재 이 복자들 24위 그리고 79위 총 103명의 복자들이 그대로 성인의 품에 올랐는데 2명이 누구인지 알 길이 없다. 방 신부가 개인적으로 훌륭하다고 생각하는 분을 집어넣었을 것이다. 미리 알아보지 않았던 것이 안타깝다. 그리고 여기 이름을 열거한 사람들은 모두 성인들인데 예외적으로 복자회 수도 회원들을 이 로고에 집어넣었다는 것이 감동적이다. 방 신부는 복자회 수사 수녀들이 모두 성인이 되길 바라며 이 고로에 회원들을 집어넣었던 것이 아니겠는가?

이 로고 디자인을 통하여 방 신부의 영성과 수도 정신에 영향을 미친 성인들을 알 수 있는데, 당연히 순교의 원형이신 예수님이 으뜸의 자리를 차지하고 있다. 방 신부는 항상 예수라고 말하지 않고 '오! 주 예수'라고 표현하였고 기도문 중에 예수 그리스도라는 단어가 나올 때마다 고개를 숙이도록 요청하였다. 그 다음 방 신부가 진정 좋아했던 성인은 누구보다도 성모 마리아이다. 성모 마리아를 사랑해서 신학교 때 쫓겨나려다가 그 위기를 모면할 수 있었다는 말도 있다. 그는 자주 성모 미사를 노래 미사로 드렸다. 선종하기 얼마 전 눈이 어두워져서 다른 경문은 수녀가 읽어 줘야 했으나, 성모 신심 미사는 당신이 모두 외우고 있어서 경본 없이 미사를 했을 정도로 성모 마리아에 대한 공경심이 대단했다. 그는 성모 마리아는 면형 사제의 원형이라고 강조했다.

성모님은 사제(司祭) 중의 사제시오,
하느님의 대사제시니,
하자 없으신 소병(素餠)으로서,
하늘서 오신 제물(祭物)을 낳으신 분이시오,
그지없는 제(祭)를 드리시는, 면형(麪形) 사제(司祭)시네. p. 226.

그 다음 12사도들을 들었는데 12사도야말로 예수님과 동고동락했던 사람들로서 예수의 증거자들로서 교회 안에서 최고의 위치를 차지하는 것은 당연하다. 이들은 예수님의 직속 후계자들이며 한 명만 빼놓고 모두 순교자들이었으므로 12사도를 넣고 싶어 했을 것이다.

그리고 한국의 순교자들 105명과 첫 사제이며 순교자인 성 김대건 안드레아 신부다. 자신의 수도명을 안드레아로 택한 것으로, 방 신부가 얼마나 김 신부를 존경했는지 알 수 있다. 김대건 신부는 또한 한국 가톨릭교회 성직자들의 주보이기도 하다.

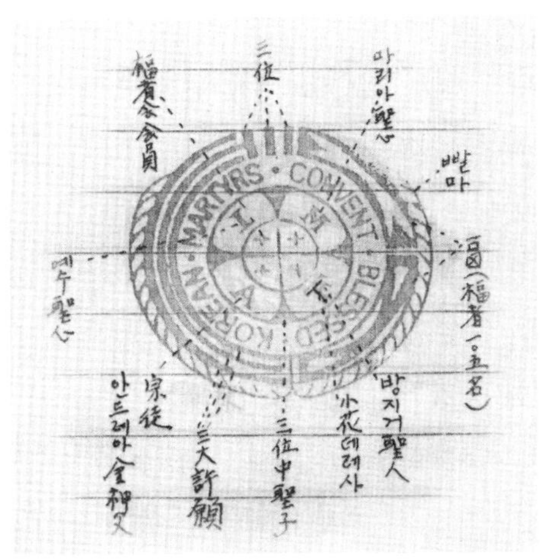

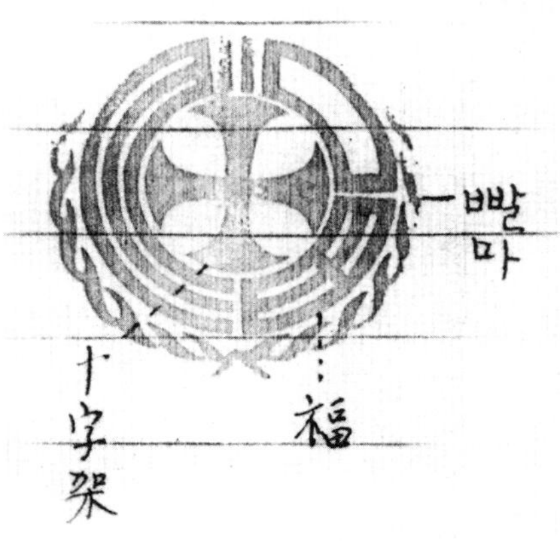

그 다음 많은 성인·성녀 중에서는 방 신부는 아시시의 성 프란치스코 성인과 리지외의 성녀 소화 데레사를 무척 좋아했다. 방 신부의 삶이나 영성을 보면 이 두 성인들로부터 영향을 받았다는 것을 알 수 있다. 이들의 영성의 특징은 무아 방유룡 신부의 영성에도 그 향기를 풍긴다.

성녀 소화 데레사는 1873년에 태어나서 15세의 어린 나이에 리지외의 갈멜 수녀원에 입회했다. 겨우 10년간의 짧은 수도 생활과 평범한 수녀로서의 삶을 살았지만 일상의 작고 평범한 생활 속에서 극기와 그리스도의 사랑을 통해 거룩함에 이른 성녀이다. 어린이의 단순성과 하느님께 대한 깊은 신뢰 그리고 작은 꽃으로 상징되는 자신의 고유한 '작은 길'이 그녀의 영성의 특징이다. 위대한 업적과 특별한 삶의 방식을 통해 성인이 되는 것이 아니라, 평범한 작은 일상을 예수 그리스도에 대한 사랑으로 불태우는 길인 것이다. 성녀는 24살의 젊은 나이로 죽었다. 그녀의 자서전이 출판되면서 전 세계에 폭발적으로 알려졌다.

데레사 성녀는 1925년에 '아기 예수의 성녀 데레사'라는 이름으로 성인품에 올랐다. 이는 이례적인 일로서 사후 50년이 지나야 성인품에 오를 수 있는데 사후 28년 만에 성인품에 오른 것이다. 그만큼 성녀는 현대의 가장 인기 있는 성녀 중의 한 명이다. 성녀는 한 번도 직접 교리를 전파한 적이 없이 갈멜 수도원[124]에서 살았지만, 가톨릭교회 전교의 대수호성인으로 추앙 받는 성인이다.

무아 방유룡 신부의 영성 중에서 고유하면서도 독특한 정신이 '점성 정신'이다.

---

124) 관상 수도원으로 외부 세계와의 접촉을 하지 않고 일생 수녀원 안에서 침묵과 기도와 노동의 삶을 사는 수도원.

이 점성 정신이란 만물은 가장 작은 점으로부터 시작한다는 것이다. 점은 보이지 않지만 점에서 선이 나오고 길이, 넓이, 높이, 깊이 그리고 차원이 생긴다는 것이다. 수도자는 점처럼 작은 일, 작은 순간, 작고 평범한 일상을 승화하는 삶을 살아야 한다고 했다. 먹고 자는 것, 청소하고 빨래하는 등의 일상의 아주 작은 일에, 지금 여기에 온전히 머무는, 그래서 점 같은 순간을 성화해야 한다는 것을 강조하였다. 점성정신은 성녀 데레사의 영성과 공유되는 부분이 있다. 방 신부가 신학교에서 25살 때, 24살에 죽은 수녀가 성인품에 올랐으니 대단한 호기심과 열정을 가지며 자서전을 읽었을 것이다. 이 당시 무아 방유룡 신부는 진정 성인되는 길이 무엇인가를 깊이 탐구하고 명상하고 있던 시기가 아닌가! 이때 성녀를 알게 되니 무척 친밀하게 느끼며 소화 데레사 성녀의 영성인 '작은 길' 에 매료되었던 것 같다. 그래서 수도자들에게도 소화 데레사 성녀를 특별히 본받도록 하였다.

무아 방유룡 신부는 '아기 예수의 데레사' 성녀의 '작은 길'을 추구하면서 더 발전하여 '무아無我의 길'로 갔다. 그리고 작은 길에서 영향을 받았겠지만 점성 정신은 방 신부의 초기 가르침에 등장하지 않는다. 비교적 후기[125]에 방 신부의 실천적 통합 영성과 삶 전체를 통하여 갈고 닦아 낸 결정체였던 것이다. 말하자면 단순히 데레사 성녀의 영향만으로 이 영성이 나온 것은 아니라는 것이다.

방 신부의 평소의 모습은 어린아이와 같은 천진함과 순진무구함의 미소 띤 얼굴이다. 이런 모습은 나이가 많아질수록 더욱 빛났던 것인데, 이런 모습은 아기 예수의 소화 데레사의 얼굴과도 비슷한 이미지이다.

---

125) 1967년에 처음으로 점성 정신이 등장하기 시작한다.

아니 소화 데레사는 24살에 죽었으니 그럴 만도 한 나이이나, 성인成人으로서 이러한 모습을 보여 준다는 것, 인류역사에 어떤 영성가나 신비가가 그러한 모습을 보여 줬다는 말을 들어 본 적이 없다.

세상에 때가 묻은 내가 생각할 때에 별로 대수롭지 않은 일을 가지고 어린 아이처럼 좋아하시고 기뻐하시던 모습들은 예수님의 말씀을 사셨던 증거이리라. "너희가 생각을 바꾸어 어린 아이와 같이 되지 아니하면 결코 하늘나라에 들어가지 못하리라."[126] 참으로 성스러운 삶을 살다 이 세상을 떠나신 신부님께……. "천당에서 바둑을 두실 때 저도 불러 주시어 심부름이라도 하게 하여 주소서."

김승훈 신부(1896). 순교의 맥, 제178호, p. 27.

그때마다 나는 얼마나 기뻤는지 모른다. 그래서 그분의 말씀에 빨려들고, 그분의 말씀에 심취하여 시공(時空)을 넘나들고, 우화등선(羽化登仙)하는 듯한 적도 있긴 했다. 방 신부님은 신바람이 나시면 자작(自作)하신 영가를 알맞게 부르셨다. 그때의 모습이란 마치 귀염둥이 아기가 얌전하게 노래 부르는 것처럼 보였다. 사실 그분이 영성에 관해서 하시는 말씀은 바로 시(詩)며 노래였다.

진교훈 교수(1980). 영혼의 빛, p. 717.

신부님을 뵙는 순간 너무나 평화롭고 인자하시어서 이 세상 분이 아니라고 생각했습니다. 티 없이 맑고 환하신 신부님의 얼굴…… 항상 어린이와 같이 아름다운 모습으로 언제나 만족한 미소로 모든 것을 포용하시며 다가오시는 신부님의 모습을 생각하며 매일 기도 속에 신부님을 뵙고 있습니다.

김선옥 수녀 (1986). 무아의 메아리. 순교의 맥, 제178호, p. 50.

1965년 어느 무더운 여름날 오후…… 방 원장 신부님을 처음으로 뵈었다. 방 신부님은 그때 이미 머리카락이 하얗게 센 백발노인이셨지만 얼굴은 홍안(紅顔)의 미소년(美少年)이셨다.

진교훈 교수(1980). 영혼의 빛, p. 716.

---

126) 마태 18:3.

프란치스코 성인은 1182년 중부 이탈리아 아씨시의 유복한 상인의 아들로 태어났다. 젊어서는 향락을 추구하였고 기사騎士가 될 꿈을 가지기도 하였으나, 20세 때에 회심回心하여 세속적인 재산을 깨끗이 버리고 완전히 청빈한 생활을 하기로 서약하고 청빈, 겸손, 이웃에 대한 사랑에 헌신하였다. 1209년 11명의 제자들을 거느리고 로마 교황 인노켄티우스 3세를 만나, 청빈을 주지主旨로 한 '작은 형제의 모임'의 수도회칙修道會則의 인가를 청원, 구두 약속을 받은 다음 이 수도회를 창립하였다.

그리고 아시시의 성녀 클라라에게 권유하여 여자를 위한 수도회, 클라라회를 설립하게 하고, 다시 속인俗人 남녀를 위한 제3회도 조직하였다. 만년인 1224년에 자신의 몸에 성흔聖痕, 그리스도가 십자가에 못 박혔을 때 옆구리와 양손 양발에 생긴 5개의 상처를 받은 것으로 유명하다. 자애로운 인품과 그가 행한 기적은, 모든 시대를 통해 사람들로부터 많은 존경을 받았는데, 시에나의 성녀 카타리나와 함께 이탈리아의 수호성인이다. '신神의 음유시인吟遊詩人'이라 불리고 있듯이, '태양의 찬가', '평화를 위한 기도' 등을 비롯하여 뛰어난 시도 남겼다.

성 프란치스코는 너그러움, 단순하고 천진한 신앙심. 신과 인간을 향한 헌신, 자연에 대한 사랑과 진실함, 겸손 등으로 중세기의 신비가 혹은 영성가 중에서 가장 사랑받는 성인 중의 한 명이다. 성 프란치스코의 인간됨의 특징은 무아 방유룡 신부에게도 아주 비슷하게 드러난다. 방 신부의 본래적 성격이 단순하고 진실하기도 하였으나 누군가를 좋아하고 그 영성을 좋아하면 닮는 부분도 있는 것이다. 방 신부가 얼마나 프란치스코 성인을 좋아하고 영향을 받았는지 알 수 있다. 방 신부를 '장차 가문을 세울 아이'라고 늘 말했던, 그래서 어린 방유룡 신부에게 특별한 애정을 쏟았던, 방 신부가 정신적으로 많은 영향을 받은 할아버지의 세례명이 프란치스코인 것도 특기할 만한 사실이다.

방 신부의 인생의 목표는 성인이 되는 것이었기에 수많은 성인전聖人傳을 읽었을 것이다. 그중에서 자신과 깊이 공감되는 성인을 좋아하기 마련이므로 영성의 빛깔이 비슷한 성 프란치스코를 좋아했던 것 같다. 특히 자연에 대한 사랑에 있어서 두 성인은 너무나 많이 닮았다. 성 프란치스코를 '음유시인'이라고 불렀듯이 무아 방유룡 신부도 인생 전체를 통해 노래와 영가가 끊이지 않았음을 볼 때 서로 닮은 부분이 많이 있는 것이다.

다만 다른 것이 있다면 방 신부는 상당한 신학적 · 철학적 바탕을 두고 수도적修道的 영성의 체계를 세웠던 반면 프란치스코는 그러한 철학적 ·신학적인 부분은 다소 약하다. 프란치스코 성인은 극도의 가난과 금욕적 태도를 가지고 살았다는 점이 특징인 반면에, 무아 방유룡 신부도 물론 소박하게 살았지만 청빈과 금욕에 있어서 성 프란치스코와는 다른, 현대 정신사적 태도를 가지고 있다. 극도의 가난과 금욕적 태도에서 해방되어 세상의 주어진 모든 것들을 즐기며 살았던 것이다. 이것은 그 시대에 필요한 성인이 나온다는 것과 또한 시대적 · 문화적 영향 아래서 성인이 나오기 때문이며 성인들도 진화한다고 필자는 믿는다. 당연히 앞으로의 성인은 과거와는 또 다른 빛깔의 성인이 나올 것이라는 말이다.

12

무아 방유룡 신부의 성격과 상징

불과 물

방 신부의 성격은 지금까지 여러 곳에서 언급이 되었으나 좀 더 심도 있게 다루어 볼 필요가 있다. 그는 사실 풍부하고 다양한 모습을 지닌 사람이다. 그러나 그 중에서 가장 두드러진 모습은 불과 물 같은 성격을 동시에 지니고 있다는 점이다. 양극의 모습이 번갈아 나타나기도 하나 절묘하게 통합되어 신비스럽게 균형을 이루어 나타나고 있다.

무아 방 신부가 지은 영가나 강론에는 물과 불에 대한 비유와 이미지가 상당히 많이 나온다. 이런 면은 진정 신기할 정도이지만 자신이 내면에 물과 불을 동시에 지니고 있기에 그런 이미지가 나올 수밖에 없는 것이다. 예술 치료를 이해하는 사람들에게는 금방 이해가 갈 것이다. 인간은 자신의 내적 심상을 표현할 수밖에 없고, 이 내적 심상과 공명되는 것을 밖에서 자신 안으로 끌어들이기 때문에, 방 신부가 자주 사용하는 상징인 물과 불은 바로 방 신부 내면의 상징물인 것이다.

방 신부의 이러한 모습에서 가까이 있는 사람들은 당혹스러워할 때도 있었던 것이다. 특히 수도자들이 방 신부의 주요 가르침인 '점

성정신'과 '성의 노력'에 위배되는 경우가 생겼을 때, 수도자들에게 불 같이 호통을 치고 화를 낼 때가 있는 것이다. 사실 이런 모습은 절대 일반 신자들이나 수도 가족 이외의 외부 사람들한테는 보이지 않는 모습이다. 평소에 그렇게 고요하고 인자하고 어린이처럼 맑은 미소를 띠고 있는 모습과는 전혀 다른 불같은 모습인데 그런 불같은 모습에 사람들은 당황해하는 것이다. 그리고 돌아서면 언제 그랬냐 하고 금시 생긋생긋 웃으며 혼이 났던 사람을 대하는 것이다. 그리고 용서를 청하면 즉시 용서하고 끝이 났다. 과거에서 즉시 떠난 것이다. 이러한 태도에 대해 의아해하는 수도자들에게 그는 늘 당당하게 자신이 낸 화는 의노義怒이지 분노忿怒가 아니라는 말을 했다.

이 말을 있는 그대로 이해하는 사람들도 있었겠으나, 성경에 예수님이 폭력을 휘두르는 장면도 있고 화를 내고 저주하고 질타하는 장면이 꽤 여러 군데 나오는데도 불구하고 '화를 내서는 안 된다. 더구나 수도자들은 그래서는 안 된다.'는 유불선적 전통 관념과 윤리관을 가진 대부분의 사람들에게 이런 방 신부의 태도는 의혹을 가지게 만든다. 거룩해야 할 사람이 화를 내니 덕을 갖추지 못했다고 평가절하 하였다.

현대의 심리학들은 이런 문제에 대해서 좀 더 명쾌하게 답을 제시하고 있다. 방 신부가 물론 화를 자주 내는 사람은 전혀 아니었으나 당당하게 화를 낼 줄을 알았다는 것은 전통적 사고방식에 젖어 있는 모습이 아니라 철저한 내적 탐구와 성찰을 통해 심리학을 배우지는 않았지만 진실에 접근한 현대의 성인이라고 칭할 수 있는 모습이라고 본다. 구약 성경에서는 하느님도 자주 분노하는 모습으로 나오지 않는가!

의노와 분노

방 신부가 71세쯤 되었을 때라고 한다. 허 신부와 어떤 수사 한 명이 방 신부한테 수녀원도 총장을 뽑았으니 이제 방 신부도 원장직에서 물러나고 총장은 이존복 신부를 시켜야 한다는 말을 하였다. 처음에는 방 신부가 별 반응 없이 알았다고 하였으나 이들이 또 찾아가서 이야기했을 때, 방 신부는 그들에게 "너희들이 순수한 마음으로 이야기하는 것이 아니라 지금 너희들이 사욕邪慾에서 이런 말을 하고 있다. 네가 말할 자격이 있나!"라고 하며 역정을 내니까, 이들이 얼른 나오면서 어이없게도 방 신부가 못 나오도록 밖에서 문을 잠가 버렸다. 아마도 무서워서 그랬을 것 같은데, 못된 짓을 한 것이다.

방 신부는 늘 밤이면 수사원을 한 바퀴 쭉 돌았다고 한다. 방 신부가 문을 열 것을 요청했으나 그들은 안 열어 주었다. 방 신부는 격노하여 쇠 의자로 유리창을 깨고 집어 던지며 문 열라고 소리 소리를 쳤는데, 그 소리를 듣고 잠이 깬 이영숙 수녀[127]는 성북동 골짜기가 무너지는 줄 알았다고 말한다. 그 소리가 너무나 엄청났던 것이다. 겁이 난 두 사람은 수녀들한테 와서 숨겨 달라고 해서 숨겨 줄 수밖에 없었다. 다른 수사들도 무서워했다. 방 신부는 이운영 신부 보고 "너는 내 아들이다. 어서 문 열어라!" 이운영 신부는 열쇠를 찾아 문을 열었다. 그리고 방 신부는 "이존복은 내 후임이 될 수 없다. 내 후임 아니다. 네가 내 후임이다." 아침에 올라 가 보니 방 신부가 던진 쇠 의자가 마룻바닥에 박혀 마루가 뚫어져 버렸다고 한다.

---

127) 인터뷰 자료; 이영숙 수녀. 2008. 2. 23.

그 순간 얼마나 폭발적인 힘이 나갔는지 알 수 있는 것이다.

이 사건 이후부터 방 신부는 금식을 하기 시작했다. 걱정이 된 수녀들이 식사를 왜 안하냐고 묻는 말에 방 신부는 "내가 화를 냈어요. 그 보속으로 안 먹는 것입니다. 그 두 사람도 보속을 해야 하니 밥을 주면 안 됩니다."라고 하는 것이다. 수녀들은 다른 때 화낼 때도 식사는 잘하지 않았는가라고 의아해하니까, 그런 것은 다 의노義怒였고, 어제는 사욕으로 낸 분노라고 하며, 3일 한나절을 물 한 방울도 안 마셨다고 한다. 그러나 허 신부와 그 수사는 항상 밖에 나가서 사 먹었다고 한다. 얼마 있다가 허 신부는 치욕적인 사기를 치고 도망갔다. 일반 신문에 대서특필이 되었고 사제직을 박탈당했다. 이 사건은 공동체에 큰 아픔을 남겼다. 그 수사도 사기를 치고 스스로 퇴회를 하였다. 이존복 신부는 총회 전에 갑자기 병이 났으며 수사원은 서둘러 정식으로 총회의 투표를 거쳐 방 신부의 후임 총장에 이운영 신부를 뽑았다.

방 신부의 성격적 면모를 보여 주는 또 하나의 일화가 있다. 방 신부가 일을 하고 있는데 고양이가 자꾸 방 신부 수단 밑으로 와서 발치에 감겼다고 한다. 평소 방 신부가 좋아하니까 그런 모양이다. 방 신무가 자꾸 가라고 밀치는데 고양이는 자꾸 와서 감기는 것이다. 방 신부는 "에잇!" 하며 고양이를 발로 차 버렸는데, 그만 고양이가 비명을 지르며 층계로 굴러 떨어져 다리를 다쳤던 것이다. 방 신부는 마음 아파하며 얼른 달려가 고양이를 안고 와 다리를 치료하고 붕대를 감아 주었다. 그날부터 방 신부는 고양이를 왕자처럼 방석에 모시고 간호를 하기 시작했는데, 식사 시간에는 자신의 국에 있는 맛있는 고기와 생선은 전부 고양이에게 주고는 자신은 국물만 먹었다. 당시에는 고기 값이 비쌌다. 주방 수녀는 방 신부가 육식을 좋아하니 특별한 정성으로 해다 주는데 고양이에게 다 먹이니 여간 속상한 것이 아니었다. 한번은 이영숙 수녀가 식사 상을 들고 가서 왜 고양이에게 다 주는가를 물었다. 방 신부는 "내가 고양이에게 화를 냈는데 그것은 사욕에서 그런 거예요. 내가 보속을 해야 해요. 내가 잘못하여 고통을 주었으니……" 이런 식의 식사는 고양이가 제대로 걸을 때까지 계속 되었다고 한다.[128)]

이렇게 방 신부는 자신의 화에 대해 의노인지 아닌지 구분하고 의노가 아닌 화를 냈을 경우에는 서슴없이 그 잘못을 주변 사람들에게 고백하고 보속을 하였다. 보속은 자신에게 가장 어려운 것을 하였다. 방 신부는 식사를 무척 맛있게 하는 사람이다. 식사를 안 한다는 것은 자신에게 주는 아주 중한 벌인 것이다. 돌아가시기 전에도 식사는 아주 아이처럼 맛있게 잘했다고 한다. 그리고 좋아하는 육류와 생선을 안 먹는 것으로 자신의 잘못에 대해 철저히 보속을 함으로써 마음을 닦았다. 이런 모습은 물과 같은 모습으로 비춰진다.

> 이렇게 신부님께서는 당신이 잘못하셨다고 생각되셨을 때는 "내가 잘못했어요. 잘못을 느낍니다."라고 서슴없이 우리들에게도 당신의 잘못을 고백하셨다.
>
> 이영숙 수녀(2000) 순교의 맥 제196호 p. 50.

방 신부의 불같은 성격의 면모를 보여 주는 또 한 가지 일화는 어느 날 수녀가 방에 들어가 보니 이상하게 수도꼭지가 하늘을 향해 있었던 것이다. 이상해하던 수녀에게 방 신부는 상세하게 설명을 해 주었다.

---

128) 인터뷰 자료; 이영숙 수녀. 2008. 2. 23, 순교의 맥. 제196호. p. 50

방 신부는 “사랑도 위대하지만 사욕도 대단해! 한번 사욕이 힘을 발휘하면 사물에게 인간에게 대단한 파괴와 손해와 상처를 줍니다. 그 수도꼭지는 사욕의 결과예요. 사랑의 능력은 위대한 새 창조를 이룹니다. 부족함을 채우고 모든 사물을 넘치도록 새롭게 변화시키지. 그런데 사욕은 망가트리고, 비뚤어지고 혼란을 가져오고 생명을 앗아갑니다. 내가 사욕을 부렸더니 수도꼭지가 쓸모없는 존재가 되어 버렸어요. 사욕은 악의 뿌리입니다.” 하고 빙그레 웃었다고 한다.[129] 아마도 방 신부가 어떤 일에 화가 나서 수도꼭지를 비틀었던 것 같다. 이런 자신의 부끄러운 모습을 어린 수녀에게도 마음을 열고 이야기하며 설명을 해 주는 물같이 깨끗하고 부드러운 마음을 지닌 것이다.

토요일 찬미가

5. 영원무궁 사랑을 뉘라 느끼리.
성의(誠意)에서 온 노력은 열을 발하네.
높은 열은 불이니 불이 사랑 일세.
치열한 사랑엔 모두가 하나

6. 참 사랑의 표준은 양심불일세,
끓고 타는 양심은 사랑으로 가
사랑이신 천주를 느끼고 누려
인격(人格)은 신격(神格)과 합격(合格)하였네. p. 280.

---

129) 이영숙 수녀. 순교의 맥, 제196호, p. 51

영가 78.

자면서도 기도할지니 이는 찬란한 양심불일세
몸은 자도 마음은 깨어 밤새도록 그지없어라.
애덕은 끓고 타시면서 우리 맘에 쏟아지셨네.
끓고 타면서 밤새도록 꺼질 줄 모르는 성체불은
우리 양심불의 상징일세
주는 얼마나 좋으신지! 끓고 타면서
주무시지도 않으시네. p. 206.

무아 방유룡 신부는 모세가 시나이 산에서 타는 불꽃을 체험한 것처럼 자주 불타는 가슴을 체험하였다는 것을 알 수 있다. 방 신부의 영가와 강론에는 영가 78에서와 같은 구절이 여기저기 많이 있다. 이 불꽃은 방 신부의 가슴에서 밤이나 낮이나 끊임없이 타올랐으니, 때때로 "찬란한 양심 불에 성령 칠은이 영롱한 황홀경에 황금대로 오르는 면형 제사 그지없어라."(p. 258) 하고 노래하였다. 그는 또한 자주 "사랑이 병들었을 때 그 옆을 떠나지 아니하시고 주무시지도 아니하시고 밤새도록 돌보시고……"라고 노래한다. 그의 심장 안에서 타오르는 주主의 불꽃을 방 신부는 양심 불과 동일시하기도 하고, 주님이라고 표현하기도 하며, 때로는 성령의 불이라고 표현하기도 한다. 표현이야 어떻든 방 신부는 자신의 몸에서 밤이나 낮이나 불을 체험함으로써 "주님이 주무시지도 졸지도 않으신다."는 말을 자주 한 것이다.

방 신부가 갖고 있는 불같은 성격과 가슴에 늘 타올랐던 신비스런 불은 하나로 융합되어 나타난다. 방 신부는 전 생애가 불처럼 하늘로 타올랐고, 열정적인 삶을 살았으며, 그 열정은 물로 정련

된, 그래서 고요히 타오르는, 그러나 꺼지지 않는 불꽃이었다. 그는 주변을 환하게 비추어 주었고, 따뜻한 모습으로 사람들에게 다가왔으며, 때로는 거침없는 불길처럼 용맹한 삶을 살았고, 자신 안에 있는 거짓된 사욕을 모두 태워 버렸던 것이다. 이 에너지는 방 신부 안에서 늘 상승의 에너지처럼 작용하였다. 하늘을 향해 뻗은 그리움과 치열한 사랑으로 말이다.

물과 같이 겸허하고 겸손한 데로 내려가시려는 신부님께는 물에 대한 말씀도 많이 들었습니다. 물 신부님이라고나 할까요?

김규영 교수(1996). 순교의 맥, 제192호, p. 100.

덕(德)이라는 어휘가 처음으로 중요하게 들렸다. 덕이라는 말은 많이 들었어도 그것의 중함이 가슴에 들어오기는 그 따뜻했던 봄날이 처음이었다. …… 더구나 신부님께서도 덕을 물과 관련지어서 덕을 설명하시지 않는가? 물은 자신의 모습을 주장하지 않고 그릇의 모양에 따라서 모습이 바뀐다고.

이재성 수사(2000). 순교의 맥, 제196호, p. 66.

무아 방유룡 신부는 물에 대한 상징을 무척 많이 사용하였을 뿐만 아니라 인품에서도 물 같은 이미지를 풍겨 '물 신부님' 이라는 말까지 들었다. 보이지 않는 영적 실재와 그 신비를 말하기 위해서, 인간의 언어는 많은 한계를 지니고 있다. 때문에 상징을 사용하여 전달하는 수밖에 없다. 그래서 방 신부는 무아無我와 겸손을 말할 때 자주 물을 비유로 들어 말하곤 했다. 물의 내려가고 내려가는 이미지로 겸손을 말하고, 그릇의 모양대로 물이 담겨지는 모습과 그러면서도 물이라는 자신의 정체성을 잃지 않는 물의 모습이야 말로 무아와 자유의 진수를 상징해 주는 것으로서 방 신부는

물을 즐겨 노래하였다.

허무에서 빛이 나더니 무아에서 하늘빛이 비쳤네.
무아(無我)는 무사(無邪)무욕(無慾)이니 제 자신을 텅 비움일세.
주는 내리시고 내리셨네, 물과 같이 내리셨네.
하늘에서 땅으로, 땅 속까지 내리셨네.
모든 이에게 봉사하시고 발까지 씻어 주셨네.
자신을 텅 비우시고 땅 속까지 내리셨네.
그분은 무가 좋으시어 면형으로 가셨네.
우리도 무로 가세, 무가 바로 면형일세
아아! 이 어인 일인고! 불은 물이 되고 물은 불이 되었네
이는 면형 신비의 계시니 불은 천주시요 물은 불이 되었네
천주께서 사람이 되시고 사람은 천주가 되었네……. p. 222.

산 넘고 물 건너 불을 지나야 안식에 든다는 말씀
침묵 중에 울려오는 메아리로 이 마음에 이는 고통
이제야 뼈저리게 느껴, 느낀 마음은 눈물일세.
그는 못내 울었네.
울면서 끓고 타서 불을 뿜었네
그는 크게 소리쳤네. 면형이 어디냐고.
면형에 가신 그 분이 못내 그리워 그는 날마다 울었네.
몸은 파란 산에서 마음은 삼중 천에 있었도다.
이루 말할 수 없는 신비를 보고서 그는 기뻐 용약했도다…….
우리도 물처럼 내려가세, 내려가야 올라가네.
영원한 면형이 되세. 그는 하늘 절정까지 올라갔도다.
허무에서 빛이 나고 천지만물이 생기더니
주를 따라 면형으로 간 무아에 칠색 칠은이 비쳤네.

그는 황홀경으로 들어갔네. 하늘에서 주와 군림하네.
더할 나위 없이 올라갔네. 그도 절정을 넘어갔도다.
신비가 보고 놀랐고, 그는 신비를 보고 놀랐네.
아 깨닫고 느낌은 신기도 하여라. 사랑의 눈물은 달고도 달도다.. p. 219.

끓고 타시면서 우리를 목말라 하시네.
주는 천만사에 모든 것이 되시더니
불도 되시고 물도 되셨네.
물이 되시어 우리를 정화하시고,
불이 되어 우리 갈 길을 비추셨네.
피땀과 눈물로 우리를 씻어 주시고
사랑의 불로 끓고 타게 하셨네.
물이 되시어 물같이 내려만 가시더니 p. 242.

위의 영가에서 불의 올라가는 상승적 이미지의 초월적 하느님의 모습과 예수의 하강하는 이미지로서 내려가고 내려가 무덤의 땅 속까지 내려가 무아가 된 예수의 이미지를 대비시킨다. 방 신부는 불과 물은 신비롭게 하나가 된다고 여러 영가에서 노래하고 있다. 하느님이 인간이 되는 육화肉化의 신비와 인간이 하느님이 되는 신화神化의 신비를 노래하고 있으며 마침내 신과 인간은 하나가 된다고 외치고 있다.

이러한 무아 방유룡 신부의 신비체험은 그의 성품과 일상에도 그대로 반영되어 드러나고 있는 것을 알 수 있다. 불같이 화를 내고는 물처럼 내면으로 깊이 내려가 그것에 대해 성찰하며 자신의 분노의 뿌리인 사욕邪慾을 자각하고 그것을 불로 태우고 물로 정화하고 새롭게 빛을 받아 소생하는 모습이다. 그래서 불과 물은 방 신부 자신 안에서 언제나 상승과 하강의 운동을 반복했으며 방 신부는 절묘하게 물과 불이 하나 되는 신비체험을 하였다. 자신 안에서 하느님이 육화하고 자신은 신神이 되는 원운동으로 합일하는 체험을 하였던 것이다.

이것은 방 신부의 불로 상징되는 성격의 동動적이고도 남성적이며 용감하고 굳건한 모습, 뜨거운 타오르는 열정적 모습과 힘 있는 모습 그리고 물로 상징되는 정靜적이며, 고요하고, 여성적이고, 만물을 살려내고 양육하며, 온유하고, 부드럽고, 투명하고, 천진난만하고, 순진무구한 모습 그리고 자유의 모습으로 드러났던 것이다.

그는 상승과 하강 그리고 양극과 극을 통합한 십자가와 중앙에 둥근 모양의 성체聖體, 면형이 그려진 상징화를 자신 안에서 완벽하게 그려 내고 있다. 이는 원 안에 십자축이 표현된 만다라 상[130]의 완성이며 진정 융Jung이 주장한 대극對極의 합일合一, 대극의 도道를 이룬 사람이다. 그는 신학교 초기에는 동쪽으로 기울어졌다가 대 회심을 하고는 서쪽으로 기울어지다가 그 중심을 잡으며 인격의 대극의 합일의 도를 이룬 모습을, 물이 불이 되고 불이 물이 되는 신비를 온 생애를 통해서 투명하게 보여 주고 있다. 불이 물이 되고, 물이 불이 되는 것은 그 풍부한 상징성뿐만 아니라 이는 몸의 체험을 배제하지 않는 것임을 주목해야 할 것이다.

---

130) 자기와 자기실현: 분석심리학 탐구(이부영, 2006) 책 앞부분의 만다라 상 3개 참고. 인간과 무의식의 상징(Jung, 이부영 역, 2003). 표지 만다라 상과 p. 239에 있는 만다라 상 참고.

13

영성 지도를 위한 담화 모임과 만남의 은총

성북동의 한국순교복자수도원

때 묻은 마음과 몸을 끌고
또 갈까나, 성북동 깊숙한 곳.
은총이 쪼이는 곳.
이승의 양지.
초롱불처럼 열린 감나무 둘러보며
굽은 길 잠깐 돌아 福者橋 건너는 날,
맑고 시원한 한국의 가을이다.

이곳에 오면 눈의 안개가 좀 걷히고
사물이 있는 그대로 보이는 것 같다.
방 원장 신부님 계시는 방, 암자라기엔 차라리
그냥 아담한 방이지만,
성녀 상, 해묵은 책,
새(鳥) 집, 담배 도구,
모두가 행복하게 재미있구나.

백발의 큰 두골, 둥근 얼굴, 둥근 몸매,
무한량 둥근 그분의 마음이
〈만나〉처럼 스며 시원하고 훈훈하다.
넓은 창에 햇살도 바람도 잘 들지만
아무래도 그뿐이랴.
그분의 훈훈함이
소리 없이 퍼짐 이리

평생 두고 오르고 또 오른
그분의 덕의 봉우리를
헤아릴 수는 없지, 하고 부질없는 생각을 하며
부드러운 음성에 귀 기울인다.
대여섯쯤 모인 둘레의 사람 중엔
벌써 단잠에 빠진 이도 있다.
절로 그렇게 잠이 온다는 듯이.

무거운 말씀도 가볍게 날아오고
가벼운 웃음에도 땅덩이 같은 무게.
드시는 논리와 비유도 가지가지,
이를테면 무의 한 점에서 비롯되어
선으로 뻗고, 면으로 퍼지고,
삼차원의 집이 서고, 시간이 흘러
초차원으로 넘어가는 행복의 구조.

그 속에 숨이 통하고 피가 흐른다.
인류의 숙명에서 제일 좋은 말,
〈자유〉란 말의 뜻이 날개를 펴고,
또 귀한 〈양심〉이란 말에 불이 켜지고,

금강석처럼 結晶되는 또 좋은 말 〈의지〉.
그분의 입술에선 아득한 이 말들이
참으로 알차게 보람 있구나.
'물은 바로 사랑의 표상이 아니더냐.
아래로 아래로 흐르는 물은
바로 겸양의 표상이 아니더냐.'
그리곤 마침내 지극히 경건하게
신비의 심장을 열으시었다.
'이 두 가지가 하나의 피와 살로 합치는
극치가 바로 면형이 아니더냐.'

덕을 쪼이는
시간은 빨리 간다.
이미 어둑어둑한 방에
만종이 은은히 울려온다.
그 여운 속에 나직이 나직이
'참으로 복되도다 聖人의 죽음이여'
하시는 말씀이 흐르고 있었다.

성찬경(1980). 『영혼의 빛』 p. 58.

무아 방유룡 안드레아 신부는 본당 생활을 25년 동안 하였으나, 수도자처럼 살았기 때문에 일반 교우들과 활발한 활동과 교제를 하지는 않았다. 그는 오로지 수도회를 건설하는 일에 몰두했었다. 평신도로서 방 신부와 평생 친분을 유지한 사람은 장면 박사였다. 장면 박사의 가족과 방 신부의 가족은 서로 친분이 두터웠다. 장면 박사는 방유룡이 신학교에 다닐 때 평신도로서는 유일하게 용산신학교에서 일반 과목들을 가르쳤기 때문에 더욱 가까워졌다. 그때

장면 박사는 애국 청년으로 또한 훌륭한 인품과 박학다식함으로 신학생들에게 존경의 대상이었다. 방 신부가 사제 서품을 받은 후로 방 신부는 장면 박사의 오랜 고해신부로서 그의 영적 지도자가 되었다. 방 신부가 항상 즐겨 썼던 그 멋진 모자는 장면 박사가 특별히 로마에서 사가지고 방 신부에게 선물한 것이다.

장면 박사 외에 평생 깊은 만남을 유지한 교수들 그룹이 있었다. 방 신부를 흠모하며 방 신부가 본당을 떠났어도, 수도원에 모여서 20여 년간 영적 담화 모임을 통해 영적 지도를 받았던 지식인들이 있었다. 이들은 방 신부의 가르침을 그때는 잘못 알아들은 점도 있었으나 상당히 수용적이었고 공감을 할 수 있었던 것 같다. 방 신부는 이들과의 만남을 퍽 좋아했던 것으로 보인다.

이들은 모임을 이어가면서 김규영 교수가 주축이 되어 정식으로 외부회(3회) 회원[131]이 될 것을 방 신부에게 요청했으나, 방 신부가 워낙 그때는 바빴고 수도회 사정으로 인하여 이루어지지는 않았다. 영성지도 모임은 방 신부가 병원으로 거처를 옮길 때까지 이어졌다. 병원은 복자수녀회가 운영하는 병원이었으므로 그곳 수녀들의 매일 미사를 위한 상주 사제로 간 것이다. 방 신부가 연로하므로 병원으로 오게 되면 앞으로 유리할 것이라고 생각되어 거처를 옮긴 것이다.

방 신부가 1950년 12월에 제기동 성당에 부임해 갔을 때 고계일 안드레아는 본당 사목회장으로 있었고, 김규영 토마스도 신자 중의 한 사람이었다. 그들은 방 신부로부터 깊은 감화를 받았다.

131) 결혼하여 혹은 독신이라도 수도원에 입회하지 않고 세상에 살면서 창설자 영성에 따라 수도 생활을 하는 사람들을 일컫는다.

고계일과 김규영[132]은 방 신부가 임기를 마치고 본당을 떠났지만 계속 방 신부의 영적 가르침을 받고 싶어서 방 신부를 찾아가 영적 지도를 받았다. 김규영은 경성제대를 졸업하고 서울대학교에서 철학과 교수로 재직하고 있을 때, 서울대 출신 제자들 중 가톨릭 신자이면서 영성을 추구하는 젊은 교수들을 자연스럽게 하나 둘 불러 모으기 시작했다. 자신의 대자[133] 성찬경[134] 교수(시인)와 애제자 박희진[135] 시인, 작곡가 변규백[136] 교수 그리고 철학 교수들인 진교훈[137], 이은봉[138], 강성위[139], 그리고 성찬경 교수의 친척인 이재성 보나벤뚜라 신학생과 김규영의 대자인 이운영[140] 그리고 고계일 회장이 지속적으로 함께했던 멤버들이었다. 중간 중간 관심 있는 사람들이 한동안 나오기도 한 적이 있고, 한때 이화여대와 서울대 철학과 출신의 여성 2명도 참석한 적이 있었으며 불교계 저명한 교수들과 유명한 스님들도 참석한 적이 있다. 철학 교수였던 김완수, 김석진은 3~4년 나왔었으나 인도로 유학을 떠났다고 한다.

여기에 소개하는 학자들은 끝까지 모임을 한 사람들이다. 이 모임에 참석했던 사람 중에서 사제가 한 명 났으니 바로 이운영 신부이다. 그는 방 신부가 창설한 한국순교복자성직수도원에 입회하여 수사 신부가 되었고 방 신부의 후계자로 수도회 2~4대 총장을 지냈으며 지병으로 일찍 사망하였다.[141] 이재성 수사는 로마로 유학을 가서 영성 신학을 공부하였다. 이 둘을 빼놓고 8명은 거의 방 신부가 인천 성모병원에 머물기까지 줄기차게 매달 한 달에 한 번씩 첫 토요일(일요일로 옮긴 적도 있었음) 오후 3시쯤에 모여서 만종이 울리는 6시에 헤어졌다.

---

*주석 133)부터 141)까지 : 다음 페이지.

132) 경성제대 철학과 졸업. 벨기에 루벤 대학교 유학. 전 서울대학교, 서강대학교 철학과 교수. 한국 철학회 회장 역임. 대한민국학술원 회원

133) 가톨릭교회에서 세례 받을 때는 대부, 대모를 세워서 신앙생활을 돌보게 한다.

134) 서울대학교 문리대 대학원 영문과 졸업. 시인. 1956년 문학예술지에 조지훈 추천으로 등단. 영국 옥스퍼드 대학교에서 문학 연구. 한국시협상, 서울시문화상, 월탄문학상, 전 성균관대학교 영문과 교수, 한국시인협회 회장, 가톨릭문인협회장 등 역임. 현재 대한민국예술원 회원.

135) 고려대학교 영문과 졸업, 시인. 1955년《문학예술》추천으로 등단하였다. 월탄문학상, 현대시학 작품상, 한국시협상, 상화 시인상, 1999년 보관문화훈장을 받았다. 현재 대한민국예술원 회원.

136) 서울대학교 음대 및 동대학원을 졸업함. 작곡가. 음악 평론가. 시인. 1975년 이상화 작시 "빼앗긴 들에도 봄은 오는가"를 작곡 발표하였다. 국악의 선율을 바탕으로 하여 새로운 민요(신민요) 부르기 운동을 펼치고 있다. 또한 1980년도부터 시인의 작품에 작곡을 하여 매달 시낭송회에서 현재에 이르도록 발표하고 있다. 승가대학에서 13년 간 불교 음악을 강의하였고, 현재는 〈우이시 낭송회〉 전속 작곡가로 활동하고 있다. 2004년 계간 『서울 문학』으로 등단 황희문화상(음악 부분) 수상.

137) 서울대학교 문리대 철학과 졸업. 오스트리아 빈(Wien)대학교 철학박사(1972). 서울대학교 사범대학 국민윤리교육과 명예교수. 한국철학적인간학회, 한국생명윤리학회 회장, 과학기술부 생명윤리자문위원회 위원장.

138) 서울대학교 문리대 종교학과를 졸업하고 성균관대학에서 동양 종교로 철학박사학위를 취득하였다. 덕성여대 인문과학대학장, 민주평통자문위원, 한국종교학회 회장을 역임하였고, 성천 아카데미 동서인문고전 강좌에서 삼국유사를 강의하고 있으며, 덕성여대 철학과 교수로 재직했으며 현재 명예 교수로 있음.

139) 서울대학교 철학과 졸업. 독일 뮌헨 대학교 대학원과 마인츠대학교 대학원에서 철학 박사 학위를 받았다. 계명대학교 교수를 거쳐 한국외국어대학교 철학과교수 및 인문 대학장을 지냈음.

140) 고려대학교 철학과 졸업. 1967년에 수도원 입회, 1974년 사제 수품. 복자수도원 2, 3, 4대 총장. 1994년 사망.

141) 1994. 4. 7.

이 영성지도 모임의 성격은 방 신부의 가르침과 방 신부와 주고받는 질의 응답식의 대화가 주된 방식이었다. 이 영적 담화 모임이 20년 이상 유지되게 한 놀라운 힘은 무엇인가 주시할 필요가 있다. 당대 한국에서 철학자로서는 상당한 인지도를 가지고 있었던 철학자들과 시인들이 방 신부를 볼 때마다 그에게 감화되고 그의 말에 빨려 들어갔다는 표현들을 하고 있다.

모임은 3시간가량 이어졌는데도 늘 어느새 시간가는 줄 모르게 있다가 끝나서 아쉬운 마음으로 마쳤고, 항상 다음 만날 날을 고대하였다고들 말한다. 영성지도 모임을 마치고 나오면 마치 고해성사를 보고 나온 것 같다는 표현과 자신들의 영혼이 고양되는 느낌, 자기들의 얼굴이 환하게 빛나는 것을 느꼈다고 말하면서 이 느낌은 며칠씩 갔다고 하는 이도 있다. 이들이 남긴 글과 인터뷰 내용은 하나같이 방 신부에 대한 예찬과 경외심과 사랑을 담고 있으며 방 신부는 이 세상을 떠났지만 그들의 삶에서 생생하게 살아 있는 성자의 모습으로 남아 있음을 발견했다.

이들도 이제는 머리가 희끗해져서 교수직에서 은퇴해서 저작 활동을 하고 있는 사람들도 있고 명예 교수로서 아직도 강의를 하고 있는 사람들도 있다. 최고 어른인 김규영 교수는 현재 92세가 되었다. 이들 중 타계한 이운영 신부와 고계일 회장만 인터뷰를 하지 못했고 나머지 8명은 모두 인터뷰를 할 수 있었다. 인터뷰할 때 어떤 이의 기억은 다소 사라졌지만 무아 방유룡 신부의 영적 빛은 그대로 그들 가슴에 살아 있다는 것을 느꼈다. 자신들의 생애에서 이런 성자를 직접 접할 수 있었다는 것, 함께 호흡하며 사랑을 나누었다는 것은 그들에게는 진정 축복이었으며 '만남의 은총'이었다고 고백한다. 김규영 교수와 성찬경 교수는 이 영성 담화의 내용들을 꼼꼼하게 필사했고, 그 노트를 복자수녀회에 자료로 기증하였다.

방유룡 신부에 대한 연구는 질적 연구 방법론을 적용한 것이기 때문에 이들의 말을 필자가 해석해서 이들을 소개하기보다는 이들의 말을 그대로 충실하게 보여 줌으로써, 무아 방유룡 신부가 이들에게 어떤 인물인지 드러내도록 하였다. 이들이 방 신부를 몇 번만 만났던 것이 아니고 약 20여 년을 두고 모임에 참석했던 사람들로서 수도자가 아닌 평신도로서의 또 다른 시각이 필요하다는 생각에서 이 장을 마련하였다. 이들은 방 신부에 대한 시와 글 그리고 작곡을 남겼지만 여기에서는 가능한 최근 인터뷰만 소개하고 2명의 시를 실었다. 시가 방 신부의 이미지를 압축적으로 아주 잘 드러내고 있기 때문이다. 이 인터뷰는 2008년 1~2월 중에 이루어졌으며 인터뷰는 필자가 직접 하였다. 모두 비디오 동영상 자료를 남겼다. 아직도 김규영 교수, 성찬경 교수, 박희진 시인, 변규백 교수는 '공간' 시낭송회[142]에서 만남을 이어가고 옛정을 나누고 있다.

김규영 교수

신부님이 미사 드리는 것을 보면 헌병할 때부터는 경계가 달라져. 내가 보기에는 신비경으로 들어가는 것 같아……. 말씀을 느끼는 것은 천주와 일치된, 예수님의 경지인데, 거기 가는 것은 결국은 신비로 가는 거구나 하고 알게 된 거지……. 성격은 뭐 호인이지……. 누구든지 다 좋아. 누구든지 오면 말씀을 하시는데, 당신 말씀은 나중에 하시고, 그 사람이 사는 세간 이야기부터 시작해. 거기서 점점 어디로 가냐 하면 수도생활로 들어가. 화술이 보통이 아니야.

142) 1979년 4월 시작. 현재 2008년 6월 336회째 이어오고 있다. 매달 1번 모임.

그러니까 우리가 끌린 거지……. 탄허 스님이나 이정호 선생이나 뭐 이런 분들에 비해서 다른 점은, 창설 신부님 말씀을 듣다가는 뭐 쉬운 말로 하시는데 나중에는 어! 벌써 일어나나! 할 정도로 시간 가는 걸 잊어버릴 정도로 우리가 심취하게끔 얘기하시더란 말이야……. 하여튼 못하시는 게 없으신 분이라니까. 바둑을 두면 좀처럼 지지 않으셔. 담배, 술, 바둑, 작사, 작곡까지 하시니 못하시는 게 없으시지. 신부가 되기 전에 그런 쪽으로 나갈 생각도 하셨던 모양이야. 하고 싶은 게 많으셔서…… 되어 볼까? 몇 번 그러다가 나중에 결단 내리기를 수도자가 되기로 하셨다는 그 말씀만 하셨어……. 세간적으로 나가셨어도 뭔가가 될 만한 자질에서 태어나고 그렇게 될 만한 능력을 가지신 분이야……. 지금도 살아 있죠. 내 마음속에는 그분의 모습이랄까 말씀이 그냥 가시지 않고 있으니까……. 항상 우리가 신발신고 떠나가는 데까지 나오셔 반드시 배웅을 하고, 언제나 웃는 얼굴이야. 수녀님들이 돌아가셨는데도 얼굴은 미소 얼굴 그대로 있어서 놀랐지! '항상 미소'라는 것이 저런 것이구나! 한결같은 미소를 보여 주셨어……. 참 그분을 생애에 만났다는 것 자체가 하느님에게서 받은 은혜이지. 저는 그렇게 느꼈다고……. 참신한 스님 한 분이 나왔었는데 이름은 잊어버렸어……. 경계가 가까우니까 서로 통하지. 창설 신부님은 무아를 말씀하시잖아. 저쪽도 무아지. 통하는 데가 있다. 그 스님도 오랫동안 수도하신 분이야……. 목표가 비슷하니까 통해요. 옆에서 봐도 기분이 좋더구만…….

인터뷰 자료: 2008. 1. 24.

성찬경 교수

성찬경 교수는 김규영 교수의 애제자이었다. 그는 방 신부와의 만남과 가르침 등을 많이 받아 적었다. 그는 자신의 시집 『황홀한 초록빛』을 무아 방유룡 안드레아 신부에게 헌정했다. 시인은 방유룡 안드레아 신부에 관한 시 4편을 이 책에 실었다. 여기에는 한 편의 시만 소개한다. 성찬경 교수와의 인터뷰와 지난 2008년 4월 21일 한국순교복자수녀회 창설 기념일에 날 수녀원에 초빙되어 무아 방유룡 신부를 추억하는 강의를 했었다. 이때 방 신부에 대한 개인적 느낌을 더 많이 이야기했으므로 이때 녹음한 것을 여기 올린다.

그분은 비범한 인물이지요. 큰 인물이셨어요. 대단한 분이셨지요. 사람을 만나면 분위기를 순식간에 녹여 놨어요. 그분의 말씀을 몇 마디만 들으면, 금방 저분은 스승으로 모시고 싶은 분이라고 느끼지요. 그 풍모에서 이런 느낌은 우러나오는 것이지요. 재미 있으셨고, 사람의 마음을 끌어 들이셨고…… 성격은 원만하고 감싸며 모든 사람을 포용하는 분이셨지요……. 점성정신을 아주 많이 강조하셨어요. 그분의 가르침이란 제가 평생을 두고 묵상할 만한 것이며, 저는 그분의 가르침을 따라 산다고 할 수 있어요.

인터뷰 자료; 2008. 1. 29.

성덕이나 수덕을 얼마나 쌓았는가를 알려면 돌아가신 후에 사람이 얼마나 모여드나를 보면 됩니다. 세월이 가면 갈수록 방 신부님을 흠모하는 사람의 모임이 많아지지 않을까 생각해요……. 오늘 조금 슬픈 느낌 같은 것도 있어요. 그리움에 잠기게 되요. 그 웃는 모습, 지금도 들리는 것 같고, 보이는 것 같아요. 살아 계실 때 웃는 모습. 저는 첫 번 만남에 반해 버렸습니다. 세례 받으려고 방 신부님 동창이신 임충신 신부님을 뵈러 갔었는데, 웬 신부님이 옆에 계셨는데 반해 버렸어요. 그분이 방 신부님이셨어요. 두 분이 도란도란 이야기 하는데…… 그분의 웃는 모습을 보고 지상 천국이구나! 하는 생각이 들었어요. 방 신부님은 제게 평생에 유일한 영혼의 빛, 영혼의 자양분을 주신 분이지요. 사랑의 빛을 그분처럼 뿜고 가신 분은 없어요. 사랑의 따뜻한 빛!……방 신부님은 여러 방면에 통달하신 분이시지요. 그 지혜에 있어서 대단하신 분이시지요. 아무리 까다로운 질문을 해도 적절하고 물 흐르듯 명답을 내어 놓

으셨습니다. "난 파겁은 했지!" 이렇게 늘 말씀하셨지요. 무서운 게 없다는 뜻입니다. 신부님은 파겁하신 분이셨어요……. 모임이 지속됐는데, 그 특징이 시간이 금방 가 버린다는 것이에요. 그 분의 모습은 둥글둥글한 모습, 두상이 아주 잘 생기셨지요. 보름달 같았어요. 잘 살펴보면 뒤통수가 둥그렇게 나왔거든요. 이게 비상한 천재 두상이지요…….비범하셨고, 목소리는 베이스 바리톤으로 맑으셨습니다. 늘 유머가 있었어요. 모이는 그 순간 화술에 인품에 끌려들어 갔어요. 참 재미있게 하셨어요. 불교계에서 유명한 박성배 박사 그분도 꼭 오셨어요. 성균관대학교의 교수이자 시인이셨던 김구용 교수도 오셨지요. 방 신부님은 절대 교리를 따지거나 "당신은 틀렸어." 하고 면박을 주시는 일은 절대 없으셨어요……. 어둑어둑해질 때, 우리가 눈감고 황홀경 속에 있는데 만종(晩鐘)이 울려오곤 했어요. 그때 신부님께선 "참으로 복되도다! 성인의 죽음이여!" 하고 말씀하셨지요……. 그분이 늘 하신 말씀 중엔 "익은 덕이 사랑이다." 그리고 "완덕의 절정은 무(無)다." 이런 말씀이 있었어요. 그리고 '점성, 침묵, 대월, 면형무아'는 늘 강조하셨지요……. 방 신부님 미사 드릴 때, 마음 속 깊이에서 나오는 음성, 몸놀림 하나 하나에서 저렇게까지 하느님과 일치할 수 있을까를 볼 수 있었지요……. 그분이 베풀어 준 사랑의 빛! 제가 쬐였지요. 그 빛이 여러분에게 반사될 수 있으면 합니다.

수녀원 창립기념의 날 강의 2008. 4. 21.

無我 方 안드레아 신부님께

1.

님으로 하여 나는 볼 수 없는 것이
어렴풋이 보입니다.
빛 같은 것
근원의 눈초리 같은 것이 있어

나의 거동으로 잠 못 이루고 있다는 것을
짐작할 수가 있습니다.
님으로 하여 나는
쓰레기를 헤치고 한 치라도
核을 가까이 할 수가 있습니다.
허나 그 거리가 본시 무한이므로
가도 가도 제자리걸음입니다.
님은 때때로 神速하게
그 무한을 일순으로 바꾸십니다.

2.
님이 우자에게 가르치시는 것은
근원이란 깊이 모를 심연이니
마음놓고 빠져 보라 하시는 것입니다.
시공이란 점으로 비롯되어
2, 3, 4, 5, 차원이 높아질 수 있음을 뜻함이니
초차원을 잊지 말라 하시는 것입니다.
삶이란 마음 따라 빚어지는 무형의 彫刻이니
제 모양을 빚어야 한다는 것입니다.
님이 밝히시는 그 길로 해서
나는 거북이 걸음으로나마
길을 잃지 않고 갈 수가 있습니다.

3.
님은 기림의 드문 솜씨라는 것을
알 수가 있습니다.
님은 꽃을 기리시고
낳는 것을 기리시고

죽은 것을 기리시고
바위를 기리시고
바람을 기리시고
지성을 기리시고
비록 파편이나마
슬기를 보게 되면 기리십니다.
늘 기리실 줄만 아는 님의 자태는
숨어 있는 작은 꽃처럼 겸손하십니다.
허나 그것이 태산과 제일 잘 어울린다는 것을
알 수가 있습니다.

4.
더없이 크옵신 존재를 위해
모든 것을 바치신 님은
이제 모든 것과 더불어 계십니다.
계절이 돌고 돌아도
님의 둘레엔 오직 한 가지의 계절만이
감돌뿐입니다.
언제나 따뜻하면서도
언제나 솔솔바람이 끊기지를 않습니다.
님의 둘레에선
사람의 심정을 어둡게 하는 모든 것들이
다 녹아서 흘러가 버립니다.
그러면서도 흐르는 시간은
오히려 잔잔하게 고여 있는 호수이니,
아아, 이러한 오묘한 일들이
님께서 이제 사랑의 한복판에 계신
때문인 줄로 아옵니다.

성찬경(1980). 『영혼의 빛』 p. 61.

진교훈 교수

진교훈 교수는 김규영 교수의 제자였고, 대자代子 대부代父 관계다. 김규영 교수는 그를 방 신부에게 인도하였다. 그는 1965년도에 세례를 받고 바로 방 신부를 몇 번 만났으며 오스트리아로 유학을 갔다가 학위를 받고 돌아와 다시 방 신부의 영적 지도 모임에 나갔다. 방 신부는 그를 불러 자신의 영가와 노래 말에 대해 그에게 어떠냐고 의견을 묻기도 했다. 그는 방 신부를 인자하신 할아버지로 묘사한다. 그는 방 신부의 영성을 '동양적 사상을 접목한 것'으로서 크게 평가하고 있다. 그리고 한국 가톨릭교회가 앞으로 방 신부가 취했던 태도로 나아가야 한다고 거듭 강조한다. 진 교수의 이야기에서 특이한 것은 방 신부와의 영적 지도 모임이 끝나고 나면 자신들의 얼굴이 모두 환해지는 것을 느꼈고 그것이 며칠씩 갔다는 것이다. 그래서 매번 이 모임을 기다렸다는 말을 한다.

왜 이런 얘기를 하냐면 방 신부님 말씀이 음악적이죠. 그래서 당신 열정이라고 할까, 말씀하시는 도중에 벌떡 일어나셔서 음성을 높이시기도 하고. 당신 말씀은 음악적인 느낌을 가지고 있었죠. 우리는, 저는 신부님의 말씀을 지식으로 받아들이려고 하지 않았어요.
그분의 말씀에 우리는 얼마 지나면 빨려 들어가요. 전 누구의 말인들 그렇게 순순히 받아들이는 사람이 아니거든요. 분석적이고 그런 사람이거든요. 대가의 철학자들도 그냥 받아들이지 않는 사람인데, 어쨌든 우리 신부님은 그런 음악적인 면을 잘 살려서 듣는 사람으로 하여금 감동을 줬어요. 끝나고 나올 때 저의 집은 불광동 쪽인데 얼굴이 환해지죠. 성북동에서 대중교통을 타고 집에 와도 환한 것이 가시지 않고. 그러면 콧노래 같은 것이 절로 나오고. 평소에 안 그러던 사람인데, 그렇게 그런 감동을, 늘 그 모임을 기대했죠…….

늘 환한 미소로 참 기쁘게 사시는구나! 그런 것이 제가 받은 느낌인데, 다른 때 세상일과 관련해서 그럴 때 보면 굉장히 정확성 있게 합니다. 여러 면을 같이 보는……. 사람이 어디다가 초점을 두고 보느냐 어느 면에 관심을 가지고 보느냐 그렇게 말씀할 수 있겠지만, 저는 또 가까이 있으면서 다른 면으로도, 또 어떤 때는 점성 정신을 대단히 강조하시잖아요? 그러니까 이제 정확성 그런 면이 있잖아요…….

쉬실 때 분재를 하시는데 손놀림이 아주 빠르시죠…… 만수동 땅을 사신 다든가. 저도 세상일에 어두운 사람이라고 생각하는데, 그런데 우리 신부님은 그런 경우도 그렇게 주저하시지 않고 그러셨던 거 같애요……. 이재(理財)에도 그렇게 전혀 어둡지 않으신 게 아닌가…….

이제 또 좋은 말씀 중에 완덕과 미덕 연계시키잖아요? 그런데 그건 착상이 참 좋았어요. 그래서 또 그분은 전례도 상당히 아름다움과 연계시켜요. 그래서 그 아름다움이 음악이라든지, 분재와 관련된 관심도 그런 게 있어요…….

점성 정신과 민감함 때문에. 수도하시는 분들은 한번은 어떤 수녀님들을 혼내는 걸 보면서, 옆에서 당혹한 적이 있는데, 민감하시죠. 섬세하고 감수성이 예민하고 이런 면을 좋게 얘기하면, 박희진 시인이 그런 얘기를 했을 텐데 어린이 같은, 그러니까 나중에도 연세 많으실 때도 어떤 때는 어린이 같은 그런 모습, 좋은 의미에서 아주 어린이 같은 그런 모습을 보여 줘서, 聖書의 어린이! 순진무구하다고 할까, 그런게 우리한테 전해지니까 감동할 수밖에 없지요. 그런 걸 통해서 그분의 영성적인 거에 대해서 특히 제 경우는 함께 가는 게 아닌가…….

'무아'라고 서양 사람들은 잘 얘기 안 하거든요. 신학이나 철학이나 전통적인 동양 사상하고도 맞물릴 수 있는 것이고, 지금 이 시점에서 내가 서양의 근대 사상의 합리론도 비판하는 사람이고. 요즘 유행하는 포스트모더니즘도 더 잘못된 길로 가는 걸로 서양 문명의 몰락으로 보는 사람인데, 그 이유가 데카르트 사상에서 '자기'라는 것을 사람들이 너무 내세우거든요.

불가의 관점에서 보면 웃기는 얘기거든요. 가톨릭 신자들도 개신교는 더 극단적 자기를 너무 내세우거든요. 그걸 '면형무아' '십자가 체험' '자기 부정'

하고…… 그런데 서양 사람들이 자기들 말로는 십자가 진다고 하지만 안 지려고 하거든요. 왜냐하면 그리스도 역사의 흐름 속에서 가장 유감스러운 것은 서양에서 배워서는 안 될 것이 '자아 중심 사상' 그것을 저는 방유룡 신부님을 통해서 철학하는 사람 관점에서 그걸 배웠다고 봅니다…….

당신이 불경을 읽었는가는 잘 모르겠어요. 근데 어떤 때는 노자에 대하여 언급하시고 한문 읽으셨으니까 유교의 가르침도 어느 정도 이해가 있으시고 하는데, 뭐 함부로 인용을 하시거나 그러시지는 않으신데, 그러면서도 드는 생각이 어떤 때는 불교하고 연관시켜서 생각하면 어떨까! 무아란 표현이 어떻게 보면 불교적인 용어죠. 용어에 있어서 당신이 뭐랄까 깨달음이랄까 터득하신 거, 그 배경은 쭉 쫓아가면 학문적으로 비슷한데. 이런 얘기할 수도 있겠죠. …… 그러나 저는 앞으로 우리 교회사에서도 언젠가 우리 신부님은 큰 어른으로 대접받지 않겠는가!……

요즘 교구마다 교회사 연구소도 있고 성지 개발도 자꾸 하는데 일반 신자들이 수준이 낮으니까 보이는 거 당장 해야 효험이 있으니까 싫으면서도, 교회사를 공부하시는 분들이 좀 더 관심을 가지고 신학교마다 교회사가 있어요. 한국 교회사도 있고 세계 교회사도 있고, 근데 그거는 전체의 역사적 맥락에서 흐름을 쫓아가는 거니까……. 제 얘기는 우리 순교자, 우리 성인들에 대한 103위뿐만 아니라, 우리 선조들이 어떻게 한국적인, 어떤 사상의 흐름을 말씀하고, 융합이 된다든가…….

신부님의 독특한 말씀 중에는 '면형무아' 이 말씀에 대해 더러 쓴 적이 있는데……. 이렇게 녹아서 이제 하나가 되는 '무'란 말씀을 쓰시잖아요? 신부님 말씀이 불교에서 나오는 말인데…… 그런 연구가 있었고 그것이 수도회를 통해서든 신학교를 통해서든 한국 교회 흐름이 있어야 우리 문화에도 큰 자극이 되고 이것이 앞으로 100년 200년 300년 한국 교회가 지향할 것이 아닌가! 제의해도 좋다면…… 서양에서 드러나는 교회는 쇠락해 가고 있거든요…….

또 하나는 우리 신앙생활이 어떨 때는 겉돌거든요. 서양신학, 서양 사람들 얘기를 받아들여서 하는데, 우리 문화와 특히 삶과 자연스럽게 접목이 안 되거

든요. 신앙생활 한다는 게 서양 사람들 흉내 내고 사는 게 신앙생활이고 잘사는 거 아니거든요. 우리 방식대로 우리 문화를 가지고 나름대로 살아가는 건데 이건 지금 뭐 온통 망해 가는 서구화를 흉내 내는 아까도 얘기해지만 저는 서양 문화는 막다른 골목에 왔다고 보는 사람이거든요. 이걸 다시 되 돌이키려면 '온고이지신(溫故而知新)', 다시 옛것으로 초대 교회 사상으로 돌아가야 되는데 그걸 바로 갈 수 있는 게 새로움이라는 게 딴 게 아니고, 이미 있던 것을 새롭게 우리가 반추하는 것이거든요. 그걸 어디서 찾아야 할까? 희랍 사상에서 찾아야 할까? 아니다.

왜 2000년 동안 우리 로마 가톨릭이 희랍 사상에 매몰되어 있나? 이제 한물 다 갔으니까 한때 그 나름대로 빛을 본 건 부정하지 않지만 우리 심층에 깊이 잠자고 있는 것들을 깨워 줘야 하는데…… 우리 안의 흐름이 있거든요. 우리네 정서가 있고, 이게 신앙생활과 접목 되어야지 삶이 편해지고 기쁘고……

늘 중요한 것은 또 우리가 신부님 말씀을 들으려면 되풀이해야 돼요. 한 번 이렇게 딱 해가지고는 안 되고, 저도 10여 년 동안 접촉해서 그나마도 터득했다는 것이지, 아! 좋구나. 그렇지, 근데 그런 사람은 따로 있어 나하고는 관계없어 참 좋은 말씀이야 그리고는 돌아서서 다 일상생활에 묻혀서 살잖아요. 그건 아니죠…….

간추린다면 방 신부님의 그런 그 삶속에서 터득한, 신앙생활에서 터득한 그런 귀한 깨우침이 우리 한국 교회 안에서 좀 더 드러나서 정말 그리스도를 믿고 따르려는 분들이 방 신부님의 가르침을 내화(內化), 즉 자기 안에 소화를 해서, 지켜 나갈 수 있기를 간절히 바랍니다. 그분이 말씀하신 그런 말씀들이 한국 교회의 토착화에 큰 힘이 되고 기반이 될 수 있는 어떤 그루터기를 만들어 주셨다고 생각하거든요. 그래서 신부님의 가르침이 좀 더 한국교회 안에서 널리 전파되어서 뜻있는 사람들에게 생각할 수 있는 기회를 줄 수 있게 되기를…….

인터뷰 자료; 2008. 2. 12.

박희진 시인

박희진 시인이 보성중학교에(6년제) 다닐 때, 그 당시 독일어를 가르쳤던 김규영 박사를 알게 되어 두 사람은 아주 특별한 사이가 된다. 박희진은 25살에 등단하였고 중고등학교에서 교사 생활을 하고 있었다. 35살에 제2 시집을 내 놓고 난 무렵, 그의 관심은 성인聖人에게로 쏠리기 시작했다. 시인으로서 아름다움을 추구하고 아름다운 것에 감동을 했던 그가 '아름다운 인간은 어떤 인간인가?' 라는 화두를 갖게 되었던 것이다. 박희진은 불교에 깊이 심취한 사람이지만 종교에 구애를 받지는 않는 사람이었다. 그는 김규영의 서재에서 '미소하는 침묵'이라는 글자를 발견하고는 앞으로 성자에 대해 시집을 내되, 제목을 '미소하는 침묵'이라고 붙이기로 마음먹고 있었다. 박희진과 대화를 통해 이것을 안 김규영이 가장 흠모하는 방 신부를 소개한 것이다. 김규영은 "가톨릭 성자라면 내가 접촉할 기회를 마련하겠다."고 하면서 만나게 해 준 사람이 바로 무아 방유룡 안드레아 신부였다. 박희진은 방유룡 신부에게 금시 매료되었다. 그 후 매달 성북동 수도원에서 있었던 영적 담화 모임에 끝까지 참석하였다. 그는 방 신부에 관해서 4편의 시를 썼다. 이 시들을 여기에 다 소개하지 못하고 무아 방유룡 신부의 존재를 투명하게 보여 주는 한 편의 시만 여기에 소개한다.

그분을 뵈니까 그분 인상이 그렇게 부드러울 수가 없고 그렇게 조용할 수가 없고…… 2, 3년 쯤 됐을 때 2, 3년만 되더라도 수십 번 되잖아요. 그분에 대한 제 생각이라고 할까 느낌이 조금씩 정리가 돼요. 대개 같은 말을 되풀이 하시는 거 같은데 그것도 수십 번 들으니까 아 이분의 말씀이 비슷비슷하구

나. 혹은 같은 말을 되풀이하시는 것이구나. 근데 되풀이하신다는 느낌으로는 절대로 한 번도 제가 받아들여 본 적이 없어요.

그분이 말씀을 하실 때엔 그야말로 마음속으로부터 우러나와서 하신다는 걸 알 수 있죠. 그리고 목소리가 한결같고 부드러우면서 말이죠. 정말 이건 내가 안 할 수 없어서, 혹은 내가 하고 싶어서, 간절히 전하고 싶어서, 당신께서 같은 말을 되풀이한다는 생각은 추호도 없으시면서 언제나 처음으로 입을 열고 처음으로 이야기한다는 그런 심정, 그런 마음으로 그분이 말씀하셨거든요.

그러니까 그분의 진실, 그 한마디 한마디에 들어 있는 힘, 또 한마디 한마디에 들어 있는 가락을 깊이 마음에 새기게 되죠. 난 그분이 음악을 아주 좋아하시고 당신께서 작곡도 하신다는 거, 어떤 때에는 이건 내가 작곡 했어 하면서 노래를 불러 주시기도 하거든요.

이분은 하루하루가 참으로 기쁘고 좋은 날이구나…… 분심 잡념을 떨쳐 버려야 한다는 게 그분이 늘 강조하는 얘기예요. 성인이 되는 길 어렵지 않다는 거예요. 난 분심(分心)이라는 말을 처음엔 오해를 했어요. 화를 내는 마음인 줄 알았어요. 그게 아니라 갈라질 분자예요. 마음은 자꾸 갈라지기 쉽고 그렇게 되면 잡념이 끓을 수밖에 없다. 분심이 잡념의 온상이거든요…….

수도자가 제일 지켜야 되는 덕목은 집중과 지속이라고 한다면, 마찬가지로 예술가에게도 똑같이 집중과 지속이 필요한 것인데, 분심 잡념은 정신의 집중과 지속으로 극복될 수 있습니다. 그리고 또 강조하시는 게 점성 정신인데 유교에서도 제일 덕목이 이 성(誠)이거든요. 매사에 겸허하고 철저하게 최선을 다해야 된다는 점성 정신은 이 성과 통하는 것이지요……. 나는 가톨릭도 아니고, 수행하는 사람도 아닌데 원장 신부님의 말씀을 이해하고 정말 진리의 말씀이라고 공명 공감하는 이유는 저는 예술가의 관점에서 받아들이는 거예요. 예술가로서 훌륭하게 되기 위해서는 늘 정신을 집중해야 되고 그 집중의 상태를 지속해야 되거든요.

저의 종교는 시예요. 저는 제 가슴이 사원이에요. 움직이는 사원이에요. 그렇기 때문에 원장 신부님 말씀을 제가 누구보다 잘 받아들이고 떨리는 감명으로 그걸 되씹으며, 이분은 진리의 말씀을 하시는구나 하고 좋아했던 거예요.

내가 꿈꾸어 왔던 성자의 이미지를 이 분은 한 몸으로 체현해 가졌구나. 내가 살아 있는 동안에 그런 성자를 만나고 그분의 말씀을 한 달에 한 번이라도 만날 수 있다는 것, 이런 행복이 어디에 있는가! 그분에 대해 간절하게 시를 쓰고 싶어서 쓴 게 '방 안드레아 신부' 입니다. 그 밖에 서너 편 더 썼습니다만…….

성자(聖者)란 적어도 세 가지 특징이 있다 그게 뭐냐 첫째는 고요함이에요. 제가 방 신부님을 처음에 뵈었을 때 압도적으로 감명을 받았는데 그건 그분의 고요함에서 받은 거예요.

미소하는 침묵을 느낀 거예요. 원장 신부님을 둘러싸고 있는 그 분위기도 그렇고 원장 신부님 당신이 고요 그 자체다 이런 느낌으로 왔어요. 그 다음이 부드러움. 어째서 이분이 부드러우냐? …… 어린아이는 정말 부드러움 덩어리죠. 근데 이게 성장해서 성인(成人)이 되고 늙은이가 되면 장작개비처럼 돼요…….

결국 부드러움은 없어지고 경직만 남았다가 뚝 부러지는 게 죽음이죠.

이분의 나이도 6, 70이 됐는데 왜 이렇게 부드러움으로 다가오는 것일까요? 그 유연성, 아이와 같은 마음을 이분은 잃지 않았구나! 마지막으로 한결같음 일관성이라고 할까요? 우리가 성북동 수도원에 가서 그분을 뵈면 신부님이 어떻게 반겨하시는지 아주 겸허하고 부드러운 태도로 일일이 정중하게 악수를 하며 마치 처음으로 우리를 맞이하듯 그렇게 우리들을 맞이해 주셨어요. 이게 놀라운 일 아닙니까?

보통 우리들은 조금 길들여지고 익숙해지면 그렇게 안하거든요……. 헤어질 적에는 어쩌면 처음으로 헤어지듯이 참 섭섭하신 듯한 그런 마음을 보여 주셨어요. 성자라는 것은 바로 이런 분을 보고 하는 말이 아닌가! 나의 성자관은 이렇듯 고요해야 되고 부드러워야 되고, 한결같아야 된다로 요약됩니다. 이것은 제가 원장 신부님을 통해서 배운 거예요.

제가 왜 성자에 대해서 관심을 갖고 그것을 시로 써야 되겠다고 생각을 했는가? 그것은 현대라는 것이 한마디로 말해서 영성 고갈의 시대예요. 물질만능의 시대 아닙니까!

그러니까 사람의 마음이 팍팍하고 갈라지고 때가 끼고 이지러지고…… 인간이 인간답게 되자면 인간성을 회복해야 되지 않아요. 그러자면 목마른 사람이 물을 찾듯이 성자에 대한 갈구하는 마음이 있어야 되고 성자를 본떠야 되겠다는 마음이 있어야 되는데…….

제 마음 속에 그분이 간직되어 있다는 게 제가 복 받은 거죠. 그러니까 제 마음의 근본이 마르지 않는 거예요…….

왜 시가 써지고 작곡이 이루어지겠어요. 그건 참을 수 없는 마음이라고나 할까 절대적인 것, 궁극적인 것에 귀의하고 싶고, 찬미하고 싶은 마음에서 그게 나오는 게 아닙니까.

원장 신부님의 시도 전부 다 찬미의 시예요. 성자니까 성자만이 쓸 수 있는 말 이외의 것에 그분은 관심을 안 가지셨어요. 찬미가 찬미를 낳고, 사랑이 사랑을 낳고, 기쁜 마음이 기쁨을 낳고…… 원장 신부님은 머리끝부터 발까지 선 덩어리예요. 어린 아이가 그렇죠.

아주 순진무구 덩어리기 때문에 어린 아이는 생명 덩어리, 부드러움 덩어리이듯 원장신부님은 제가 볼 때 부드러움 덩어리예요. 아니 좀 더 정확히 말하자면 예지 덩어리, 진 · 선 · 미 덩어리, 어린 아이와도 같은 시인입니다. 그분의 노래는 그것을 증거하고 있어요.

아! 이분은 이런 경지에서 살고 계시구나. 24시간 천주님과 호흡을 함께 하고 계시구나. 그러니까 노래가 나오면 찬미의 노래죠. 시가 나오면 찬미의 시가 써질 수밖에 없는 거예요…… 감응 능력이라는 말이 있잖아요? 영성적인, 정신적인 의미의 감응이 특별히 예민한 사람이 시인이 되고 예술가가 된다고 생각해요.

돌 속에 하느님이 있다, 이것을 볼 줄 아는 시력, 저는 그것을 영성적 투시력이라고 얘기를 합니다. 영성적 투시력으로 보게 되면 만상이 신비이고 기적이 아닌 현상이 없게 되죠.

방 안드레아 신부님

1.

그 분의 용모엔 무량의 고요가 깃들어 있다.
백발은 성성해도 영아의 무구함이
주름살은 그대로 늘 입가에 미소로 감돌고
그분이 소리 내어 웃는 일은 없다.

그분의 말씀은 침묵의 향기라
듣는 이들은 온 몸 온 맘으로
꿀벌이 알몸을 꽃 속에 비벼대듯
그분의 말씀에 어느덧 도취한다.

그분은 자면서도 강복을 받는다.
늘 양심불을 밝히고 있으므로
언제 어디서나 천주와의 일치 속에

그분은 누린다 황금의 시간을
이승에 살면서도 그분은 바람처럼
에덴을 넘나들며 나날이 침묵의 열매를 거둔다.

11.

오오, 그분에겐 나날이 새로워라
타다 남은 어제의 재도 없거니와
다가올 내일의 그늘도 안지는
영원한 핵심 속에 사는 그분이라

늘 새롭게 샘솟는 부드러움
그분의 있음이여 목마른 영혼에겐
물처럼 흘러들고 캄캄한 영혼에겐
촛불처럼 켜지어서 어둠을 비치네
그분이 그리워 우리가 모여들며
번번이 처음으로 맞이해 주듯
손을 내미시는 그분의 따사로움

이윽고 시간 속에 사는 우리기에
자리를 일어서면 또한 처음으로
작별하듯 우리를 쫓는 그분의 눈빛

111.
때로 나는 혼자서 생각한다.
그분의 새로움을 사람의 자로써는
헤아릴 수가 없을 것이라고
필시 신만이 아실 것이라고

누가 그분의 가난을 짐작하랴
그 순결한 마음의 가난 늘 비어 있어
신만이 채우시는 그릇의 깊이를
전혀 그분도 자신을 모르시리

신락에 넘쳐 그분이 노래하면
새들도 모여들어 우짖지 않고
구름도 창가에 기대어 엿듣는 구나

영혼이 귀천하는 이승에서의

마지막 순간에도 그분은 찬미 하리
천상의 향기와 광채에 싸여

1V.
죽고 죽어 산 채로 죽어
더는 죽을 것이 없어진 그분
일체의 분심 잡념이 없어지면
사람은 때로 안 보이게 되는지도 모르겠다

공기가 안 보이듯 정령이 안 보이듯
그러다가도 홀연히 눈앞에 길이 트이듯
햇빛 받고 바람에 살랑대는 나뭇잎 반짝이듯
그분은 나타난다.
하루는 그분이 졸지에 쓰러졌다
아주 납작하게 시멘트 복도 위에
우리를 보고 반색을 하시다가

그분은 전혀 다치지 않았거니
빛보다도 재빠르게 천사가 날아와서
투명한 융단을 바닥에 깔았기에

V.
믿음이 없는 시대에 사는 무리
대낮의 어둠 속에 헤매는 무리
서로 부딪치며 물고 뜯고
피 흘릴 밖엔 없는 카인의 후예들

눈이 있어도 보이지 않고

귀가 있어도 들리지 않는 구나
저마다 가슴 속의 불길이 꺼졌기에
악마의 꼭두각시 놀음을 닮았구나.

우리도 그분을 만나지 않았던들
마침내 몸에서 썩은 내 풍기고
검은 추깃물이 흘렀을 것을

만남의 고마움 그것은 기적이다.
그분이 우리 눈동자에 들어오면
가슴엔 고요 차고 고요는 불길 된다.

박희진(1980). 방유룡 신부 금경축 축시. 『영혼의 빛』 p. 54.

이은봉 교수

그 당시 저는 신부님이 말씀하시는 거를 다 이해하지는 못했습니다. 그러나 그 분위기가 얼마나 은총으로 찬 분위기였는지 시간 가는 줄 모르고 대화에 참여하고 그랬거든요. 그래서 그 시간이 늘 기다려지고 그랬습니다. 그래서 그분이 돌아가신 이후에 그게 너무 아쉬워서 찾아보았지만……. 그런 영적 담화랄까 그런 곳을 하는 데가 없어요…… 밤낮 면형무아, 점성, 침묵, 대월, 완덕 5계, 쭉 얘기하시는데 그러나 이상스럽게도 똑같은 주제지만 싫증이 안 나요. 그게 신기한 거죠. 보통 세상의 정신이나 지성이나 의식에 대한 것은 두 번 들으면 싫증나서 못 듣습니다. 그러나 똑같은 용어를 가지고 얘기하더라도 늘 새로운 시간인거예요.

어떨 땐 그분이 아주 과학적인 차원의 이야기, 1차원 2차원 3차원 5차원까지 이야기를 해요…… 나중에 아빌라의 성녀 데레사의 얘기에 나오는 여섯 번

째, 일곱 번째 차원까지도 얘기하시는 거예요. 저분은 성인이시로구나! 저는 초차원(超次元) 얘기 듣고는 몸이 굳어 버리데요. 마치 안 보이는 것을 마치 보는 것처럼 얘기를 해요. 그러니까 그렇게 잘 모르는 사람들의 마음을 사로잡았던 게 아닌가!

다른 분도 다 그렇게 느끼셨으리라 생각하는데, 인자하신 분이죠. 항상 인자하신 미소가 떠나지 않고 음성도 크거나 그렇지 않은데 사랑이 넘치는 인자한 할아버지 같은 그래서 아무 얘기나 다 해도 좋은 그런 분이시죠…….

인상이 둥그세요. 머리도 둥글고 둥근데 격이 없이 기대고 싶고 말씀드리고 싶은 시골 할아버지 같으면서도 언제나 새롭게 느껴져요. 회원들을 다시 만날 때는 처음 만난 것처럼 아주 새로워져요.

그렇게 대해 주시고 그리고 햇빛이 있거나 없거나 얼굴에는 빛이 이렇게 환하게 그래서 가만히 말 안 해도 말씀하시는데 옆에 이렇게만 있어도 좋은 거죠. 뭐 다 녹아 버려요. 한결같으셨어요. …… 이분은 한결 같으시면서도 부드러워요. 성인이 되려면 부드러워야 되겠다. 언제 봐도 그리고 너무너무 일거수일투족이 하나도 어긋나지 않게 자연스러워요. 일체 꾸미는 게 없어요. 제가 느낀 그대로예요. 그런 분을 어디서 찾을 건가 특히 그 미소에 저는 뿅 갔습니다.

전에 김규영 선생님이 그런 말씀을 하신 적이 있어요. 자기는 철학 공부를 하는데 방 안드레아 신부님에게 많은 것을 도움을 받는다고 해요……. 그분은 중세 철학 하시고 철학에 조예가 깊은 분이거든요.

어거스틴의 시간학에 대해서 박사논문을 쓰신 분인데 그런 말을 하더라고요 저도 깊이 공감했죠. …… 내가 볼 때는 그렇습니다. 주님과 항상 일치해서 사시는 분이었기 때문에…… 그분이 한국의 선비 아녜요. 그 양반이 출생배경이 좀 그러신 거 같아요. 내가 자신하는 건 한문에 능통하시고 읽어 보면 중용 얘기, 대학 얘기, 동양 고전이 자유자재로 나와요.

제가 동양 철학을 좀 공부해 봤기 때문에 짐작하거든요. 그거 전부 무르녹아서 얘기하고 계시기 때문에, 그러니깐 토착화는 바로 이런 분이 성인으로 현양되면 되겠구나! 누가 하지 말라고 해도 이분에 대해서 연구들을 할 것 아닙

니까. 신부님이 언젠가 한번 토착화에 대해서 질문을 받고 하시는 얘기가 토착화가 되려면 한국에서 성인이 많이 나와야 된다. 그러셨어요.

가령 그분의 문집에 보면 물(物)에는 본(本)과 말(末)이 있고 사(事)에는 종시(終始)가 있다는 구절이 있어요. 대학에 나오는 소리거든요. 뭐 물이 불이 되고 불이 물이 되고 하는 얘기 같은 것은 주역에 있는 말이에요. 이런 것들을 모두 신학적 의미로 말씀하시지만…… 그 단계에서 하시는 말씀을 자유자재로 하신단 말예요. 동양 사상이 그분에게는 그냥 몸으로 무르녹아 있어요. 그러니깐 그런 분이 성인이 되시면 바로 토착화가 되는 것이죠. 그것이 토착화지 뭡니까?

제가 가톨릭 신앙에서 자랑스러운 게 있다면 성체에 대한 거지요. 그게 핵심이거든요. 그걸 방 신부님한테 배운 거예요.

신부님 당신 자신이 노래를 하실 때가 있는데 옆에서 보면 눈물이 글썽해요. 너무 기뻐가지고…… 당신 자신이 면형무아를 말씀 하시다가…… 여러 번 그러셨어요. 그게 전달이 되죠. 전염이 된다고 할까요. 같이 깊은 뜻은 모르면서도 취하는 거죠. 아, 우리가 축복된 시간을 보냈구나! 세 시간이 언제 지나갔는지 몰라요. 정말 잠깐 한 것 같아요. 세 시에 모여가지고 딱 세 시간, 세 시간이 금방 지나간 거 같아요.

아마 영적인 세계에서 살다보면 시간이 금방 흐르는 것 같아요. 그런 분위기를 이끌어가는 게 아무나 되는 게 아니잖아요…… 그분을 일생에 만날 수 있었다는 것이 저에게 큰 복이었죠. 수녀님 수사님들은 얼마나 행복하실까? 난 정말 그렇게 생각했어요. 우리는 한 달에 한번 만나는 것을 그리워했다고 했잖아요……. 또 워낙 머리가 있으신 분이니까…….

그것만이 아니라, 그 분이 하는 일은 무엇이나 잘 되는 비상한 무엇이……. 수도원 창설도 그렇고……. 믿음이 아주 투철한 분, 깨달음도 아주 깊이 하신 분이 아니면 그렇게 자신감 있게 하기가 어렵죠. 인터뷰 자료: 2008. 2. 12.

변규백 교수

변규백 교수는 한때 복자수도회에 입회하려고 한 적도 있었다. 그가 결혼할 때는 방 신부가 주례를 해 주었다. 수도자가 된 후에는 좀처럼 안 하는 배려를 받은 것이다. 인터뷰는 이은봉 교수의 자택에서 함께 이루어졌는데, 이날 그는 자신이 작곡한 '님의 침묵'을 노래하며 눈물지었다. 방 신부에 대한 그리움이 밀려 와서 눈물이 난 것이다. 변규백은 독실한 가톨릭인이고 그의 어머니는 복자수녀원 외부회 회원이다. 불교 중앙승가대학에 음악 교수로 갈 때도 방 신부가 허락을 하여 갔다. 이는 방 신부가 그만큼 수용적이고 자유로운 사람이었음을 말해 주는 것이다. 그는 방 신부의 가르침을 가사로 하여 완덕 오계 등 세 편의 곡을 썼다. 그는 이제 퇴직했으니 앞으로 방 신부의 영가를 위한 작곡을 계속할 것이라고 말한다.

음악 하는 저로서 보면 그분은 작곡가세요. 작사, 작곡에다가, 노래까지 하는 성악까지 포함하시고 또 시인이세요. 말씀하시다가 흥이 나면 그냥 상기가 되어 자연스레 노래가 나와요. 그냥 찬미하는 노래를 나는 그걸 듣고, 아! 제가 빨려 들어가는 거죠. 그게 한두 번이 아니잖아요. 일상적으로 언제나 노래할 수 있고, 찬미할 수 있고…… 음악 대학에서 배워 온 내용은 대부분 기계적인 음악인데, 이건 영적인 소재예요. 그래서 그레고리안 성가하고 비교해 보니까 여기서는 약간의 영향을 받으셨지만 이분은 이분 스타일이에요. 한국적 찬미가 나오는데…… 제가 아무리 곡을 쓴다 해도 거기까지 못 갔죠. 단순하면서도 그 말씀이 다 드러나요. 한국말의 그 뜻이며 느낌이며, 아! 참 대단하다 저는 그렇게 느꼈어요. 그걸 표현하자면 신락(神樂)을 누리는 항시 하루 종일 언제나 옆에 있어도 흥이 나는 거예요. 가만히 있어도 신락을…… 그

분 말씀을 들으면 주님 품안에 푹 안겨집니다. 동산에서 세속을 잠시 동안 떠나서 이만큼 들어 올려져서 그리고 맑아져요. 그리고 이제 내려오는데 그 속에서 느낀 게 지금도 계속해서 느낄 수 있는 것이 "너 양심 불 켜라, 양심 불 꺼지면 안 돼! 어둠에 빠지면 한없이 고통당하니까 양심 불 켜라 이게 천명이다." 어, 그래서 저는 오해했어요. 가톨릭은 양심교인가보다 라고…… 이제 아침에 일어나서 6개월 전부터 진짜 불을 켰어요. 친구가 선물 준 호롱불, 그걸 남기고 11월 달에 죽었어요. 자기가 직접 만든 것인데. 이 친구가 왜 나한테 이걸 선물로 준 걸까…… 첫 번째 양심 불 밝혀라, 저는 그 말씀에 꼼짝없는 거죠. 실수도 많고 잘못도 많은데…… 이것이 천명(天命)이라니 이게 영성의 문을 여는 길, 그것이 남거든요. 실천에 많은 도움이 됩니다.

그분이 인천서부터 청파동 거쳐서 성북동 오실 때까지 모자를 쓰고 오셔요. 동그란 모자 그거 딱 쓰시고, 우리가 너무 멋있어서 "신부님 저도 한 번 써 봅시다." 하고 그걸 받아서 딱 쓰고 "어떻습니까?" 하고 어리광 부렸죠. 근데 그분은 심미안이 굉장히 높으세요. 진선미(眞善美)를 넘어서 체득해서 그거를 표현하시는 분이에요.

제가 옆에서 느낀 건 심미안 대단하시다. 그분의 한 말씀 한 말씀이 그대로 시입니다. 시로 갈 수밖에, 거기서 모든 언어가 끝나는 건데 그걸 노래로 하실 때 보면 항상 심장 박동이 리듬으로 꽉 차가지고…… 다시 얘기하면 우주의 기운과 그분이 느끼시는 주님과 같이 살면서 그 느낌을 소리로 표현할 때면, 야! 이거는 영가다. 제가 첫 느낌이 이거는 영가, 영성의 노래…… 우리가 이 세상을 아름답게 보지 못하는 것은 신부님이 밤낮 말씀하시는 사욕 그런 거에 물들여져서 그런 거고…… 이야기하다가 노래를 하시고 대화하다가 혼자 노래를 하시는데 같이 끌고 가요. 자아도취가 아니라 회오리바람처럼 싹 쓸어서 이렇게 끌고 올라가시는 거야. 그걸 우리는 밖으로 끌어내서 자기 각자 전공 분야에서 그렇게 힘을 얻은 거 같아요. 시인은 시 쓰는 거, 저는 음악으로, 여기는 학문으로 자기 분야에서 다시 심화로 올라가는 거지. 엄청난 힘, 쓰러지지 않는 힘을 우리는 받았기 때문에 우리는 안 쓰러질 거야.

인터뷰 자료 : 2008. 2.12.

이재성 보나벤뚜라 수사

이재성 수사가 방 신부와의 영적 담화에 참석하게 된 동기는 매형인 성찬경 시인의 권유로 모임에 참석할 수 있었다. 당시 그는 이미 프란치스코회인 작은형제회 수도원에 입회하였고 신학교에 다니고 있었다. 성찬경 시인은 수도 생활을 하고 있는 그에게 도움이 될 것이라고 생각하여 방 신부를 소개하였던 것이다. 그는 그때 교수들보다 훨씬 어렸기 때문에 면구스러워 주 멤버들의 대화에 끼지는 않았고, 늘 30분 먼저 가서 뒤에 앉아 있었다고 한다.

이 수사는 첫 만남에서 자신이 변화되는 큰 은총을 체험한 체험담을 순교의 맥에 실었다.[143] 그는 첫 번 만남에서, 방 신부의 말들이 깊이 공감으로 다가오더니 방 신부의 "평화와 미소를 띄우고……"라는 말을 듣고는 참을 수 없는 웃음이 나와 화장실에 가서 박장대소하고 웃고 또 웃었다고 한다.

그런데 조금 있다가 "죄는 화를 부르고……"를 들으니 어린 시절의 무섭고 서럽던 기억과 모든 어둠이 물밀듯이 한꺼번에 밀려와서 이번에는 참을 수 없는 울음이 터져 나와 울게 되었다. 대성통곡을 하고 싶었으나 또 나갈 수가 없어서 숨죽여 우느라 사력을 다했다고 고백했다.

이재성 수사는 방 신부와의 첫 만남에서 심리적 · 영적 큰 변화를 겪었던 것이다. 그는 평생 무아 방유룡 신부의 영성을 좋아하였다. 이는 성 프란치스코 영성을 보다 깊이 있게 이해하는 데 도움이 되었다고 말한다.

---

143) 순교의 맥. 제196호. p. 64.

나사못이 상대 나사 구멍과 맞아야 되듯이 "내가 찾던 것이 이런 것이다!" 들으면서 "바로 저거다. 그랬지요."…… 신부님이 저를 대하실 때 자기 직속 제자들과 또 교수들과 똑같이, 대하는 태도에 차이가 없으셨어요.
아주 뭐 더 사랑하거나 덜 사랑하는 것도 아니었습니다. 인간적 차원에서의 사랑이 아닌, 더도 덜도 없는, 그것만 봐도 성인이시죠. …… 그분을 뵙자마자 느끼는 게, 그 차원이죠.
뵙자마자 신비(神秘)가이다. 더 이상 얘기할 것 없이. 특별히 따져서 얘기할 수 없고 그냥 빨려 들어가요…….
현실을 바탕으로 하지 않은 종교생활은 아주 위험하기 짝이 없죠. 이단들의 특징이 그렇습니다. 현실에 바탕을 두지 않은데서 나오는 그것이기 때문이지요. 사욕이란 게 뭡니까?
이 사욕에 대해서 이야기하니, 더 이상 현실 얘기를 할 필요가 없죠. 현실이죠. 이 양반이 천상 세계를 이야기하지만, 그 가장 현실적인 이야기를 하죠. 그것보다 현실적인 문제는 없지요. …… 사욕 있잖아요. 사람이 죽어야 사는 건데, 죽는다는 거 사욕이 사라지는 거죠. 근데 그 사욕이 만만치 않죠. 거기에 순교정신이 요구되는 현장이죠. 자기가 죽어야 되는데 순교정신 없이는 안 되죠.
성 프란치스코는 잘 안 먹고 잘 안 입고 그랬는데, 신부님은 아주 다르지요. 고기 좋아하고. 성 프란치스코는 반대죠. 그러나 현대 영성에서 이분을 바탕으로 해서 제가 이해하게 되었어요.
점성 정신은 세계에 알려야 할 정신이고, 모든 성인들이 아마 천국에서 깜짝 놀랐을 겁니다! 성 아우구스티노라든지 성 토마스 아퀴나스, 어떤 성인도, 점성 하나에 두 손 들 거예요.
이거는 정말 인류역사에 동서의 사상이 하나로 집합되는 자리가 점성입니다. 이거 단순이 뭐 하나 정성스럽게 하는 거 아니고 그것이 포함되죠. …… 그건 내가 사라지는 내가 없는 아! 이거는 세계적인 거예요.

인터뷰 자료; 2008. 1. 22.

강성위 교수

그 뒤 60년대 후반에는 은사님의 안내로 바로 성북동의 순교복자회에 가서 무아 원장님을 뵙게 되었고, 직접 말씀을 듣는 은총마저 입게 되었다……. 교회의 박해 시대가 지난 지 근 한 세기가 지나도록 이들을 현양하는 조직마저도 없었던 차에, 바로 한국순교복자수녀회를 창설하신 분이 무아 총장 신부님이시다……. 가톨릭교란 보편종교라는 뜻을 지니고 있으나 이런 보편 속에서 한국의 천주교회는 그 전래와 전교 과정이 남들과는 다른 특수성을 지니고 있다. 이러한 한국 천주교회사에서야 말로 하느님을 두려워하고 흠숭하는 한국인의 얼이 담겨져 있는 것이다. 보편 속에서 한국의 얼을 찾고 길이 펴는 한국순교복자회는 바로 모든 한국인의 자랑이요. 사랑의 대상이 되어야 한다. …… 한국의 얼을 드높이려는 복자회야말로 바로 그 자체가 한국의 얼인 것만 같다.

방 총장 신부님께 있어서는 노력보다 시대의 첨단을 가는 획기적인 새로운 아이디어가 크게 주효했으리라 생각된다. 몇 해 전 아직도 우리를 자주 만나주실 수 있었던 때만 하더라도, 이미 고희를 넘긴 고령에도 불구하고 마음은 홍안 소년처럼 젊었고, 청년 못지않은 의욕과 기백에 넘쳐 있으셨다. 당신이 새로운 생각을 하고 있을 뿐만 아니라 남들의 새롭고 좋은 의견은 서슴지 않고 받아들이시려는 솔직함과 아량을 가지고 계셨다. 실제로 그때까지만 해도 마음속에는 많은 좋은 계획들을 가지고 계셨다. 따라서 일을 하고 싶어 하셨다. 우리들의 미숙한 생각이라도 내놓을라치면, 좋아하시고 곧 실천해 보시려고 했다. 좋은 생각 좋은 일에는 정말로 용감한 '노인네' 셨다. 매월 첫째 주일 날 성북동 수도원에 나가 무아 총장 신부님 말씀을 듣는 것을 낙으로 삼아왔다……. 수도원 안에 걸려 있는 휘호들 중에서 총장신부님의 참뜻이 담겨 있을 법한 두 가지…… '무아'와 '형제애', 즉 남을 사랑하는 데로까지 나아가야만 하는 것이다. 나를 돌봄이 없이 남을 사랑하신 그리스도의 모범은 바로 이 한마디로 요약되며, 그리스도교의 최고의 윤리적 가치가 바로 이것

인 것이다……. 한편으로는 어딘지 못다 한 아쉬움이 내 마음을 죄어든다. 님은 늙으시고 멀리 계시니 현대 도시 생활의 바쁜 일과 속에서 만나 뵐 기회마저 기약할 수 없으니 이 얼마나 안타까운 일인가? 언제 다시 님을 에워싸고 앉아 믿음과 기쁨과 바람에 찬 님의 밝은 말씀을 들을 수 있을는지?

강성위(1980). 『영혼의 빛』 p. 719.

이운영 아오스딩 신부

우리 수도 가족의 창립자께서는 당신이 자각하시고 실천하신 사실에 따라 가르쳐 주셨습니다. 경험한 바에 의하면 창립자께서는 당신이 실천한 사실, 도달된 경지가 아닌 것은 말씀하지 않으셨습니다. 보다 완전한 자유인이기 위하여 주 그리스도께 철저히 사로잡히셨던 창립자, 이분의 완덕에 관한 가르침 가운데는 우리가 흔히 대하지 못했던 고유한 내용들도 있습니다. 그러나 고유한 가르침도 복음과 교회의 건전한 전통에 따른 새로운 내용입니다.

이운영 신부 (1986). 『영혼의 빛』 p. 24.

고계일 회장

내가 처음 방 원장 신부님을 뫼시게 된 것은 30년 전 벽지인 제기동 본당에서였다. 기복이 심한 세대인 일제 강점기와 38선으로 동강난 해방, 적침 100일 등등, 신부님의 첫인상은 원만하신 풍채이셨고, 덕망과 지도강론 등이나 대인관계 등이 진정한 목자의 소리로 들려 신부님의 인도에 몹시 따랐다. …… 교회가 지하로 들어간 적침(敵侵) 100일! 서울의 푸른 하늘은 회색이 되고 죽음의 기오(其悟)가 된 마음은 마냥 평화롭다. 치명 직전의 심경과 천국 일보 직전의 경지였다. 그 후 신부님은 들리는 바에 의하면 노동복에 지게를 지시고 새우젓 행상을 하시었다는 것이었다. …… 참으로 순교 복자들의 흘리신 피를 계승하여 신부님은 백절불굴의 노력과 차원 높은 영적 생활과 기도로써 이룩된 우리 한국의 역사에 길이 빛나는 거룩한 성업(聖業)이었다. …… 신부님은 그 복잡한 대인관계에서 언제나 온화한 미소로써 무산(霧散)시키심을 보았다. 시고(試苦)의 십자가가 다가올 적에도 괴로움을 진심으로 환영하시는 자세이셨다. 믿음으로 시련에 견디는 실천으로 사셨다. 나는 세심이 신부님의 일거일동을 본받아 실천에 옮겼다. 신부님은 수도 생활의 지침을 자유의 분위기에서 지도하신다. 사람에게서 자유는 생명이다. 동시에 무한한 발전의 바탕이다. …… 대화적으로 신부님은 다리만 놓아 주시고 기다리신다. 스스로 땀을 흘리게 하는 방법을 쓰시며 수도(修道) 목적 달성의 계기로써만 간섭하신다. 물론 차원의 고려(考慮)를 중점하시고 무아(無我)의 지도법을 가르치신다. 순교 복자의 정신으로 무아로 돌아가는 빛의 인도로 교훈하신다. 그래서 신부님을 뫼시면 겸손, 인내, 온유, 나아가서 원만한 동심(童心)의 세계인 무아의 경계를 배우게 된다. 신부님은 성인에 대해서는 무조건 존어(尊語)를 쓰신다. 길러 내신 성직자, 교우들에게도 백발의 노(老)원장님이 민구스러울 정도로 경어를 쓰신다. 신부님의 사회관이다. 지도(指導) 척도가 '사랑'인 까닭이라 생각된다. 예지(叡智)와 총명(寵明)은 연령에 구애(拘礙)되지 않는 깊은 고찰에서 무아로 하나를 목표로 겸손하게 사신다.

고계일(1980).『영혼의 빛』 p. 723.

제4장

오호 오묘하여라
슬기의 무극이여

14

아름다운 노년 '면형무아'의 삶
(1980~1986)

천진무구한 성자聖者, 무아 방유룡 안드레아 신부

방 신부는 오롯한 열정과 치열한 사랑으로 구도자의 길을 충실히 걸었다. 그는 끊임없이 진화하여 면형무아의 절정에 도달하였다. 방 신부 자신이 원하는 대로 성인이 되었다. 그를 접한 사람들은 노인이 된 방 신부를 보고, 그의 성인다운 풍모와 아름다움에 반하는 경우가 많았다. 동창 신부조차도 "하늘나라 사람"이라는 표현을 썼던 것을 보면 어딘지 모르게 초성超性적 면모가 나타남을 사람들은 무의식적으로 느꼈던 것이 아닌가 생각한다.

무아 방유룡 안드레아 신부님

오! 저분은 누구일까?
해탈한 각자(覺者)인가? 미소 짓는 성자(聖者)인가?
백발이 성성한 동안의 미소
일체의 분심잡념을 여읜 끝에

비로소 샘솟는 사랑의 파동
궁극의 고요, 음악의 근원이여
이승에 사시면서 유유히 선하게 피안을 거니시는
그분이 손짓하자 길이 열리누나.
한줄기 빛살처럼 장미의 길이
부드러운, 부드러운 그분의 악수
지극히 평범하고 자연스런 동작이자
동시에 그것은 신비의 의식
왜냐하면 그 순간 이 몸의 어둠은
거짓말처럼 가시고 말았기에
전류처럼 온 몸에 굽이치는 만남의 고마움
이러한 분도 세상엔 있었구나.
오! 그분은 사랑의 도가니, 별들의 보금자리
치열한, 치열한 양심의 횃불
그 속에 정련되어 꽃피는 그분의 빛 품는
그분의 말씀에는
순금의 무게가 깃들일 밖에
그 말씀은 주린 살에 잠자던 영혼을 일깨워 준다.
살이 말씀이요 길이 되어 버린 그분
온 몸이 길인 그분
그분의 무수한 털구멍마다에서
무수한 빛 길이 도처에 구석구석 미치고 있음이여!
그러면서도 그분은 끊임없이 일심으로
상승의 한 길을 치닫는 기도
고요의 샘이자 불붙는 찬미가

박희진(1997). 순교의 맥, 제192호, p. 1

신부님은 이제 생각하면 정말 하늘에서 내리신 신부님이야. 저기 누구야 동창 신부님 대전에 계시던 신부님을 뵈러 가면 만날 "어, 하늘나라 사람 딸 왔구만!" 그랬어. 만날 "하늘나라 사람 딸 왔구만!"

인터뷰 자료; 김복남 수녀. 2008.1.17.

단지 그 모습에서 받은 느낌뿐만 아니라 방 신부와 접촉한 사람들은 자신들이 그의 '영혼의 빛'에 쬐이어 변화됨을 느꼈다. 방 신부는 행복감 같은 것으로 상대방을 적시는 듯한 느낌이랄까. 어떤 수사는 방 신부를 첫 번 보았을 때 부처님 같다는 느낌을 가졌다.

수녀원에 처음 입회한 지원자들은 방 신부를 보고는 구약 성경의 모세와 같다고들 생각했다는 말을 했다.[144)]

어느 날 방 신부가 병원에 머무를 때다. 의사들이 간밤에 하도 시끄럽게 하니까, 방 신부가 호통을 치러 갔는데 그들이 여간 기겁을 한 것이 아니었다. 그들은 방 신부를 보고 산신령이 나타난 줄 알았다는 것이다.[145)]

그 뒤로 의사들은 방 신부를 산신령으로 불렀다고 한다. 어떤 수녀는 수녀원에 입회하여 첫날 아침 성당에 들어갔다. 마침 방 신부가 묵상을 시키고 있는데 수녀원에는 진짜 하느님이 계시는 줄 착각했다고 말했다.

이렇게 방 신부는 이 세상 사람이면서도 아닌 듯한 느낌을 동시에 주었던 것이다. 이는 그가 신인합일神人合一의 존재라는 것을 몸으로 드러내는 것이었다.

---

144) 정위교 수녀(1986). 순교의 맥, 제178호. p. 48.

145) 인터뷰 자료; 박명구 수녀. 2008. 4. 27.

자그마한 키에 수단과 망토를 입으시고 그 특유의 모자를 쓰고 계셨는데 모자 밑으로 하얀 귀밑 머리카락과 함께 빙그레 웃으시는 모습을 본 순간 나는 이분이 꼭 부처님을 닮았다는 뚱딴지같은 생각이 들었다. 나는 신부님의 첫 인상에 반해 버렸다.

이팔종 수사(1997). 순교의 맥 제192호, p. 37.

어느 날 비가 억수같이 쏟아지는데 기념관 지키는 아가씨가 깜박 잠이 들었다가 눈을 떠보니 기념관 저편에 하얀 할아버지가 서 계신데 틀림없는 산신령님. 기쁘기도 하고 무섭기도 한데 너무도 조용조용히 걸어오시는 우리 원장 신부님이 아니신가! 하얀 머리에 하얀 수단에 하얀 구두에 비 맞은 사람이 결코 아니었단다.

착각은 했지만 그 후부터는 그 아가씨에게는 산신령님으로 통했다. 발소리 문소리 조용하시기로 유명한지라 왜 그렇게 남을 놀라게 하셨느냐는 물음에 놀래킬 마음은 전혀 없었고 기침을 할까 하다가 기침은 원래 양반이나 하는 것이고 나야 상놈이 어떻게 감히 기침을 하느냐 하시면서 합장을 하셔서 폭소를 터트렸던 일!

언제나 공대를 쓰시는 예의 바르신 분이며 성북동 수사원에서 청파동 수녀원까지 자주 걸어 다니신 분. "늘 영 · 육 간에 건강하게만 자라다오." 하시던 인자하시고 자비로우신 아버님!

김순옥 수녀(1986). 순교의 맥, 제178호 p. 40.

그분의 첫 인상은 동양화의 선인도(仙人圖)에서나 볼 수 있는 노선(老仙)같다고나 할까.

진교훈 교수(1980). 『영혼의 빛』 p. 716.

세상에 사시지만 세상 사람처럼 느껴지지 않는 신부님이셨으니 신부님을 뵙고 그 말씀을 듣노라면 저절로 존경심이 우러나고 모든 걱정거리들이 멀리 사라지는 인자하신 할아버지이셨으며 세상사를 초탈하신 성자처럼 생각되곤 하였다.

김승훈 신부(1986). 순교의 맥, 제178호, p. 27.

하느님과 함께 사시는 것 같이 보였고 하느님을 보시는 듯 사신다고 말할 정도로 하느님의 일에 몰두하신 모습을 볼 수 있었다. 그분의 미소, 그분의 천진난만함도 하느님께 대한 깊은 신뢰와 친근감에서 자연스럽게 나타난 것이라 생각한다.

서공석 신부(1986). 순교의 맥, 제178호, p. 28.

지금 내 방에 걸려 있는 큼직한 그분의 사진을 바라볼 때마다 그분과 가까이서 시간을 보낼 때면 언제나 행복감을 느꼈었다는 일을 회상한다. 그분의 미소, 원만한 풍모, 덕행의 향기를 못내 잊을 수가 없을 것이다.

송광섭 신부(1986). 순교의 맥, 제178호, p. 31.

이 작은 영혼이 주님을 알고 부르심에 응답하여 복자 가문에 첫발을 딛고 신부님을 뵈게 된 것이 26년 전 일입니다. 신부님을 뵙는 순간 너무나 평화롭고 인자하시어 이 세상분이 아니라고 생각했습니다. 티 없이 맑고 환하신 신부님의 얼굴. 침묵 속에 정원 나무 가지를 다듬으시며 주님과 만나시는 그 모습, 정열적으로 강론하시며 외치신 면형무아의 메아리를 언제 다시 들려주시겠습니까? …… 항상 어린이와 같이 아름다운 모습으로 언제나 만족한 미소로 모든 것을 포용하시며 다가오시는 신부님의 모습을 생각하며 매일 기도 속에 신부님을 뵙고 있습니다.

김선옥 수녀(1986). 순교의 맥, 제178호, p. 50.

"방 안드레아 신부님" 하면 제가 이 세상에 태어나서 단적으로 말해서 말입니다. 제가 친견할 수 있었던 완벽한 성자(聖者)라는 느낌을 가지고 있습니다.

박희진 시인(1996). 순교의 맥, 제192호, p. 103.

신부님은 옛날 술병 금복주에 나오는 딱 그런 인상이세요. 항상 웃으시는 모습이지요. 인자하시고, 조용하시고. 침묵을 하셨어요. 그런데도 주변 돌아가는 것을 다 꿰고 아셨어요.
사람들의 손놀림, 발놀림 하나하나 다 캐치하고 계셔요. 제가 아주 어릴 때 수녀원에 갔는데…… 신부 할아버지가 나무에 올라 가셔서 전지를 하시는데,

어린 저는 신부님 보고 왜 말을 안 하냐고 여쭈었더니 "기도하는 것이다."라고 해서 말을 더 이상 못 붙였어요…….
신부 할아버지는 대단하시구나 하고 제가 13살 때 느꼈어요. 성체를 바라보시며 즉석에서 영감을 받고 말씀하시고, 한참 있다가 또 말씀하시고…… 그러니까 조는 수녀님도 계셨어요... 아이들을 무척 좋아하셨지요. 수녀원에 와서 제가 뛰거나 만지거나 돌아다녀도 일체 말이 없으셨고 마음대로 하도록 내버려 두었어요. "노오, 이러면 안 돼!" 그런 게 없으셨어요.

인터뷰 자료; 방미령(2010).

방 신부가 선종하기 전 6년 동안 돌본 윤덕현 수녀가 말하는 것을 들어 보면 방 신부는 말년에 기억이 많이 없어졌을 때도 언행은 평소와 똑같이 자신이 가르친 대로 행동했고, 조금도 흩어지지 않는 깨끗한 모습을 보였다고 말한다.

특이한 것은 식사는 젊었을 때나 연로했을 때나 변함없이 아무 요구도 불만도 없이 너무나 맛있게 잘했다. 특별하게 아픈 데도 없었으므로 약도 먹는 일이나 주사 맞는 일도 없었기 때문에 돌보는 이로 하여금 편안하도록 했다.

묵주를 만들어서 주었는데 수녀들이 또 달라고 한다든가 의사들이 야간에 소란을 피울 때 호통 치는 일이 어쩌다 있었을 뿐, 조용히 묵주를 만들며 세상의 모든 것들, 기억의 조각들마저도 하나하나 비워 내고 있었다.

그는 자신의 죽음을 묵상하며 곡까지 붙여 넣은 생애의 마지막 영가를 남겼다.[146] 무아 방유룡 신부는 이 곡을 쓰면서 자신의 임종을 준비하였던 것이다.

---

146) 1982년 천안 복자여자중고등학교 분원에 머물면서 작사 작곡함.

告別 노래

이제 나는 떠나가네. 죽지 않고 떠나가네.
시공 넘어 은하건너 길이길이 살러가네
믿음이 죽지 않는다면 하물며 사랑이야
사랑은 사랑으로 가 그립든 그분을 모신다네
떠나가는 이 길은 점성으로 알아 낸 길
침묵으로 꽃이 피여 관상으로 빛난 꽃길
복음훈시 따라 살면 천만사가 형통인데
하늘엔들 길 만나리, 신지신비(神知神秘) 신속로(神速路)— ㄹ세
이 몸이 아톰 가서 신선되고 이 얼은 면형 가서 무아 되면
면형무아 하나이니 임과 나는 하나라네

그는 나중에는 사람을 잘 알아보지 못할 정도가 되었는데도, 누가 고해성사를 본다든가 자신이 가르친 내용을 물어보면 아주 정색하고 숙연하게 성사를 주고 똑바로 설명을 해 주곤 했다. 지금의 86세 노인은 정정한 사람들도 많지만 지금 평균수명 연령이 그때에 비해 20년이나 늘었으니 그때 80세이면 지금 100세 정도로 봐야 한다. 하여튼 방 신부는 그 누가 찾아오면 그저 그 백만 불짜리 미소만 짓는 순진무구한 어린아이와 같았다. 이승의 모든 것들, 가난하게 살았지만 이제 그 가난마저도 벗어 버리는 벌거벗은 어린이처럼 모든 앎조차도 기억조차도 하나씩 하나씩 다 비워 내는 것이었다. 오로지 하느님만 모시고 일체를 비워 냈다.

의식이 정확치 않으셨을 때에도 하느님에 대한 대화만은 생동감을 갖고 일관성을 잃지 않으셨습니다. "신부님 먼 데서 왔어요." 하면 "응 어서 와요." 하

시는 순진무구하신 미소 "신부님, 심심하지요." 하면 "아니, 자미있어요. 나는 바빠요." 무엇이 바쁘셨을까? …… 하느님과 관련된 대화들은 언제나 활기가 감도셨습니다. 또한 고해성사를 본다고 하면 환자 옷차림이라도 완전히 정리된 자세로 일변하셨던 신부님은 제 마음마저도 여미게 하셨습니다.

정명자 수녀(1986). 순교의 맥, 제178호, p. 47.

김옥희 수녀가 기억하는 또 하나의 일화가 있다. 방 신부를 방문하여 이야기를 나누는 중이였다. 김 수녀가 방에 걸린 방 신부의 사진을 가리키며 "저 사람이 누구세요?"라고 여쭈었다고 한다. 방 신부는 빙그레 웃으면서 "성인이지!" 하였단다. 방 신부는 성인이 된다는 목표를 가지고 온 생애를 뜨겁게 태웠다. 그는 스스럼없이 천진하게 자신을 성인이라고 불렀던 것이다.

조카 수녀가 병원을 방문했는데 처음에는 못 알아보았다고 한다. 그런데 형의 이름을 대고 가족들의 이름을 대니까 "아는 사람들인데?……" 하더니 기억이 돌아와 방 수녀를 알아보았는데, 첫 마디가 "천주공경 잘하고 있나?" 라고 물어서 방 수녀는 깜짝 놀랐다고 말한다.

방 신부의 예나 지금이나 기억이 있으나 없으나 하느님에 대한 사랑은 그대로 그 마음속 자리에 있구나 하고 감탄했다는 것이다.[147] 이러한 시기에 성찬경 시인은 침대에 누워 있는 방 신부를 방문하고 난 다음 그날의 아련함을 '방문기'라는 시로 남겼다.

---

147) 인터뷰 자료; 방 아네스 수녀, 2008. 1. 18.

방 문 기

이승의
부스러기 기억은 깨끗이 여의시고
이제 영원 속의 지금이
무한 좋고 좋아
어린이처럼 맑게 웃기만 하시는
無我 方 안드레아 신부님
성령의 도우심으로 그분을 알게 된 후
철마다 문안드려온 나를
한 일년
외국에 갔다 온 사이
영 못 알아보시는 方 신부님
살아 계신 완덕이신 그분을 붙들고
마냥 눈물 흘린 오늘 하루는
나도 착하게 살았다는 생각이 든다
그분은 이제 이승을
다 사신 거나 마찬가지
저승을 살고 계신 거나
마찬가지

성찬경(2007). 『황홀한 초록빛』 p. 71.

윤 수녀가 감탄하며 기막혀하는 것은, 방 신부가 이제는 자리에서 일어날 수 없게 되었고 말도 못할 때가 되었는데, 처음에 옷을 갈아입히려고 다가가면 발길질을 했다. 자신의 몸에 절대 손을 못 대게 했다는 것이다. 평소 아무 불편함 없이 윤 수녀를 좋아했었던 방 신부가 아닌가! 처음에 윤 수녀는 그 뜻을 모르고 속상했었으나

그 이유를 알아차리고는 즉시 방 신부를 수사원으로 모시게 했다고 한다. 방 신부는 수녀한테 당신 몸을 맞기고 싶지 않았던 것이다.

수사원에 와서는 수사들에게 편안하게 자신을 잘 맡겼다고 한다.[148] 이러한 방 신부의 모습에 수녀들은 그저 감탄을 할 수밖에 없었다. 왜냐하면 이 문제는 젊었을 때부터 철저했던 것이다. 수녀들에게 수사들에게 가르치기 위해서라도 아마 더 그랬을 것으로 보인다.

그 당시 이러한 문제를 안고 있는 수도자가 방 신부 주변에 있었던 것도 사실이다. 이러한 방 신부의 모습을 비판적 시각으로 보는 사람들도 있다. 그러나 방 신부가 비록 몹시 연로하여 기억은 자연을 따랐지만 평소 건강할 때 하던 태도와 삶의 방식 그리고 의식은 변함없이 그대로 유지하였다는 점이다.

흔히 노인이 되면 모든 것이 허물어지며 성격과 태도와 심경에 많은 변화가 오며, 의식을 놓아 버리게 되는데, 방 신부는 평소의 의식을 그대로 유지하였다는 것에 필자는 높은 평가를 하고 싶은 것이다.

방 신부가 75세가 넘었을 때인데 그날은 누이 방순경 여사와 역시 70세가 넘은 방 신부의 형수가 서로 만나서 음식을 먹기로 한 날이었다. 날씨가 엄청 추웠기에 형수는 방 신부 응접실에 가서 기다리기를 원했다. 응접실은 그나마 불기가 있었기 때문이다. 그런데 갑자기 형수가 고래고래 소리 지르며 방 신부에게 마구 악담을 퍼붓고 있는 것을 이영숙 수녀가 달려와 목격하였다. 사실인즉 여자 혼자 왔으니 못 들어오게 했다는 것이다. 평생 전교회장으로서 방 신부를 도왔던 그녀였다.

---

148) 인터뷰 자료; 윤덕현 수녀. 2008. 4. 8.

이제 70세가 넘은 자신한테까지 그런 태도를 보인 것에 기가 막혔다. 그녀는 너무나 화가 나서 소리소리 지르다 그냥 가 버렸다. 누이 방순경 여사가 나중에 고기를 사가지고 왔는데 그날은 모두 먹지 못하고 그냥 돌아갔다고 한다.

성직자로서 수도자로서 동정을 지키는 일은 이렇게라도 하지 않으면 어려운 것이다. 그는 수녀들이 밥상을 들고 올 때조차도 반드시 둘이 오라고 할 정도라고 했다. 이런 사람이니 꿈에 장가를 가서 억울하여 펑펑 울었다는 말을 교수들과의 영적 지도 모임에서 했다는 것이 이해가 가는 것이다.

청파동 엄마

매일의 식사는 아침에는 보리죽과 과일 정도였고 점심과 저녁에는 진지와 육식 등을 드셨는데 절대로 무엇을 달라는 요구가 없으셨다. 항상 드리는 대로 드실 뿐이었다. 가끔 "무엇을 드릴까요?" 하고 여쭤 보면 그에 대한 대답이 없으셨다.

먹는 것, 입는 것, 갖는 것에 대한 요구가 단 한 번도 없으셨다. 이것 또한 우리가 본받아야 할 점이라는 생각이 든다…….

끝까지 변함없고 놀라운 신부님의 모습은 그분의 예모와 예의 바르심이다. 언제나 경어를 쓰시며, 걸음걸이, 문 닫는 태도 그리고 항상 깨끗하게 식사하는 모습 등이 전혀 흩어짐 없이 한결 같으셨다.

자주 시선을 한곳에 집중하시고 단정한 자세로 장시간 자신을 비우시고 또 비우시고자 하시는 침묵의 시간, 신부님께서 가신지 시간이 갈수록 깊어만 가고 있다.

윤덕현(1986). 순교의 맥, 제178호, p. 51.

85세에 노환으로 부평 분원에서 쉬실 때의 방 신부. 1984.
혼자 방에 있을 때도 언제나 하느님 안에서 신락을 누리는 모습을 보였다.

방 신부의 삶은 점점 더 고요해졌다. 점점 더 작은 점點이 되어 갔다. 방 신부의 생애가 필자에게 큰 놀라움으로 다가오는 것 중의 하나는 기억이 사라져 가는 마지막 모습까지 낱낱이 단계적으로 밟아가는 모습을 보여 주었다는 사실이다. 즉 무의식의 깊은 층으로 점점 내려가고 있는 모습 말이다. 기억이 아주 밑바닥에 와서는 자신의 아주 어린 소년 시절의 이야기를 하며 즐거워하였다. 그 시기가 지나고는 아기처럼 되었는데 윤덕현 수녀에게 엄마가 보고 싶으니 청파동에 데려다 달라고 하였단다. 그래서 모시고 대강 아무 데나 둘러보고 갔다 오는 척하고 돌아오려고 하면, 할아버지는 고개를 갸우뚱 거리며 자꾸 "여기가 아닌데? …… 여기가 아닌데? ……" 청파동 가는 길이 아니라는 것이었다.[149]

필자는 이 말을 들었을 때 가슴속에 눈물이 흘렀다. 무아의 마지막 무의식 층에 남은 두 개의 단어는 '엄마'와 '청파동'이었다. 인간이 만난 최초의 존재가 엄마라는 존재다.

그 존재가 그렇게 최후까지 남아 있는 존재라는 것에 새삼 많은 느낌이 밀려 왔다. 그리고 사무치게 다가오는 말 '청파동!' 최후까지 남은 두 단어는 서로 합쳐졌다. 그렇게도 방 신부가 평소에 시를 잘 짓더니 이제 마지막 시어 하나를 만들었다. '청파동 엄마!' 청파동은 그 자신이 첫 번째로 창설한 수녀 딸들이 사는 곳이 아닌가? 아비가 어떻게 자식을 잊을 수 있겠는가! 그렇게 당신의 마음의 밑바닥까지 사무치는 청파동 수녀원이 아닌가! 방 신부는 당신이 사랑한 엄마와 수녀 딸들이 있는 곳에 가고 싶었을 것이다.

---

149) 인터뷰 자료; 2008. 4. 8.

150) 윤태순 수녀(2000). 순교의 맥. 제196호. p. 42.

“참으로 복되다! 성인의 죽음이여!”

방 신부는 임종을 앞두고 있을 때, 수녀들은 대화도 할 수 없으니 방 신부가 작사 작곡한 노래와 역시 당신이 작곡한 복자수녀회 회가를 불러드렸다. 평상시 방 신부는 수녀들한테 회가를 부를 때면 “날리리 날리리 십자기!, 울리리 울리리 승전고!” 이 부분만 되면 힘있게 부르라고 하며 주먹을 쥐고 팔을 힘 있게 휘저으며, 또 박자를 맞추느라 발도 쾅쾅 굴리면서 지휘하곤 했었다. 이 부분은 그만큼 힘을 주어 불러야 했던 것이다. 그런데 수녀들이 회가를 부르는 중 바로 이 대목이 나오니까 의식도 없는 듯이 누워만 있던 방 신부가 예전의 그 모습대로 갑자기 주먹을 쥐고 손을 들고 수녀들이 부르는 노래 박자에 맞춰 손을 휘두르고 발도 흔드는 것이었다. 수녀들은 깜짝 놀랐다. 노래가 끝나자 방 신부의 눈에서 주르르 눈물이 흘렀다. 의식이 없는 줄로 알고 있었는데, 수녀들은 그러한 방 신부의 모습을 보고 많은 느낌을 받았다. [150)]

나는 방 신부님을 뵈러 갔더니 ‘신기(神奇)하다’는 듯이 웃으시는 낯으로 이 얼굴 입술 언저리를, 양 볼 언저리를 두 손으로 쓰다듬어가며 손수 만져 보셨다. 지금까지는 그러시지 않던 분이라 그때의 감회는 이루 말할 수 없는 “아! 이 육신이여, 얼굴이여, 살이여, 살아 있는 생명이여!” 하는 소리 없는 외침이었다. “이게 지상의 마지막 애무(愛撫)라는 것이로구나!” 하였다.…….

김규영, 순교의 맥, 제178호, p. 19.

우리가 성북동에 모여서 말씀을 듣고 뵈올 때는 “저런 분은 아마 우리같이 죽지 않고 하늘로 직접 갈 것 같다.” 그렇게 느꼈는데 당신 역시 육신을 가졌던 탓으로 침상에 누워계시는데 점점 호흡이…… 마치 천수를 다하여 자라고 자란 고목이 천지의 기와 더불어 고사하는 것과 같은 고목의 자연사를 연상시키면서 당신은 가셨습니다.
그와 더불어 들려오던 수사 수녀님들의 노래 소리 세상 같으면 애곡을 올려야 할 판인데 노래가 들려오는 겁니다. 그 노래야말로 천상의 노래요 천사들의 노래처럼 제게 들려 왔습니다. 나오려는 눈물이 가슴속으로 떨어질 정도로.[151] …… 그 노래는 복자회 수녀원에서 맨 첫 회 착복식에 그리고 허원식(서원미사) 때 들어 본 가사였으나 그 곡조는 지상에서 천상계로 뻗는 무지개처럼 영롱한 가락이었다.
이게 지상에서 느낄 수 있는 하늘나라로 열리는 문이로구나! 그러자 아래층으로 내려오신 마텔 수녀님은 휴게실에서 이런 말씀을 하셨다. 병원에 계실 때 아프시지 않느냐고 여쭈면 "아니, 죄 없으면 아프지 않어." 하셨다는 것이다. …… 잃어버린 기억 속에 무아의 경지에서 아무런 아픔도 느끼지 않으시며 천수를 다하신 당신은 참말로 무아 안드레아 방 신부님이로소이다.
당신의 영전에선 이런 말이 수긍이 갑니다. '죽음은 거룩한 것 영원한 생명으로 다시 나기 때문이다.'
…… 무아 안드레아 방 신부님! 하고 불러도 대답 없는 이름이 되고 말았다. 그러나 그 이름과 함께 말씀을 남기셨다. 그 말씀과 더불어 사랑을 남기셨다. 그 사랑과 아울러 미소를 남기셨다. 그 미소를 띤 화기(和氣)에 찬 얼굴은 이 눈을 감아도 사라지지 않는다. 김규영 교수(1986). 순교의 맥. 제178호. p. 19.

사우디에 있는 조카가 꿈에 신부 할아버지를 뵈었는데 주름도 없고 얼굴빛도 홍조를 띤 청춘으로 미소를 지으면서 "나는 그만 간다." 하고 떠나시는 것을 그냥 보고만 있다가 잠이 깨어 전화를 했는데 그때는 내가 성북동에서 수사님들과 수녀님들과 신부님이 천국에 들어가시는 여정을 돕고 있었어요.

방 마리아 수녀(1986). 순교의 맥. 제178호. p. 45.

---

151) 김규영. 순교의 맥. 제192호. p. 102.

무아 방유룡 안드레아 신부는 1986년 1월 24일 조카 수녀와 가족들 그리고 영적 담화를 가졌던 제자 교수들, 복자 대 가족들, 수사 · 수녀들의 기도 속에서 고요히 선종하였다. 이어 수녀들과 수사들은 방 신부가 작사 · 작곡한 노래를 불러들여, 하늘가는 길을 호위하였고 천국 문까지 배웅하였다. 평소 무아 방유룡 신부는 매일 오후 6시에 만종이 울리면 하던 것을 멈추고 "참으로 복되다! 성인의 죽음이여!" 라고 소리 내어 기도하였다. 그는 그 기도를 매일 하며 자신의 죽음을 준비했을 것이다.

방 신부는 삼종기도 외에 오전 9시와 오후 3시에도 종을 울리게 하여, 수도자들이 하던 일손들을 멈추고 그 순간 예수님의 수난과 죽으심을 묵상하며 대월하는 자세[152]로 기도하도록 하였다. 가톨릭 신자들은 매식사가 끝날 때마다 죽은 이들을 위해 기도하는데, 수도자들은 이렇게 예수님의 죽음과 자신의 죽음을 하루에도 여러 번 기억하며 영적 생명을 키우는 것이다. 방 신부의 죽음은 그가 바라던 대로 진정 복된 성인의 죽음이며 탄생이었다. 그는 가뿐히 새로운 세계로 옮아갔으며, 찬란한 빛 몸으로 하느님 곁으로 갔다. 가톨릭교회는 이러한 의미에서 성인이 죽은 날을 축일로 정해서 경축하고 있는 것이다. 무아 방유룡 안드레아 신부는 자신이 소망한 대로 신속로神速路를 날아갔다.

"떠나가는 이 길은 점성으로 알아 낸 길
침묵으로 꽃이 피어 관상으로 빛난 꽃길
복음훈시 따라 살면 천만사가 형통인데
하늘엔들 길 만나리, 신지신비(神知神秘) 신속로(神速路)— ㄹ세"

153) 팔을 양쪽으로 벌리고 양 손바닥이 서로 마주보게 하는 자세.

장례 미사는 김수환 추기경의 집전으로 명동 성당에서 있었다. 김 추기경은 이날 강론에서 "예수님이 사도들의 마음속, 그들의 정신과 삶 속에 큰 발자국을 남기고 가셨습니다. 그것은 사도들에게 지울 수 없는 것일 뿐만 아니라 전 생애를 사로잡는 것이었습니다. 사도들은 그 지울 수 없는 마음속 깊이 새겨진 발자취를 따라서 주님을 뒤따르고, 주님과 일치하였고 그 뒤를 잇는 온 교회, 하느님 백성 전부도 같은 발자취를 따라가게 하였습니다. 마찬가지로 무아 방유룡 안드레아 신부도 한국 교회에 이와 비슷한 큰 발자국을 남긴 분이십니다. 방 신부가 복자회의 남녀 수도 가족들에게 남긴 큰 발자국은 지울 수 없는 것 일뿐만 아니라, 더욱 깊이 삶으로써 발전시켜 가야 할 보배로운 유산입니다."라고 하였다. 이어서 김수환 추기경의 강론을 조금만 소개한다. 방 신부의 동창 임충신 신부는 이날 강론에서 방 신부를 성인 신부라고 칭송하였다.

무아 안드레아 방유룡 신부님은 제가 감히 말씀드린 것 그 이상의 깊이의 무아의 참 경지를 깨달으신 분이십니다. 스스로 사시면서 가르치신 분이십니다. 우리는 지금 신부님의 영복을 빌면서, 당신의 몸 전체, 삶 전체로 우리에게 말할 수 없이 큰 가르침을 남기신 신부님께 참으로 감사를 드려야 하겠습니다. 그리고 신부님의 이 고귀한 정신적 유산을 신부님이 창설하신 남녀 수도회에서 깊이 사시고 발전시키시며 신부님이 뜻하신 대로 우리 교회와 사회 속에서 빛이 되시기를 빕니다. 김수환 추기경(1986). 장례 미사 강론 중에서.

나는 방 신부님과 동창생이요, 죽마고우요, 가장 절친한 친구 중 하나입니다. 한마디로 우리는 성인(聖人) 신부를 잃었습니다. 같은 동창생으로서 왜 방 신부님을 성인 신부로 생각하느냐 하는 것을 잠깐 말씀 드리겠습니다.

임충신 신부 (1986). 장례 미사 강론

맺는 말

통합의 천재, 대신비 영성가

인간의 몸짓 중에서 가장 아름다운 것은 두 손을 모으고 기도하는 모습이다. 기도하기 위해 먼저 우리의 두 팔은 하나로 만나야만 한다. 합장한 두 손은 모든 이원성과 분열을 극복한 '대극 합일의 도'의 심오한 표현이다. 하늘을 향한 두 손끝은 함께 다시 힘을 모아 또 다른 차원의 '통합'을 추구하며, '신적 합일', '초월'을 상징하는 우아한 몸짓이다. 이 기도의 행위에는 만남과 일치, 통합, 그리고 초월이 한데 어우러져 가장 아름답고 고귀한 인간의 바람을 전하는 몸짓이다. 기도의 몸짓은 내안의 조각난 인격의 통합과 초월을, 이웃과 하느님과의 일치를 이루어야 하는 진정한 꿈과 바람의 몸짓이다.

무아 방유룡 안드레아 신부는 물질문명에 파묻혀서 정신이 고갈되어 가는 사람들 사이에서 소박하고 단순한 삶의 형태로, 요란한 소음 속에서 심적 난청 현상을 갖고 사는 현대인들에게 고요와 침묵으로 다가 온다. 큰 것을 추구하고 높은 것을 추구하는 거대 문화의 그늘에 가려진 사람들 속에서 작은 점點으로 다가온다. 치열한 경쟁 사회에 적응하느라 목이 뻣뻣해지는 우리들 사이에서 맑고

부드러운 미소로, 삶의 무게에 짓눌려 있는 이들에게는 영혼의 노래를 불러 준다.

자신의 것, 동양의 것을 하찮게 여기며 아직도 서양 신학이나 과학적 실증주의라는 우상에 점유당해 있거나, 반대로 서구의 문화의 내적 힘과 영성을 함부로 과소평가하는 이들에게 동서東西의 소중한 정신 유산을 한데 아우르며 통합 극복한 사람으로 우뚝 서 있다.

자연을 무시하고 파괴하며 욕심에 의한 생태계 파괴의 위협 속에 사는 인류에게 자연을 존중하고 기리며 그 아름다움을 즐기고 그와 합일하는 사람으로서, 자신을 자아와 동일시하며 자아를 축소하거나 팽창을 추구하는 현대인들에게 무아無我를 제시한다. 디지털 기계들밖에는 볼 수 없어서 심적 근시안들이 되어 가는 사람들에게는 자주 하늘 저편의 세계를 바라보는 긴 시선으로, 우주만상과 인사물人事物 현상 안에서 신과 접촉하는 신비 가득 찬 눈으로, 늘 새로운 눈, 맑은 눈빛으로 우리에게 다가온다.

자신을 불신하고 서로를 불신하는 우리들 사이에서 어린아이 같은 순수한 믿음의 사람으로, 병든 의지에 허덕이며 자신을 가두고 있는 이들에게는 순간순간 자유의 날개를 달고 영롱한 물방울이 되어 가벼이 날아오른다. 전통과 습관을 의미 없이 반복하고 고수하는 이들을 향하여는 필요한 경계는 확실하게 긋고 불필요한 경계는 과감하게 허물어 새로운 물길을 내는 선각자의 모습으로 다가온다.

그는 하늘과 땅을 잇고, 동東과 서西를 잇고, 보이는 것과 보이지 않는 것, 이승과 저승을 잇고, 외적 생활과 내면생활을 하나로 잇고, 여성성과 남성성을 잇고, 광물성과 동물성, 인성과 신성을 하

나로 잇고, 물과 불을 잇고, 신비와 일상생활을 잇고, 자연과 초자연을 잇고, 마침내 점點과 신神을 이어 초음광속을 지나 신속神速으로 살아와 다시금 우리 곁에 맛있게 먹히길 기다리는 면형무아 빵이다.

무아 방유룡 안드레아 신부는 김수환 추기경의 말대로, 참으로 한국 교회에 큰 발자국을 남겼다. 그는 한국이 낳은 대신비 영성가이다. 이 영적 유산은 한국 교회뿐만 아니라 온 세계에 나누어 줄 영적 양식이자, 어둠을 몰아내는 시대의 빛이다. 방유룡 신부의 영성은 동방의 고요한 아침의 나라에서 밝아 오는 여명의 빛, 동방의 빛이 될 것이다. 그의 영성은 동서고금을 아우르는 탁월함을 지니고 있기 때문이다. 그의 영성은 동양과 서양을 통합하고 심리학과 영성을 통합하며, 일상과 신비를 통합하고, 영성과 예술을 통합한 통합신비 영성이다. 그의 영성은 영적 갈증을 가진 사람이면 누구나 마실 수 있는 샘물이며, 동양 사람이든 서양 사람이든 모두가 먹을 수 있는 '면형무아' 빵이다.

무아 방유룡 안드레아 신부는 유불선 문화가 낳은 영성의 대가이다. 우리는 하루빨리 서양 신학에 의존하는 태도에서 벗어나야 한다. 방유룡 신부의 영성은 숨겨진 대광맥과도 같다. 그가 살아 있을 때, 그는 제대로 평가받지 못했으며, 아직도 그는 알려지지 않고 있기 때문이다. 현대적이며 통합적인 그의 신비 영성을 널리 알려서, 영성을 갈망하는 이들의 영적 갈증을 풀어 주고, 훌륭한 우리 민족의 얼을 다시금 고양시키고자 하는 데 이 책의 목적이 있다.

그의 영성을 이 책에 포함하는 것은 너무 많은 분량이 되기 때문에 1권과 2권으로 나누어 편집했다. 제2권은 방유룡 신부의 영성에 초점을 맞출 것이다. 그의 영성과 심리학을 통합하는 시도와 함께 그의 영성이 지닌 심리학적 함의를 조명할 것이다. 방유룡 신부의 전기를 우선적으로 출판하는 이유는 먼저 방유룡 신부의 생애사와 인물됨을 알고 나면 훨씬 그의 영성을 이해하는데 도움이 되리라고 확신하기 때문이다. 그는 고유한 용어를 많이 만들어 썼다. 또한 그가 살아 있을 당시의 용어들이 현 시대의 사람들에게 낯설게 느껴질 수 있다. 그러므로 방유룡 신부의 영성을 연구하고 해석하는 사람들이 이를 현대적 언어로 쉽게 풀이해서 일반인들에게 내어 놓을 필요가 있다.

이 생애사를 읽은 독자들은 방유룡 신부의 영성에 관심을 가지고 제2권을 꼭 읽어 주기를 당부하고 싶다. 대한민국은 현재 음악, 미술, 영화, 스포츠, 그리고 과학기술 등 창조적 작업에 있어서 뛰어난 사람들을 세계에 배출하고 있다. 이제 영성 분야에서도 우리 민족의 드높았던 영적 우수성의 결정체를 보여준 무아 방유룡 안드레아 신부를 자랑스러운 마음으로 세계에 알려야 한다고 생각하는 바이다.

참고문헌

가톨릭 통합사목연구소(2007). 미래 한국사회와 가톨릭교회. 제7차 구 발표회 논문집.

김성수(1998). 함석헌 생애와 사상연구. 영국 쉐필드대학교 동아아학과 박사학위 청구논문.

김성태(1999). 세계 교회사 1. 서울: 바오로딸 출판사.

김승일 · 강여주 · 장동환(2003). 송범 생애사 관점에서 바라본 신무용 분석. 한국 체육학회지, 42(6), 621-631.

김영천(1996). 질적 후기 실증주의 연구 작업에서 고려해야 할 방법적 이슈들. 교육 과정연구, 14(3), 41-72.

김영철(1999). 질적 연구에 있어서의 글쓰기. 교육인류학연구, 2(2), 71-96.

김인덕(2006). 식민시대 재일조선인운동 연구. 서울: 국학자료원.

나장함(2006). 질적 연구의 다양한 타당성에 대한 비교 분석 연구. 교육평가연구, 9(1), 265-283.

노기남(1969). 나의 회상록. 서울: 가톨릭출판사.

노길명(1988). 가톨릭과 조선후기 사회변동. 서울: 고대민족문화연구소 출판부.

면형무아(2001). 무아 방유룡 레오 안드레아 신부 탄생 100주년 기념 화보집. 왜관: 분도출판사.

무아 방유룡 안드레아 신부 영성연구소(2000). 제1회 무아 방유룡 신부의 영성 학술회의 기념 논문.

문규현(1994). 민족과 함께 쓰는 한국천주교회사 1. 서울: 도서출판 빛두레.

문규현(1994). 한국천주교회사 1. 서울: 도서출판 빛두레.

방순경(1975). 경향잡지 통권 1290호(8), 서울: 한국천주교중앙협의회.

방유룡(1980). 영혼의 빛. (김옥희 편) 서울: 도서 출판 순교의 맥.

방유룡(2003). 영혼의 빛; A song by the soul who accepted 영문판. (김달영 역). 서울: 도서출판 형제애.

방유룡(2003). 사랑이 사랑을 위하여. 서울: 도서출판 형제애.

방효익(2007). 영성사. 서울: 바오로딸 출판사.

성찬경(2007). 황홀한 초록빛. 서울: 프란치스코 출판사.

심상태(2000). 제삼천년기의 한국교회와 신학. 서울: 바오로딸 출판 심종혁(2005).

심흥보(2001). 한국천주교 사회복지사. 서울: 가톨릭출판사.

신경림 · 조명옥 · 양진향 외 저(2005). 질적연구 방법론. 서울: 이화여자대학교 출판부.

유홍렬(1987). 한국천주교회사 상 · 하. 서울: 가톨릭출판사.

윤형중(1954). 6. 25 동란의 체험담. 경향잡지 제46권 1월~10월, (제10회분), 서울: 한국천주교중앙협의회.

윤형중(1972). 복자수녀원과 순교자 현양회와 나. 서울: 한국복자수녀회.

이경란(1996). 김춘수 시의 현상학적 연구. 명지대학교 사회교육대학원 문예교육학과 석사학위 청구 논문.

이만영 · 김수연(1995). 생애사 해석에 대한 경험적 연구. 한국심리 학회지, 14(1), 85-116.

이부영(2006). 자기와 자기실현. 서울: 한길사.

이부영(2006). 아니마와 아니무스. 서울: 한길사.

이숙자(2006). 면형무아의 길. 서울: 도서출판 순교의 맥.

이숙자(1994, 1995). 면형무아의 삶: 한국순교복자수도회 창설자 무아 방유룡 신부의 영성. 영성생활, 제9호, 61-70.

이유남(2002). 한국인의 종교심성과 면형무아. 서울: 가톨릭출판사.

이죽내(2005). 융Jung 심리학과 동양사상. 서울: 하나의학사.

이진숙(1999). 무아 방유룡 신부의 토착화 영성 사상. 서강대학교 수도자대학원 신학과 석사학위 청구 논문.

이형규(1995). 신비주의의 인간 이해에 관한 연구. 고려대학교 철학 교육과 석사학위 청구논문.

임충신(2002). 노사제가 만화로 남기는 신학교 이야기들. 서울: 가톨릭출판사.

임충신(1986). 6. 25동란 피난기. 서울: 가톨릭출판사.

임충신(1986). 일제공산치하의 사목생활. 서울: 가톨릭출판사.

전달수(2005). 그리스도 영성역사 1권, 2권. 서울: 가톨릭출판사. 가톨릭대학교 신학대학 석사학위 청구 논문.

정인석(2003). 트랜스퍼스널 심리학. 서울: 대왕사.

조 광(1988). 조선후기 천주교회사 연구. 서울: 고대민족문화연구소 출판부.

조영남(2001). 질적 연구와 양적 연구. 대구교육대학교 초등교육연구 논총, 17(2), 307-329.

차동엽(2005). 21세기 종교 환경. 서울: 미래사목연구소 발행.

최기섭(2000). 창설 신부님 영성연구와 동양사상. 면형무아 제1회 영성 학술회의 기념논문집, 17-49. 서울: 가톨릭출판사.

최신일(2001). 질적 연구의 철학적 배경. 대구교육대학교 초등교육 연구 논총, 17(2), 263-275.

한국그리스도사상연구소(2000). 제삼천년기와 한국교회 복음화 진로 II. 제15차 학술회의 자료집.

한국그리스도사상연구소(2008). 생태위기와 종교적 대안: 그리스도교와 불교와의 대화. 제30차 학술회의 자료집. 새천년복음화사도회 발간.

한국순교복자성직수도회 50년사(2003). 서울: 도서출판 형제애.

한국순교복자수녀원(1985~2007). 순교의 맥. (총 32권) 서울: 도서출판 순교의 맥.

한국 종교문화와 그리스도(1996). 한국문화신학회 편 1집. 서울: 도서출판 한들.

Creswell, J. W. (2005). 질적 연구 방법론 다섯 가지 전통. (조흥식 외 4인 공역). 서울: 학지사 (원전 1998).

Davis, M. & Wallbridge, D. (1989). 울타리와 공간[Boundary and space] (이재훈 역). 서울: 한국국심리치료연구소. (원전 1981).

Denzin, N. K. (1989). Interpretive biography. London: SAGE Publication

Winner, E. (2004). 예술심리학[Invented worlds the psychology of the arts]. (이재준 역) 서울: 학지사 (원전 1982).

Gonzalez, J. L.(1988). 근대교회사[The story of Christianity]. (서영일 역). 서울: 은성.

참 고 문 헌

Harris, M. (1990). City of discontent: An interpretive biography of Vachel Lindsay. New York: Second Chance Press.

Howard R. Lamar (2005). Charlie Siringo' s West: An interpretive biography. Albuquerque: University of New Mexico Press.

Ikeda, D. (1973). The living Buddha: An interpretive biography. New york: Weatherhill.

James, W. (2005). 종교체험의 여러 모습들[The varieties of religious experiences]. (김성민 · 정지련 역). 서울: 대한기독교서회. (원전 1902).

Kohut, H, (2005). 자기의 분석[The analysis of the self]. (이재훈 역). 서울: 한국심리치료연구소. (원전 1971).

Leger, A. (2003). Interpretive biographies of three indigenous bishops from oceania. Dissertation of Doctor of Philosophy. Gonzaga University.

Loste, B. M. (2000). Life stories of artist Corita Kent(1918-1986): Her spirit, her art, the woman within. Dissertation of Doctor of Philosophy. Gonzaga University.

McSkimming, L. M. (2002). Koinonia as a development paradigm of liberation : An interpretive biography of Eglantyne Jebb. Regent University College of Communication and the Arts. Doctor of

Richards, P. S., & Bergin, A. E. (1999). A spiritual strategy for counseling and psycholog Washington, DC: American Psychological Association.